Z.O.a.24

Ⓒ

THÉATRE COMPLET,

DE M.

EUGÈNE SCRIBE.

MEULAN. — IMPRIMERIE DE A. HIARD.

THÉATRE COMPLET
DE M.
EUGÈNE SCRIBE,

MEMBRE DE L'ACADÉMIE FRANÇAISE.

Seconde édition.

ORNÉE

D'UNE VIGNETTE POUR CHAQUE PIÈCE.

TOME VINGT-QUATRIÈME.

PARIS,
AIMÉ-ANDRÉ, LIBRAIRE-ÉDITEUR,
QUAI DES GRANDS-AUGUSTINS, Nº 17.

M DCCC XLII.

LE DOMINO NOIR,

OPÉRA-COMIQUE EN TROIS ACTES,

Représenté, pour la première fois, à Paris, sur le théâtre royal de l'Opéra-Comique, le 2 décembre 1837.

MUSIQUE DE M. AUBER.

PERSONNAGES.

Lord ELFORT.
JULIANO.
Horace de MASSARENA.
GIL PERÈZ.
ANGÈLE.
BRIGITTE.
JACINTHE. gouvernante de Juliano.
URSULE.
GERTRUDE.
Seigneurs.

La scène se passe à Madrid.

LE DOMINO NOIR.

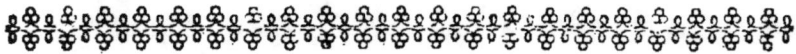

ACTE PREMIER.

Un bal masqué dans les appartemens de la reine.—Le théâtre représente un petit salon dont les portes sont fermées; deux portes latérales; deux au fond. A droite du spectateur, un canapé sur le premier plan. Au fond, adossée à un des panneaux, une riche pendule. Pour introduction, on entend dans le lointain un mouvement de boléro ou de fandango qui va toujours en augmentant. On ouvre les portes du salon à droite, et l'on entend tout le tumulte du bal.

SCÈNE PREMIÈRE.

LORD ELFORT, JULIANO.

JULIANO.
Ah! le beau bal!... n'est-il pas vrai, Milord?

LORD ELFORT.
Je le trouve ennuyeux à périr.

JULIANO.
Vous avez perdu votre argent, je le vois... et combien?

LORD ELFORT, avec humeur.
Je n'en savais rien.

JULIANO.
Rassurez-vous! vous le saurez demain par la gazette de la cour: *Lord Elfort, attaché à l'ambassade d'Angleterre, a perdu cette nuit, au bal de la reine, cinq ou six cents guinées.*

LORD ELFORT.

Ce étaient pas les guinées... je en avais beaucoup... mais c'était le réputation du whist où j'étais le plus fort joueur de Londres... Et ici, à Madrid, dans le salon de la reine, où tout le monde il se mettait à l'entour pour me admirer... j'ai été battu par une petite diplomate espagnol.

JULIANO.

En vérité! mon ami Horace de Massarena, votre adversaire...

LORD ELFORT.

Yes... ce petit Horace de Massarena que je rencontrais partout sur mon passage.

JULIANO.

Un joli garçon!

LORD ELFORT.

Je trouvai pas beau.

JULIANO.

Un galant et aimable cavalier.

LORD ELFORT.

Ce était pas mon avis.

JULIANO.

C'est celui des dames; et loin d'en tirer avantage, il est modeste et timide comme une demoiselle... je n'ai jamais pu en faire un mauvais sujet... moi qui vous parle, moi, son ami intime. Ah ça! Milord, je vous préviens que nous finissons la nuit chez moi... La nuit de Noël, on ne dort pas; et si votre seigneurie veut bien accepter un joyeux souper avec quelques jeunes seigneurs de la cour... à ma petite maison de la porte d'Alcala...

ACTE I, SCÈNE I.

LORD ELFORT.

Et milady... mon femme, qui était dans mon hôtel à dormir en ce moment...

JULIANO.

Raison de plus... et s'il vous reste encore quelques guinées à risquer contre nos quadruples d'Espagne, vous prendrez là votre revanche avec Horace de Massarena... Je veux vous faire boire ensemble et vous raccommoder.

LORD ELFORT.

Je boirai ; mais je ne me raccommoderai pas.

JULIANO.

Eh ! pourquoi donc ?

LORD ELFORT.

J'ai dans l'idée que lui il portera malheur à moi... Depuis deux jours, milady, mon femme, me parle toujours de lui.

JULIANO, étourdiment.

Parce que c'était mon ami intime.

LORD ELFORT, étonné.

Comment ?...

JULIANO, avec un peu d'embarras.

Sans doute... ne suis-je pas votre ami ?... l'a de la maison, et comme j'ai l'honneur de vous voi tous les jours, ainsi que milady, je lui ai souvent parlé d'Horace ; mais depuis trois jours qu'il est arrivé de France je ne l'ai pas même présenté à votre femme !...

LORD ELFORT.

Raison de plus... elle voulait le connaître.

JULIANO.

Si elle en avait eu bien envie, elle n'aurait eu qu'à

venir ce soir au bal de la reine, et vous voyez qu'elle a préféré rester chez elle.

LORD ELFORT.

Yes! elle a préféré d'être malade... et c'est une attention dont je lui savais gré... mais c'est égal... (Apercevant Horace qui entre.) Adieu! je vais dans le salon pour le danse.

JULIANO.

Et pourquoi donc? (Se retournant.) Ah! c'est Horace que je ne voyais pas.

(Lord Elfort est sorti par la porte à gauche.)

SCÈNE II.

JULIANO, HORACE.

JULIANO, à Horace qui vient de s'asseoir sur le canapé à droite.

Sais-tu qui tu viens de mettre en fuite?

HORACE.

Non, vraiment!

JULIANO.

Un de nos alliés... lord Elfort!

HORACE.

L'attaché à l'ambassade d'Angleterre?

JULIANO.

Et presque notre compatriote; car il a des parens en Espagne.... Il tient par les femmes au duc d'Olivarès dont il pourrait bien hériter... (S'asseyant sur le canapé à côté de lui.) Et à propos de femme, il a idée que la sienne est très-bien disposée en ta faveur.

HORACE.

Quelle indignité! quand je ne la connais même pas!... quand c'est toi, au contraire, qui lui fais la cour... et à la femme d'un ami... c'est très mal.

ACTE I, SCÈNE II.

JULIANO, *riant.*

Est-il étonnant ?

HORACE.

Eh bien ! oui... moi, j'ai des scrupules, j'ai des principes.

JULIANO.

Un apprenti diplomate !

HORACE.

Que veux-tu ?... l'éducation première !... j'ai été élevé par mon vieil oncle le chanoine dans des idées si bizarres...

JULIANO.

Oui, quand on a été mal commencé... mais te voilà à la cour... tu répareras cela. D'abord, tu vas faire un beau mariage... à ce qu'on dit.

HORACE.

Oui, vraiment... Le comte de San-Lucar, mon ambassadeur, m'a pris en affection... et à moi, pauvre gentilhomme qui n'ai rien, il veut me donner sa fille... une riche héritière... qui est encore au couvent, et je ne sais si je dois accepter.

JULIANO.

Plutôt deux fois qu'une.

HORACE.

Je m'en rapporte à toi qui es mon ami d'enfance, et je te demande conseil... (*Se levant ainsi que Juliano.*) Crois-tu que l'honneur et la délicatesse permettent de se marier... quand on a au fond du cœur une passion ?

JULIANO.

Très bien... attendu que de sa nature le mariage éteint toutes les passions.

HORACE.
Et si rien ne peut l'éteindre?

JULIANO.
On se raisonne, on s'éloigne, on cesse de voir la personne...

HORACE, avec impatience.
Eh! je ne la vois jamais!

JULIANO.
Eh bien! alors... de quoi te plains-tu?

HORACE.
De ne pas la voir, de passer ma vie à la chercher, à la poursuivre... sans pouvoir ni la rencontrer, ni l'atteindre.

JULIANO.
Horace, mon ami, es-tu bien sûr d'avoir ton bon sens? Tu reviens de France, et les romans nouveaux qu'on y publie...

HORACE.
Laisse-moi donc!

JULIANO.
Sont bien dangereux pour les esprits faibles, sans compter que souvent ils sont faibles d'esprit.

HORACE, vivement.
Il ne s'agit pas de France! mais d'Espagne, de Madrid... C'est ici, l'année dernière... à une fête de la cour, que je l'ai vue pour la première fois.

JULIANO.
Ici?

HORACE.
Au même bal que cette année, ce bal masqué et déguisé, que notre reine donne tous les ans aux fêtes de Noël... Imagine-toi, mon ami...

ACTE I, SCÈNE II.

JULIANO.

Une physionomie délicieuse! cela va sans dire.

HORACE.

Elle était masquée.

JULIANO.

C'est juste.

HORACE.

Mais la tournure la plus élégante, la plus jolie main que jamais un cavalier ait serrée dans les siennes... en dansant... bien entendu... car je l'avais invitée... et sa danse...

JULIANO.

Était ravissante...

HORACE.

Non; elle ne connaissait aucune figure... elle ne connaissait rien... Il semblait que c'était la première fois de sa vie qu'elle vînt dans un bal... Il y avait dans ses questions une naïveté, et dans tous ses mouvemens une gaucherie et une grâce délicieuses... Elle avait accepté mon bras, nous nous promenions dans ces riches salons, où tout l'étonnait, tout lui semblait charmant... mais à chaque mot qu'on lui adressait, elle balbutiait... elle semblait embarrassée... et moi qui le suis toujours... tu comprends, il y avait sympathie... Je m'intéressais à elle, je la protégeais, elle n'avait plus peur... moi non plus, et si je te disais quel charme dans sa conversation, quel esprit fin et délicat!... Je l'écoutais, je l'admirais, et le temps s'écoulait avec une rapidité... lorsque tout à coup un petit masque passe auprès d'elle en lui disant : *Voici bientôt minuit.—Déjà!...* s'écria-t-elle... et elle se leva avec précipitation.

JULIANO, *souriant*.

Eh mais! comme Cendrillon.

HORACE.

Je voulus en vain la retenir... Adieu, me disait-elle, adieu, seigneur Horace...

JULIANO.

Elle te connaissait donc?

HORACE.

Je lui avais appris, sans le vouloir, mon nom, ma famille, mes espérances, toutes mes pensées enfin... tandis qu'elle, j'ignorais qui elle était... et ne pouvant me décider à la perdre ainsi, je l'avais suivie de loin.

JULIANO.

C'était bien...

HORACE.

Je la vois ainsi que sa compagne s'élancer en voiture... avec une vivacité qui me laissa voir le plus joli pied du monde... un pied admirable.

JULIANO.

Comme Cendrillon.

HORACE.

Bien mieux encore... et, dans ce moment, elle laissa tomber...

JULIANO.

Sa pantoufle verte?...

HORACE.

Non, mon ami... son masque! J'étais près de la voiture, à la portière... et jamais, jamais je n'oublierai cette physionomie enchanteresse, ces beaux yeux noirs, ces traits si distingués, qui sont là, gravés dans mon cœur...

ACTE I, SCÈNE II.

JULIANO.

Et la voiture ne partait pas? et ce char brillant et rapide ne l'avait pas soustraite à tes regards?

HORACE.

Ah! c'est que... je ne sais comment te le dire... ce char brillant et rapide était une voiture de place.

JULIANO.

Je devine... la personne si distinguée était peut-être une grisette!

HORACE.

Quelle indigne calomnie! il est vrai que ces deux dames paraissaient inquiètes... elles semblaient se consulter entre elles.

JULIANO.

Que te disais-je?

HORACE.

Et je crus deviner... mais tu vas te moquer de moi... Je crus deviner à leur embarras qu'elles avaient tout uniment oublié...

JULIANO.

Leur bourse?

HORACE.

Justement.

JULIANO.

Tu offris la tienne?

HORACE.

En m'enfuyant, pour qu'il leur fût impossible de refuser.

JULIANO, riant.

Ah! ah! ah! mon ami... mon cher ami! quel dénoûment bourgeois pour une si brillante aventure!... ça fait mal.

HORACE.

Attends donc! tu te hâtes de juger!... Quelques jours après je reçus à mon adresse un petit paquet contenant la modique somme que je lui avais prêtée.

JULIANO.

Cela t'étonne?...

HORACE.

Dans une bourse brodée par elle.

JULIANO.

Qu'en sais-tu?

HORACE.

J'en suis sûr... une bourse brodée en perles fines!... et dans cette bourse un petit papier et deux lignes... Tiens, vois, si toutefois tu le peux; car je l'ai lu tant de fois...

JULIANO, regardant la signature.

Signé le domino noir. « *Cette place de secrétaire d'ambassade, qu'au bal vous désiriez tant, vous l'aurez... ce soir vous serez nommé.* »

HORACE.

Et ça n'a pas manqué! le soir même! moi qui n'avais aucun espoir, aucune chance.... c'est inconcevable.... c'est magique.... oh! elle reviendra...

JULIANO.

Qui te l'a dit?

HORACE.

Un instinct secret... Oui, mon ami, il me semble qu'elle est toujours là, auprès de moi... invisible à tous les yeux... et à chaque instant... je m'attends...

JULIANO, riant.

A quelque apparition surnaturelle?...

HORACE.

Pourquoi pas? maintenant que nous n'avons plus l'inquisition, on peut croire sans danger à la magie, à la sorcellerie.

JULIANO.

Et tu y crois?

HORACE.

Un peu!... Mon oncle le chanoine croyait fermement aux bons et aux mauvais anges... et que veux-tu! il m'a donné foi en sa doctrine que je trouve consolante.

JULIANO.

Et qui, par malheur, n'est qu'absurde!

HORACE.

C'est bien ce qui me désole... aussi j'en veux à ma raison quand elle me prouve que mon cœur a tort. (On entend un prélude de contredanse.)

JULIANO.

Pardon, mon cher ami... j'ai une danseuse qui m'attend... Viens-tu dans la salle de bal?

HORACE.

Non, j'aime mieux rester ici.

JULIANO.

Avec elle?...

HORACE.

Peut-être bien!

JULIANO, qui sort en riant

Bonne chance!

SCÈNE III.

HORACE, seul.

(L'air de danse continue toujours.)

Il se moque de moi et il a raison!... (S'asseyant sur le canapé à droite.) Mais c'est qu'aujourd'hui plus que jamais, aujourd'hui tout me la rappelle... C'est ici...

qu'il y a un an, à cette même fête, dans ce petit salon... je l'ai vue apparaître... (Apercevant Angèle et Brigitte qui entrent par la porte du fond à gauche.) Ah! cette taille, cette tournure... surtout... ce joli pied!...

SCÈNE IV.

BRIGITTE ET ANGÈLE, au fond du théâtre ; **HORACE**, sur le canapé.

TRIO.

ANGÈLE, à Brigitte.

Tout est-il disposé?

BRIGITTE.

C'est convenu, c'est dit!

ANGÈLE.

La voiture à minuit nous attendra!...

HORACE, sur le canapé, à part.

C'est elle

ANGÈLE, à Brigitte.

Et toi, songes-y bien!... au rendez-vous fidèle
Dans ce salon à minuit!

BRIGITTE ET HORACE.

A minuit!

ANGÈLE.

Un instant de retard, et nous serions perdues.

BRIGITTE.

Je le sais bien!

ANGÈLE.

Et rien qu'y penser me fait peur!

BRIGITTE.

Allons, Madame, allons du cœur.
Et dans la foule confondues
En songeant au plaisir, oublions la frayeur!

ENSEMBLE.

ANGÈLE ET BRIGITTE.

O belle soirée!
Moment enchanteur!
Mon âme enivrée
Rêve le bonheur!

ACTE I, SCÈNE IV.

HORACE.

O douce soirée !
Moment enchanteur !
Mon âme enivrée
Renaît au bonheur !

ANGÈLE, remontant le théâtre.

Nous sommes seules !

BRIGITTE, redescendant, et regardant du côté du canapé.

Non ! un cavalier est là
Qui nous écoute !

ANGÈLE, remettant vivement son masque.

O ciel !

(Horace s'est étendu sur le canapé, a fermé les yeux et feint de dormir au moment où Brigitte le regarde.)

BRIGITTE.

Rassurez-vous, Madame,
Il dort !

ANGÈLE.

Bien vrai !

BRIGITTE.

Sans doute !

HORACE, à part, les yeux fermés.

Et sur mon âme,
Profondément il dormira !

BRIGITTE, le regardant sous le nez.

Il n'est vraiment pas mal ! regardez le, de grâce !

ANGÈLE, s'avançant.

Ah ! grand Dieu !... c'est lui !... c'est Horace !

BRIGITTE, étonnée.

Horace !...

ANGÈLE.

Eh ! oui, ce jeune cavalier
Qui nous protégea l'an dernier.

BRIGITTE.

C'est possible... et j'aime à vous croire.

ANGÈLE.

Quoi ! tu ne l'aurais pas reconnu ?

BRIGITTE.

Non vraiment.
Je n'ai pas autant de mémoire
Que madame.

HORACE, à part.

Ah ! c'est charmant !

ENSEMBLE.

ANGÈLE ET BRIGITTE.

O belle soirée !
Moment enchanteur !
Mon âme enivrée
Rêve le bonheur !

HORACE.

O douce soirée !
Moment enchanteur !
Mon âme enivrée
Renaît au bonheur !

BRIGITTE, regardant du côté du salon, à gauche.

L'orchestre a donné le signal :
Voici qu'à danser l'on commence,
Entrons dans la salle du bal.

ANGÈLE, avec embarras, et regardant Horace.

Pas maintenant.

BRIGITTE.

Pourquoi ?

ANGÈLE.

Je pense
Qu'à la fin de la contredanse
On sera moins remarquée... attendons !...

BRIGITTE, avec un peu d'impatience.

Comme vous le voudrez, mais ici nous perdons
Un temps précieux.

ANGÈLE.

Non, ma chère.
(Lui montrant la porte à gauche.
D'ici l'on voit très bien.

BRIGITTE, se plaçant près de la porte et regardant.

C'est juste

HORACE, à part.

O sort prospère.

ANGÈLE, s'approchant d'Horace pendant que Brigitte n'est occupée que de ce qui se passe dans la salle du bal.

Ah ! si j'osais...
Non... non, jamais !

PREMIER COUPLET.

Le trouble et la frayeur dont mon âme est atteinte
Me disent que j'ai tort... hélas ! je le crains bien.
Mais... mais... je puis du moins le regarder sans crainte.
Il dort ! il dort ! et n'en saura rien.
Non, non... jamais il n'en saura rien !

ACTE I, SCÈNE IV.

BRIGITTE, *quittant la porte à gauche*
Entendez-vous ce joyeux boléro ?

ANGÈLE, *à part et regardant Horace.*
Mon Dieu ! mon Dieu !... ce bruit nouveau
Va l'éveiller... le maudit boléro !

BRIGITTE.
Le joli boléro !

ENSEMBLE.
ANGÈLE.
Je crains qu'il ne s'éveille
A ces accords joyeux !
Oui, tout me le conseille,
Fuyons loin de ses yeux !
(*S'arrêtant.*)
Non... non... quelle merveille.
Il dort... il dort très bien !
Mon Dieu ! fais qu'il sommeille
Et qu'il n'entende rien.

BRIGITTE, *riant.*
Bien loin qu'il ne s'éveille
A ces accords joyeux,
On dirait qu'il sommeille,
Et n'en rêve que mieux !
Ah ! c'est une merveille,
Et je n'y conçois rien ;
Vraiment, quand il sommeille,
Ce monsieur dort très bien !

HORACE, *sur le canapé.*
Ah ! loin que je m'éveille,
Fermons, fermons les yeux !
L'amour me le conseille :
Dormons pour être heureux !
(*Soulevant sa tête de temps en temps.*)
Pendant que je sommeille,
D'ici je vois très bien.
O suave merveille !
Quel bonheur est le mien !

(*Brigitte retourne à la porte du bal, regarde le boléro, et Angèle se rapproche du canapé.*)

ANGÈLE.
Ah ! combien mon âme est émue !

HORACE, *à demi-voix sur le canapé et feignant de rêver.*
A toi !... toujours à toi,
Ma charmante inconnue !

ANGÈLE.

En dormant il pense à moi!

DEUXIÈME COUPLET.

Nul sentiment coupable en ces lieux ne m'anime,
Et pourtant y rester est mal... je le sens bien!
Mais ce bouquet... je puis le lui laisser sans crime.
Il dort!... il dort!... il n'en saura rien!
Non! il n'en saura jamais rien!

(Elle place son bouquet sur le canapé, à côté d'Horace; en ce moment le bruit de l'orchestre reprend une nouvelle force, elle s'éloigne vivement.)

ENSEMBLE.

ANGÈLE.

Je crains qu'il ne s'éveille
A ces accords joyeux!
Et tout me le conseille,
Fuyons loin de ces lieux!
Mais non, quelle merveille,
Il dort! il dort très bien!
Mon Dieu! fais qu'il sommeille
Et qu'il n'entende rien!

BRIGITTE.

Bien loin qu'il ne s'éveille
A ces accords joyeux,
On dirait qu'il sommeille
Et n'en rêve que mieux!
Ah! c'est une merveille,
Et je n'y conçois rien;
Vraiment, quand il sommeille,
Ce monsieur dort très bien!

HORACE.

Ah! loin que je m'éveille,
Fermons, fermons les yeux!
L'amour me le conseille :
Dormons pour être heureux!
Pendant que je sommeille
D'ici je vois très bien,

(Prenant le bouquet qu'il cache dans son sein.)

O suave merveille!
Quel bonheur est le mien!

SCÈNE V.

BRIGITTE, ANGÈLE, HORACE, sur le canapé; **JULIANO**, sortant de la salle du bal au fond, à droite.

JULIANO.

Voici le plus joli boléro que j'aie jamais dansé!

ACTE I, SCÈNE V.

HORACE, se levant brusquement et courant à lui.

Mon ami... mon cher ami !

(Il lui parle bas en l'entrainant au bord du théâtre, à droite.)

ANGÈLE, qui a remis son masque.

Ah ! mon Dieu ! il s'est réveillé en sursaut !

BRIGITTE, de même.

N'allez-vous pas le plaindre ?... depuis le temps qu'il dort !... Conçoit-on cela ?... venir au bal pour dormir !...

ANGÈLE.

Tais-toi donc !

HORACE, bas à Juliano.

Oui, mon ami... elle !... c'est mon inconnue !

JULIANO.

Tu crois ?

HORACE.

Certainement ! mais je voudrais en être encore plus sûr.

JULIANO.

C'est-à-dire que tu voudrais lui parler.

HORACE.

J'en meurs d'envie... mais tant qu'elle sera avec sa compagne...

JULIANO.

C'est-à-dire qu'il faudrait l'éloigner.

HORACE.

Si tu pouvais.

JULIANO.

Je vais l'inviter à danser.

HORACE.

Quelle reconnaissance !

JULIANO.

Laisse donc !... entre amis... et puis elle a l'air d'être gentille. (On entend une ritournelle de contredanse, et Juliano s'approche de Brigitte.) Je ne pense pas, beau masque, que vous soyez venue au bal pour rester éternellement dans ce petit salon... et si vous vouliez m'accepter pour cavalier?

BRIGITTE, regardant Angèle qui lui fait signe d'accepter.

Bien volontiers, Monsieur.

(On entend la ritournelle d'une contredanse.)

JULIANO.

Mais il n'y a pas de temps à perdre... vous avez entendu la ritournelle qui nous invite... et dans un bal j'ai pour principe de ne jamais manquer une contredanse... Venez, venez, senora.

BRIGITTE, sortant avec Juliano qui l'entraine.

A la bonne heure, au moins il ne dort pas, celui-là.

(Ils sortent par le salon du fond à droite.)

SCÈNE VI.

ANGÈLE, HORACE.

HORACE, arrêtant Angèle qui veut suivre Brigitte.

Ah! de grâce, madame, un instant, un seul instant!

ANGÈLE, déguisant sa voix.

Que voulez-vous de moi, seigneur cavalier?

HORACE.

Ah! ne le devinez-vous pas!... et faut-il vous dire que je vous ai reconnue?

ANGÈLE, de même.

Vous pourriez vous tromper!

HORACE.

Moi! Demandez-le à ce bouquet!

(Il le tire de son sein et le lui présente.

ACTE I, SCÈNE VI.

ANGÈLE.

O ciel!

HORACE.

Qui désormais ne me quittera plus!... car il me vient de vous; c'est de vous que je le tiens.

ANGÈLE.

Ah! vous ne dormiez pas!

HORACE, vivement.

Je le voulais, je vous le jure... j'y ai fait tous mes efforts, je n'ai pas pu.

ANGÈLE.

Une ruse... une trahison... je ne vous reconnais pas là!

HORACE.

Si je suis coupable... à qui la faute?... à vous, qui depuis un an prenez à tâche de me fuir en me comblant de bienfaits... à vous, qui savez avec tant d'adresse vous soustraire à mes regards... à vous qui dans ce moment encore semblez vous défier de moi en me cachant vos traits... (Angèle ôte son masque.) Ah! c'est elle... la voilà... présente à mes yeux... comme elle l'était à mon souvenir.

ANGÈLE.

Ce souvenir-là... il faut le bannir.

HORACE.

Et pourquoi?

ANGÈLE.

Vous allez vous marier... vous allez épouser la fille du comte de San-Lucar.

HORACE.

Jamais! jamais!...

ANGÈLE.

C'est moi qui ai songé pour vous à ce mariage.

HORACE.

Vous, madame?

ANGÈLE.

Oui, sans doute... car vous n'avez rien... et pour soutenir votre nom et votre naissance... il vous faut une belle fortune.

HORACE, avec impatience.

Eh! Madame! songez moins à ma fortune... et plus à mon bonheur... il n'est qu'avec vous... auprès de vous... et je vous le déclare d'avance... je renonce à ce mariage et à tous ceux que l'on me proposerait... je ne me marierai jamais... ou je vous épouserai!

ANGÈLE.

En vérité!

HORACE.

Oui, madame... vous... vous seule au monde!

ANGÈLE.

Eh! qui vous dit que je puisse vous appartenir?... qui vous dit que je sois libre?

HORACE.

Grand Dieu!... mariée!

ANGÈLE.

Si cela était?

HORACE.

Ah! j'en mourrais de douleur et de désespoir!

ANGÈLE.

Horace!

HORACE.

Pourquoi alors vous ai-je revue?... pourquoi venir ainsi?

ANGÈLE.

Pour vous faire mes adieux... oui, Horace, mes derniers adieux.

HORACE.

Eh! qui donc êtes-vous?

ANGÈLE.

Qui je suis?

ROMANCE.

PREMIER COUPLET.

Une fée, un bon ange
Qui partout suit vos pas,
Dont l'amitié jamais ne change,
Que l'on trahit sans qu'il se venge,
Et qui n'attend pas même, hélas!
Un amour qu'on ne lui doit pas.
Oui, je suis ton bon ange,
Ton conseil, ton gardien,
Et mon cœur en échange
De toi n'exige rien,
Qu'un bonheur!... un seul! et c'est le tien!

DEUXIÈME COUPLET.

Vous servant avec zèle
Ici bas comme aux cieux,
Sans intérêt je suis fidèle,
Et lorsqu'auprès d'une autre belle
L'hymen aura comblé vos vœux,
Là-haut je prierai pour vous deux!...
Car je suis ton bon ange,
Ton conseil, ton gardien,
Et mon cœur en échange
De toi n'exige rien,
Qu'un bonheur, un seul, c'est le tien!

SCÈNE VII.

ANGÈLE, HORACE, LORD ELFORT, *sortant de la porte à gauche.*

ANGÈLE.

Prenez garde! on vient!

(*Elle remet précipitamment son masque.*)

HORACE.

Qu'avez-vous donc, madame?

ANGÈLE.

Rien... mais taisez-vous tant que milord sera là.

HORACE.

Et pourquoi donc?

ANGÈLE.

Silence!

LORD ELFORT.

Encore cette petite Horace de Massarena; et toute seul dans le tête-à-tête... dans ce salon écarté... il y avait quelque chose. (Il salue Angèle qui se trouble et prend vivement le bras d'Horace.) Pourquoi donc ce domino il était si troublé à mon aspect?... (Il regarde Angèle avec attention.) Ah! mon Dieu! ce tournure et ce taille... qui était tout à fait le même. Si je n'étais pas bien sûr que milady... mon femme, était heureusement malade chez elle.

HORACE, bas à Angèle.

Qu'a-t-il donc à vous regarder ainsi?

ANGÈLE.

Je l'ignore.

LORD ELFORT.

Je n'y tenais plus... et dans le doute, je voulais faire un coup hardi. (Allant à Angèle.) Madame voulait-elle accorder à moi le plaisir de danser ensemblement?

HORACE, vivement.

J'allais faire cette demande à madame.

ANGÈLE, à part.

Maladroit!

LORD ELFORT, vivement.

Je étais donc le premier en date.

HORACE.

La date n'y fait rien.

LORD ELFORT.

Elle faisait beaucoup quand on avait que cela.

HORACE.

La volonté de madame peut seule donner des droits.

LORD ELFORT.

Pour des droits... Je en avais peut-être... beaucoup plus... (à part.) que je voulais.

HORACE, fièrement.

Que madame daigne seulement m'accepter pour cavalier... et nous verrons.

LORD ELFORT, s'échauffant.

Yes, nous verrons.

ANGÈLE, bas à Horace, et lui serrant la main.

Silence!

(Elle se retourne du côté de milord et lui présente la main.)

LORD ELFORD, étonné.

Elle accepte... ce était donc pas... mais patience... je avais un moyen de savoir...

HORACE, s'approchant d'Angèle, et d'un ton respectueux.

J'obéis, madame.

ANGÈLE.

C'est bien.

HORACE.

Mais l'autre contredanse?

ANGÈLE, lui tendant la main.

Avec vous.

(Elle s'éloigne avec milord par le salon à gauche.)

SCÈNE VIII.

HORACE, puis JULIANO.

HORACE, avec joie.

Ah! elle a raison!... qu'allais-je faire?... du bruit, de l'éclat... la compromettre pour une contredanse qu'elle lui accorde par grâce... et qu'elle me donne à moi, qu'elle me donne d'elle-même!

JULIANO.

Eh bien!... qu'y a-t-il?... je te vois enchanté.

HORACE.

Oui, mon ami... je danse avec elle.

JULIANO.

Tant que cela !

HORACE.

Ah ! ce n'est rien encore... elle m'aime, j'en suis sûr.

JULIANO.

Elle te l'a dit ?

HORACE.

Pas précisément !

JULIANO.

Mais tu sais qui elle est ?

HORACE.

Non, mon ami.

JULIANO.

Tu le sauras demain ?

HORACE.

Non, mon ami... je ne dois plus la voir... c'est la dernière fois.

JULIANO.

Et tu es ravi ?

HORACE.

Au contraire... je suis désespéré... mais j'avais encore une heure à passer avec elle... une heure de plaisir... et je ne pensais plus à l'heure d'après... qui doit faire mon malheur... car c'est tantôt à minuit qu'elle doit partir.

JULIANO.

En es-tu bien sûr ?

HORACE.

Elle l'a dit devant moi... à sa compagne : toutes deux se sont donné rendez-vous ici... dans ce salon...

et quand minuit sonnera à cette horloge, je la perds pour jamais.

JULIANO.

Allons donc... nous ne pouvons pas le permettre.

HORACE.

J'en mourrai de chagrin.

JULIANO.

Et elle de dépit... elle veut qu'on la retienne... c'est évident... et tu ne dois la laisser partir qu'après avoir obtenu son secret, son amour... elle ne demande pas mieux.

HORACE.

Tu crois?

JULIANO.

Mais malgré elle... et c'est une satisfaction que tu ne peux lui refuser.

HORACE.

Certainemeut... mais comment faire?... comment la retenir quelques heures de plus?

JULIANO.

Cela me regarde.

HORACE.

Et sa compagne, qui sera toujours là avec elle...

JULIANO.

Il faut les séparer... garder l'une... et renvoyer l'autre... quoiqu'elle soit gentille... car j'ai dansé avec elle... et vrai, elle est amusante... surtout par ses réflexions... nous étions déjà fort bien ensemble... et je vais y renoncer... pour toi... pour un ami... Voilà un sacrifice... que tu ne ferais pas... Tiens, tiens, je la vois d'ici... cherchant des yeux sa compagne... qu'elle n'aperçoit pas.

HORACE.

Je crois bien... elle danse dans l'autre salon.

JULIANO, *avançant l'aiguille de l'horloge, et la mettant à minuit moins quelques minutes.*

C'est ce qu'il nous faut... sois tranquille alors.

HORACE.

Que fais-tu donc?

JULIANO.

J'avance pour elle l'heure de la retraite.

SCÈNE IX.

HORACE, JULIANO, BRIGITTE.

BRIGITTE, *sortant du salon, à droite.*

Je ne l'aperçois pas... est-ce qu'elle serait restée tout le temps dans le petit salon?... ce n'est pas possible... Ah! encore ces deux cavaliers, celui qui dort... et celui qui... enfin... *(montrant Juliano.)* le jour! *(montrant Horace.)* et la nuit!

JULIANO.

Puis-je vous rendre service, ma belle senora?

BRIGITTE.

Non, Monsieur, ce n'est pas vous que je cherche.

JULIANO.

Eh! qui donc?

BRIGITTE.

Est-il possible d'être plus indiscret?... c'est déjà ce que je vous ai dit tout à l'heure.

JULIANO.

Quand je vous ai dit que je vous aimais...

BRIGITTE.

A la première contredanse et sans m'avoir vue!

JULIANO.

C'est ce qui vous trompe... votre masque était si mal attaché, qu'il m'avait été facile de voir...

BRIGITTE.

Quoi donc?

JULIANO.

Des joues fraîches et couleur de rose.

BRIGITTE, à part.

C'est vrai!

JULIANO.

Une physionomie charmante...

BRIGITTE.

C'est vrai!

JULIANO.

Les plus jolis yeux du monde...

BRIGITTE.

C'est vrai!

HORACE, bas à Juliano

Quoi! réellement?

JULIANO, de même.

Du tout!... c'est de confiance... ce doit être ainsi... (Haut à Brigitte.) Vous voyez donc bien, senora, que vous pourriez vous dispenser de garder votre masque... car je vous connais parfaitement.

BRIGITTE.

C'est étonnant!

JULIANO.

La preuve, c'est que tout à l'heure ici, j'ai donné votre signalement exact à un domino noir qui vous cherchait.

BRIGITTE.

Qui me cherchait?

JULIANO.

Oui, vraiment... elle disait : « Où donc est-elle?... où donc est-elle?... — Dans ce salon, ai-je répondu, au milieu de la foule... — Ah! mon Dieu! comment la retrouver?... en aurai-je le temps?» Puis regardant cette horloge, elle s'est écriée...

BRIGITTE, regardant l'horloge et poussant un cri.

Minuit! ce n'est pas possible... tout à l'heure, dans l'autre salon, il n'était que onze heures... Mon Dieu! mon Dieu! comme le temps passe dans celui-ci!... (A Juliano.) Et ce domino... cette dame... où est-elle?

JULIANO.

Partie!

BRIGITTE.

O ciel!

JULIANO.

Partie en courant.

BRIGITTE.

Et sans m'attendre... il est vrai que cinq minutes de plus... impossible après cela... il est trop tard... mais m'abandonner... me laisser seule ainsi...

JULIANO.

Ne suis-je pas là?

BRIGITTE.

Eh! non, Monsieur, laissez-moi!

JULIANO.

Je serais si heureux de vous servir... de vous défendre!

BRIGITTE.

Vous voyez bien que je n'ai pas le temps de vous écouter... Laissez-moi partir, je le veux!

JULIANO.

Vous êtes fâchée?

BRIGITTE.

Je le devrais... mais est-ce qu'on a le temps, quand on est pressée?...

JULIANO.

Senora... (Son masque à moitié se détache.) Ah! qu'elle est jolie!

BRIGITTE.

Vous ne le saviez donc pas?... Quelle trahison!... vous qui tout à l'heure... Ah! minuit va sonner... je pars.

JULIANO.

C'est qu'elle est vraiment charmante, et je suis désolé maintenant de mon dévouement... Elle s'éloigne... elle a disparu... et je suis victime de l'amitié... Ah! et cette aiguille qu'il faut ramener sur ses pas. (Faisant retourner l'aiguille à onze heures.) Ma foi, nous préparons de l'ouvrage à l'horloger de la cour. (Se retournant.) C'est vous, Milord, quelles nouvelles?

SCÈNE X.

LORD ELFORT, JULIANO, HORACE.

(Lord Elfort, prenant Juliano à part pendant qu'Horace remonte le théâtre, regarde dans le salon à gauche et disparaît.

LORD ELFORT, à Juliano.

Mon ami, mon ami..... car vous étiez mon seul ami..... je étais tremblant de colère..... mon femme était ici!

JULIANO, vivement.

Pas possible... sans nous en prévenir..... dans quel dessein?

LORD ELFORT.

Permettez...

JULIANO.

Elle qui se disait malade..... et qui avait voulu rester chez elle..... Savez-vous que ce serait indigne!

LORD ELFORT.

Modérez-vous!..... car vous voilà aussi en colère que moi... et c'était là ce que j'aimais dans un ami véritable...

JULIANO, se modérant.

Certainement... Eh bien donc!... achevez...

LORD ELFORT.

Je l'avais trouvée ici, causant en tête-à-tête avec le seigneur Horace de Massarena.

JULIANO.

Horace... vous vous êtes abusé.

LORD ELFORT.

C'est ce que je me disais... en prenant son bras qui était toute tremblante.

JULIANO.

Ce n'était pas une raison...

LORD ELFORT.

Attendez donc!... Je parlai à elle... qui répondait jamais... pas un mot!... mon conversation le gênait... l'ennuyait...

JULIANO.

Ce n'était pas encore là une raison...

LORD ELFORT.

Attendez donc... Vous connaissez la taille élégante et le tournure de milady... vous la connaissez comme moi...

ACTE I. SCÈNE X.

JULIANO.

Certainement...

LORD ELFORT.

Eh bien! mon ami... ce était de même... tout à fait...

JULIANO, s'animant.

En vérité!

LORD ELFORT, de même.

Et je avais encore des preuves bien plus... bien plus... effrayantes... Vous savez que milady, ma femme... était du sang espagnol... du sang des d'Olivarès... et comme toutes les dames de Madrid... elle portait souvent des mouchoirs où étaient brodées les armes de sa famille...

JULIANO.

Eh bien?...

LORD ELFORT, avec colère.

Eh bien!... l'inconnue... le masque... le domino... il avait brodé sur le coin du mouchoir à elle... les armes d'Olivarès.

JULIANO.

O ciel!...

LORD ELFORT.

Je avais vu... vu de mes yeux... que j'étais... que j'étais furieux... je méditais d'arracher le mouchoir... la mascarade...

JULIANO.

Quelle folie!... quel éclat!

LORD ELFORT.

Yes... ce était une bêtise... et je avais pas fait.

JULIANO.

C'est bien.

LORD ELFORT.

Je avais pas pu!... elle avait tout à coup quitté

mon bras... s'était glissée dans la foule et au milieu de deux cents dominos noirs... comme le sien... impossible de courir après... Mais ce était elle.

JULIANO.

J'en ai peur.

LORD ELFORT.

C'était bien elle qui se était dit malade.

JULIANO.

Et pourquoi ? je me le demande encore !

LORD ELFORT, avec chaleur.

Pourquoi ?... pourquoi ?... Mais vous ne voyez donc rien... vous ?... ce était pour retrouver ici cette petite Horace de Massarena.

JULIANO.

Malédiction !... et moi qui ai servi, protégé ses amours... nous étions deux... (à part.) deux maris.

LORD ELFORT.

Quand je disais qu'il porterait malheur à moi... mais bientôt, j'espère...

JULIANO.

Allons, milord... allons, calmons-nous. Dans ces cas-là, il faut se modérer, et surtout se taire.

LORD ELFORT.

Ce vous était bien facile à dire...

JULIANO.

Du tout... cela me fait certainement autant de peine qu'à vous... mais il faut voir... il faut être bien sûr...

LORD ELFORT.

Ce était mon idée... et je priai vous, mon cher ami... de prêter à moi sur-le-champ votre voiture...

JULIANO.

Pourquoi cela ?

ACTE I, SCÈNE XI.

LORD ELFORT.

Je avais demandé la mienne dans trois heures seulement, et je voulais à l'instant même retourner chez moi, à mon hôtel... pour bien me assurer que milady n'y était pas.

JULIANO, *à part*.

O ciel!... comment la sauver?

LORD ELFORT, *furieux*.

Alors... je attendrai son retour... alors je attendrai elle ce soir... et demain, ce petite Horace que je détestai... que je... Adieu... je pars tout de suite.

JULIANO.

Je ne vous quitterai pas... je vous accompagne... je descends avec vous... Demandez nos manteaux... moi, je fais appeler mon cocher. (*Voyant rentrer Horace.*) Il était temps... c'est Horace!

SCÈNE XI.

HORACE, JULIANO.

JULIANO.

Arrive donc, malheureux... Quand je dis malheureux... ce n'est pas toi qui l'es le plus... mais je ne te ferai pas de reproches... tu n'en savais rien... ce n'est pas ta faute!...

HORACE.

A qui en as-tu?... et que veux-tu dire?...

JULIANO.

Que la fée invisible... la beauté mystérieuse qui t'intrigue depuis un an... n'est autre que lady Elfort.

HORACE, *avec désespoir*.

Non, non... cela n'est pas... cola ne peut pas être.

JULIANO.

Ne vas-tu pas te plaindre... et être fâché?... Cela te va bien... moi qui suis trahi par vous et qui viens vous sauver...

HORACE.

Comment cela?

JULIANO.

Son mari... est furieux et compte la surprendre... Il n'en sera rien... cherche milady... reconduis-la chez elle sur-le-champ... moi, pendant ce temps, j'emmène milord dans ma voiture... mon cocher à qui je vais donner des ordres... nous égarera... nous perdra... nous versera, s'il le faut... c'est peut-être un bras cassé qui me revient... pour toi... pour une infidèle... on ne compte pas avec ses amis... Mais plus tard, sois tranquille... je prendrai ma revanche... Adieu... je vais prendre le mari.

(Il sort par la porte du fond.)

SCÈNE XII.

HORACE, seul.

Ah! je n'en puis revenir encore! C'est la femme de milord... c'est la passion d'un ami... Adieu mes rêves et mes illusions... je ne dois plus la voir ni l'aimer... au contraire... je la maudis... je la déteste... Mais, comme dit Juliano, il faut avant tout la sauver!

SCÈNE XIII.

ANGÈLE, HORACE.

HORACE, à demi-voix.

Fuyez, Madame, fuyez... tout est découvert...

ANGÈLE, effrayée.

O ciel !

HORACE.

Partons à l'instant, ou vous êtes perdue.

ANGÈLE, de même.

Qui vous l'a dit ?

HORACE.

Mais d'abord le trouble où je vous vois... et puis le comte Juliano que vous connaissez.

ANGÈLE, naïvement.

Nullement.

HORACE, à part.

Quelle fausseté ? (Haut et cherchant à se modérer.) Le comte Juliano m'a appris que votre mari savait tout...

ANGÈLE.

Mon mari !

HORACE, avec une colère concentrée.

Oui... lord Elfort... qui dans ce moment retourne à votre hôtel.

ANGÈLE.

Lord Elfort... mon mari... Ah ! c'est original... et surtout très amusant.

HORACE.

Vous riez... vous osez rire !...

ANGÈLE.

Oui, vraiment, et ce n'est pas sans raison... car je vous jure, Monsieur, je vous atteste... que je ne suis pas mariée.

HORACE.

Est-il possible ?

ANGÈLE.

Et que je ne l'ai jamais été.

HORACE.

Ah !... ce serait trop de bonheur !... et je ne puis

y croire! Vous m'avez vu si malheureux..... que vous avez avez eu pitié de moi, et vous voulez m'abuser encore.

ANGÈLE.

Non, Monsieur... et la preuve... c'est que malgré les dangers dont vous me supposez menacée..... je reste!

HORACE.

Dites-vous vrai?

ANGÈLE.

Je reste encore... (regardant l'horloge.) et pendant trois quarts d'heure je vous permets d'être mon cavalier....

HORACE.

Trois quarts d'heure...

ANGÈLE.

Pas une minute de plus.

HORACE.

Et ce temps que vous me donnez..... j'en suis le maître?

ANGÈLE.

Mais oui!... puisqu'il est à vous!... Et d'abord, je vous rappellerai, puisque vous l'oubliez..... que vous me devez une contredanse.

HORACE, vivement.

On ne danse pas dans ce moment... et puisque vous me laissez l'emploi des instans... du moins vous me l'avez dit...

ANGÈLE.

Je n'ai que ma parole.

HORACE.

J'aime mieux vous demander... mais je n'ose pas.

ANGÈLE.

Suis-je donc si effrayante!

ACTE I, SCÈNE XIII

HORACE.

Dites-moi... qui vous êtes !

ANGÈLE.

Tout... Excepté cela !

HORACE.

Eh bien ! senora... puisque vous n'êtes pas mariée.. puisque vous ne l'avez jamais été... vous me l'avez juré... il est une preuve... qui ne me laisserait aucun doute...

ANGÈLE.

Et laquelle ?

HORACE.

Ce serait d'accepter ma main.

ANGÈLE.

Écoutez, Horace, ne vous fâchez pas... mais vrai... je le voudrais que je ne le pourrais pas...

HORACE.

Et comment cela ?...

DUO.

HORACE.

Parlez, quel destin est le nôtre ?
Qui nous sépare ? est-ce le rang
Ou la naissance...

ANGÈLE.

Eh ! non vraiment,
Ma naissance égale la vôtre.

HORACE.

Alors, c'est la fortune !... hélas !...
Je le vois, vous n'en avez pas.
Tant mieux ! l'amour tient lieu de tout.

ANGÈLE.

Eh ! non, Monsieur ! je suis riche et beaucoup !

HORACE

Quoi ! la naissance ?...

ANGÈLE.

Eh ! vraiment, oui.

HORACE.
Et la richesse?...
ANGÈLE.
    Eh! vraiment oui.

ENSEMBLE.

HORACE.
Chez elle tout est réuni!
Alors quel obstacle peut naître!
Prenez pitié de ma douleur.
Faut-il donc mourir sans connaître
Ce secret qui fait mon malheur?

ANGÈLE.
Quel trouble en mon cœur vient de naître
Ah! j'ai pitié de sa douleur.
Mais, hélas! il ne peut connaître
Le secret qui fait mon malheur.

HORACE.
De vous, hélas! que puis-je attendre?

ANGÈLE.
Mon amitié qui de loin vous suivra.

HORACE.
Et d'un ami, de l'ami le plus tendre
Rien désormais ne vous rapprochera.

ANGÈLE.
Eh! mon dieu, non.

HORACE.
    Ah! je vous en supplie,
Qu'une fois encore dans ma vie
Je puisse contempler vos traits.
Oh! que cet espoir me console...
Une fois!... une seule!

ANGÈLE.
    Eh bien! je le promets.

HORACE.
Vous le jurez?

ANGÈLE.
    A ma parole
Je ne manque jamais.

HORACE.
Vous le jurez?

ENSEMBLE.

ANGÈLE, *lui montrant la salle du bal.*
N'entendez-vous pas?
On danse là-bas.
L'orchestre du bal
Donne le signal;

ACTE I, SCÈNE XIII.

Profitez du temps,
Dans quelques instans,
Rêves de plaisir
Vont s'évanouir.

HORACE.

Non, je n'entends pas,
Je préfère hélas !
Aux plaisirs du bal
Ce secret fatal !
Et, pour mon tourment,
Voici le moment
Où bientôt va fuir
Rêve de plaisir.
Ainsi, de vous revoir
Vous me laissez l'espoir ?

ANGÈLE.

Une fois... je l'ai dit.

HORACE.

Et comment le saurai-je ?

ANGÈLE.

Le bon ange qui vous protége
Vous l'apprendra,
Mais d'ici là
Du secret...

HORACE.

Ah ! jamais je ne parle à personne.

ANGÈLE.

Des faveurs qu'on vous donne...

HORACE.

Quand on m'en donne...
Mais jusques à présent, et vous-même en effet
Devez le reconnaître,
Je ne peux pas être discret.
(Tendrement et s'approchant d'elle.)
Faites que j'aie au moins quelque mérite à l'être.

ENSEMBLE.

ANGÈLE, *sans lui répondre.*

N'entendez-vous pas ?
On danse là-bas.
L'orchestre du bal
Donne le signal :
Profitez du temps,
Dans quelques instans,
Pour nous va s'enfuir
Rêve de plaisir.

HORACE, avec impatience.

Oui, j'entends, hélas !
Qu'on danse là-bas.
L'orchestre du bal.
Donne le signal ;
Et, pour mon tourment,
Voici le moment
Où bientôt va fuir
Rêve de plaisir.

(Ils vont pour entrer dans la salle du bal à droite, et à la pendule de l'un des salons, on entend en dehors sonner minuit.)

ANGÈLE, s'arrêtant.

O ciel ! qu'entends-je ?
(Regardant l'horloge du fond.)
Il me semble
Qu'il n'est pas encor l'heure... et pourtant c'est minuit
Qui dans ce salon retentit,

HORACE, voulant l'empêcher d'entendre.

C'est une erreur...

ANGÈLE, entendant sonner dans le salon à gauche.

Eh non !...
(Entendant sonner dans un troisième salon.
Encore !... ah ! tous ensemble !
C'est fait de moi !...
Je meurs d'effroi !
Et ma compagne, hélas !... ma compagne fidèle
Où la chercher ? où donc est-elle ?
Comment la trouver à présent ?

HORACE, avec embarras.

Elle est partie.

ANGÈLE.

O ciel ! sans m'attendre... et comment ?

HORACE, de même.

Par une ruse
Dont je m'accuse...
J'ai su, pour vous garder, l'éloigner en secret !

ANGÈLE, poussant un cri de désespoir.

Oh ! vous m'avez perdue !

HORACE.

O mon Dieu qu'ai-je fait ?
ENSEMBLE.

ANGÈLE, elle se lève.

O terreur qui m'accable !
Qu'ai-je fait, misérable !

ACTE I, SCÈNE XIII.

A tous les yeux coupable !
Que vais-je devenir ?
Que résoudre et que faire ?
Au châtiment sévère
Rien ne peut me soustraire,
Je n'ai plus qu'à mourir !

HORACE.

O terreur qui m'accable !
Qu'ai-je fait, misérable !
C'est moi qui suis coupable
Comment la retenir ?
Que résoudre et que faire ?
A sa juste colère
Rien ne peut me soustraire,
Je n'ai plus qu'à mourir !

HORACE.

Qu'à moi du moins votre cœur se confie ;
Si je peux réparer mes torts...

ANGÈLE, traversant le théâtre.

Jamais !... jamais !...

HORACE.

Ah ! je vous en supplie...
Écoutez-moi, Madame, et voyez mes regrets,
Laissez-moi vous défendre ou du moins vous conduire.

ANGÈLE.

Non, je dois partir seule !...

HORACE, la retenant.

Encor quelques instans !

ANGÈLE.

Laissez-moi m'éloigner, ou devant vous j'expire !

HORACE.

Eh bien, je vous suivrai !

ANGÈLE.

Non... je vous le défends.

ENSEMBLE.

ANGÈLE.

O terreur qui m'accable ! etc.

HORACE.

O terreur qui m'accable ! etc.

(Elle s'éloigne malgré les efforts d'Horace pour la retenir. Arrivée près de la porte, elle lui fait de la main la défense de le suivre. Horace s'arrête. Elle remet son masque et s'éloigne.)

SCÈNE XIV.

HORACE, seul.

Vous le voulez... à cet arrêt terrible
Je me soumets... j'obéirai...
(Après un instant de combat intérieur.)
Non, non, c'est impossible...
Quoi qu'il arrive, hélas!... je la suivrai!
(Il s'élance sur ses pas et disparaît.

FIN DU PREMIER ACTE.

ACTE DEUXIÈME.

Le théâtre représente la salle à manger de Juliano. Au milieu, un brazero allumé. Au fond, une porte, et dans un pan coupé à droite du spectateur une croisée donnant sur la rue. Deux portes à gauche, une à droite. Entre les portes, des armoires, des buffets; au fond, à gauche, une table sur laquelle le couvert est mis.

SCÈNE PREMIÈRE

JACINTHE, seule.

Une heure du matin, et don Juliano, mon maître, n'est pas encore rentré. C'est son habitude. Il ne dort jamais que le jour... et je l'aime autant... le service est bien plus agréable et plus facile avec un maître qui ferme toujours les yeux. Mais ce soir, avant de partir pour le bal de la cour, cette idée de donner à souper à ses amis la nuit de Noël... quelle conduite!... pour faire réveillon! Moi qui justement ce matin avais eu la même idée avec Gil Perez, le concierge et l'économe du couvent des Annonciades, et impossible de le décommander à cette heure où tout le monde dort... Mais les maîtres ne s'inquiètent de rien, et n'ont aucun égard, le mien surtout... Jésus Maria, quelle tête! et qu'une gouvernante est à plaindre chez un garçon, quand il est jeune! Quand il est vieux, c'est autre chose! témoin l'oncle de Juliano, le seigneur Apuntador, chez lequel j'étais avant lui... quelle différence!

COUPLETS.

PREMIER COUPLET.

S'il est sur terre,
Un emploi,
Selon moi,
Qui doive plaire,
C'est de tenir la maison
D'un vieux garçon...
C'est là le vrai paradis.
Là, nos avis
A l'instant sont suivis.
Par nos soins dorloté,
Il nous doit la santé.
Notre force est sa faiblesse,
Et l'on est dame, dame et maîtresse.
Vieille duègne ou tendron,
Si nous voulons
Régner sans cesse
Pour cent raisons
Choisissons
La maison
D'un vieux garçon.

DEUXIÈME COUPLET.

Sa gouvernante
Est son bien,
Son soutien,
Elle régente.
Il est pour elle indulgent
Et complaisant.
Elle aura chez monseigneur
Les clefs de tout et même de son cœur.
Fidèle de son vivant,
Il l'est par son testament,
Où brille, c'est la coutume,
Une tendresse posthume.
Vieille duègne,
Ou tendron,
Si nous tenons
A notre règne,
Pour cent raisons
Choisissons
La maison
D'un vieux garçon.

Mais ici, par malheur nous n'en sommes pas là, et demain, quand ma nièce Inésille sera avec moi dans cette maison, j'aurai soin de la surveiller, parce qu'une jeunesse qui arrive de sa province, avec des mauvais sujets cemme mon maître et ses amis!... Mais voyez donc, ce Gil Perez, s'il avait au moins l'esprit de venir avant tout ce monde, on pourrait s'entendre... (Allant à la fenêtre du fond qu'elle ouvre.) Je ne vois rien. Si vraiment... en face de ce balcon... au milieu de la rue, on s'est arrêté... Ah! mon Dieu..... nne grande figure noire... qui lève le bras vers moi... Ah! j'ai peur! (Elle referme vivement la croisée.) C'est un avertissement du ciel. J'ai toujours eu idée qu'il m'arriverait malheur de souper tête à tête la nuit de Noël avec l'économe d'un couvent... avec tout autre, je ne dis pas... Ah!... l'on frappe!... Dieu soit loué... C'est Gil Perez... ou mon maître... peu m'importe, pourvu que je ne reste pas seule.

(Elle va ouvrir la porte du fond et pousse un cri de terreur en voyant apparaître une figure noire.)

SCÈNE II.

ANGÈLE, *en domino et en masque*, JACINTHE.

JACINTHE, tremblant et marmottant des prières.

Ah! mon bon ange!... ma patronne... saints et saintes du paradis, intercédez pour moi!... *Vade retro, Satanas!*

ANGÈLE, ôtant son masque.

Rassurez-vous senora..... c'est une pauvre femme qui a plus peur que vous!

JACINTHE.

Une femme... en êtes-vous bien sûre, et d'où sortez-vous, s'il vous plaît?

ANGÈLE.

Je sors du bal!... d'un bal masqué... vous le voyez... Mais par un événement... trop long à vous expliquer... il est trop tard maintenant pour que je puisse rentrer chez moi... où l'on ne m'attend pas... car on ignore que je suis au bal... et je me suis trouvée la nuit..... seule au milieu de la rue..... où j'avais grand'peur et surtout grand froid... Il neige bien fort... toutes les portes sont fermées, tout le monde dort... il n'y avait de lumière qu'à cette fenêtre qui s'est ouverte..... et quand j'ai aperçu une femme, quand je vous ai vue... j'ai repris courage ; j'ai frappé, et maintenant, senora, mon sort est entre vos mains.

JACINTHE.

C'est fort singulier... fort singulier..... Mais enfin moi, je ne demande pas mieux que de rendre service quand ça ne m'expose pas, et que ça ne me coûte rien.

ANGÈLE, vivement.

Au contraire... au contraire... tenez... prenez cette bourse...

JACINTHE.

Cette bourse...

ANGÈLE.

Il y a vingt pistoles... c'est de l'or.

JACINTHE.

Je n'en doute pas... je ne puis pas révoquer en doute la franchise de vos manières... mais enfin que voulez-vous?

ANGÈLE.

Que vous me donniez un asile... pour quelques

heures..... jusqu'au jour, après cela, je verrai, je tâcherai...

JACINTHE.

Permettez..... recevoir ainsi..... une personne inconnue...

ANGÈLE.

Mon Dieu !... mon Dieu !... que pourrais-je dire... pour vous persuader..., ou vous convaincre... Ah! cette bague en diamans... acceptez-la... je vous prie, et gardez-là en mémoire du service que vous m'aurez rendu... car, je le vois... vous cédez à mes prières... vous n'avez plus de défiance... vous croyez en moi.

JACINTHE.

Comment ne pas vous croire?... Voilà des façons d'agir... qui révèlent sur-le-champ une personne comme il faut... Aussi je ne doute pas que mon maître...

ANGÈLE.

Vous avez un maître...

JACINTHE.

Un jeune homme de vingt-cinq ans.

ANGÈLE.

Ah! mon Dieu! il ne faut pas qu'il me voie... cachez-moi chez vous dans votre chambre...

JACINTHE, *montrant la porte à droite.*

Elle est là.

ANGÈLE.

Que personne ne puisse y pénétrer!

JACINTHE.

C'est difficile... mon maître va rentrer souper avec une demi-douzaine de ses amis...

ANGÈLE.

O ciel !

JACINTHE.

Qui s'emparent de toute la maison... et qui découvriraient bien vite une jeune et jolie dame telle que vous...

ANGÈLE.

Alors je ne reste pas... je m'en vais... (elle remonte le théâtre pour sortir, on entend au dehors un bruit de marche.) Qu'est-ce donc ?

JACINTHE.

Une patrouille qui passe sous nos fenêtres...

ANGÈLE.

Est-ce qu'il y en a beaucoup ainsi ?

JACINTHE.

Dans presque toutes les rues... c'est pour la sûreté de la ville... elles arrêtent toutes les personnes suspectes qu'elles rencontrent...

ANGÈLE, à part.

C'est fait de moi !... (Haut à Jacinthe.) Je reste... je reste... Mais si je ne puis m'empêcher de paraître aux regards de ton maître ou de ses amis... n'y aurait-il pas moyen du moins de ne pas leur apprendre qui je suis ?... Ce domino, ce costume va m'exposer à leur curiosité et à leurs questions.

JACINTHE.

N'est-ce que cela ?..... il m'est bien facile de vous y soustraire... J'ai ma nièce Inésille, une Aragonaise, qui vient du pays pour être ici servante à Madrid. J'ai déjà reçu sa malle et ses effets qui sont là dans ma chambre... et si ça peut vous convenir.

ANGÈLE.

Oh ! tout ce que tu voudras.

ACTE II, SCÈNE III.

JACINTHE.

Habillée ainsi, mon maître et ses amis vous apercevront sans seulement faire attention à vous... (la regardant.) si toutefois c'est possible.

(On frappe à la porte du fond.)

ANGÈLE.

On vient... du silence... entends-tu?... silence avec tout le monde... et ma reconnaissance...

JACINTHE, lui montrant la porte à droite.

Je suis muette... entrez vite, et que Notre-Dame de Lorette vous protége.

(Angèle entre dans la chambre à droite.)

SCÈNE III.

JACINTHE, GIL PEREZ.

JACINTHE.

Le seigneur Gil Perez, c'est bien heureux!

GIL PEREZ.

Oui, ma céleste amie, ma divine Jacinthe... j'arrive un peu tard... par excès d'amour et de prudence... il a fallu attendre que la messe de minuit fût terminée, et après cela, j'ai voulu être bien sûr que tout le monde dormait au couvent... et tout le monde dort...

JACINTHE.

Tant mieux! on ne vous entendra pas rentrer!... car il faut rentrer à l'instant.

GIL PEREZ.

Et pourquoi cela?

JACINTHE.

Parce que le comte Juliano, mon maître, va arriver d'un instant à l'autre avec ses amis qui soupent ici.

GIL PEREZ.

Comme s'ils n'auraient pas pu rester toute la nuit au bal... c'est très-désagréable... et je n'ai pas du tout envie de m'en retourner.

JACINTHE.

Y pensez-vous... me compromettre!

GIL PEREZ.

Écoutez donc, Jacinthe... il fait cette nuit un froid, et un appétit... qui redoublent en ce moment... et quand on avait l'espoir de souper en tête-à-tête au coin d'un bon feu, on ne renonce pas aisément à une pareille béatitude.

JACINTHE.

Il le faut cependant... car le moyen de justifier votre présence... à une pareille heure...

GIL PEREZ.

Le ciel nous inspirera quelque bon mensonge! il en inspire toujours à ses élus!

JACINTHE.

En vérité!

GIL PEREZ.

Vous direz au seigneur Juliano, votre maître... que vous m'avez prié de venir vous aider pour le souper qu'il donne cette nuit à ses amis.

JACINTHE.

C'est vrai, vous avez des talens...

GIL PEREZ.

Avant d'être économe... j'ai été cuisinier chez deux archevêques.

JACINTHE.

Deux archevêques!...

GIL PEREZ.

Je n'ai jamais servi que dans de saintes maisons...

c'est bien plus avantageux... On y fait sa fortune dans ce monde, et son salut dans l'autre.

JACINTHE.

Je le crois bien..... et le couvent des Annonciades, où vous êtes en ce moment?...

GIL PEREZ.

C'est le paradis terrestre... A la fois concierge et économe, je suis le seul homme de la maison, et chargé de l'administration temporelle... Que Dieu me fasse encore la grâce de rester un an ou deux dans cette sainte demeure... je prendrai alors du repos...... et me retirerai..... dans le monde... avec une honnête fortune que je pourrai offrir à dame Jacinthe.

JACINTHE.

Qui, de son côté, ne néglige pas les économies.

GIL PEREZ.

Vous en avez fait de bonnes avec le seigneur Apuntador, notre premier maître...

JACINTHE.

Qui était si avare...

GIL PEREZ.

Excepté pour sa gouvernante.

JACINTHE.

C'était sa seule dépense...

GIL PEREZ.

Et cela doit aller bien mieux encore avec le seigneur Juliano, son neveu... un dissipateur.

JACINTHE.

Du tout... ça n'est plus ça... il mange son bien avec tout le monde... et quand les maîtres n'ont pas d'ordre...

GIL PEREZ.

C'est ce qu'il y a de pire... il finira mal...

JACINTHE.

Je le crois aussi... mais en attendant, il y a quelquefois de bonnes aubaines à son service..., (regardant du côté de la porte à droite.) ce soir, par exemple...

GIL PEREZ.

Qu'est-ce donc !

JACINTHE.

Rien... rien... j'ai promis le silence pour aujourd'hui du moins... mais demain, Gil Perez, je vous conterai cela.

GIL PEREZ.

A la bonne heure... on n'a pas de secrets pour un fiancé, pour un époux... Je descends à la cuisine...... m'installer au milieu des fourneaux et donner à ces messieurs un souper d'archevêque... dès qu'ils auront soupé... je porterai là, dans votre chambre... un ou deux plats... des meilleurs que j'aurai mis de côté... et que je tiendrai bien chaudement au coin du feu.

JACINTHE.

A la bonne heure... mais si on entrait dans ma chambre...

GIL PEREZ.

Dès qu'ils sortiront de table... ôtez la clef...

JACINTHE.

Et vous, alors...

GIL PEREZ.

N'en ai-je pas une autre... dont je ne vous ai jamais parlé.

JACINTHE.

Est-il possible!... Et comment cela se fait-il ? une seconde clef...

GIL PEREZ.

C'est celle du seigneur Apuntador.... notre ancien maître... je l'ai trouvée ici...

JACINTHE.

Ah! monsieur Gil Perez... une telle hardiesse...

GIL PEREZ.

Je cours à la cuisine...

(Il sort par la porte à gauche sur la ritournelle du chœur suivant et pendant que Jacinthe va ouvrir la porte du fond.)

SCÈNE IV.

JACINTHE, JULIANO, plusieurs Seigneurs *de ses amis*.

CHŒUR.

Réveillons! réveillons l'hymen et les belles !
Réveillons les maris prêts à s'endormir !
Réveillons! réveillons les amans fidèles!
   Réveillons tout jusqu'au désir !
   La nuit est l'instant du plaisir !
   Vivent la nuit et le plaisir !

JULIANO.

Qu'en son lit la raison sommeille,
Verre en main à table je veille
Et me console des amours!
Les belles nuits font les beaux jours!

CHŒUR.

Réveillons! réveillons l'amour et les belles!
Réveillons les maris prompts à s'endormir !
Réveillons, réveillons les plaisirs fidèles?
La nuit est l'instant du plaisir !
Vivent la nuit et le plaisir !

JACINTHE.

Quel tapage! c'est à frémir !
Le quartier ne peut plus dormir !

JULIANO, à part.

Tout s'arrange au mieux sur mon âme,
Et lord Elfort en son logis,
En rentrant a trouvé sa femme...
Il est un Dieu pour les maris!!...
Du reste il va venir, (Haut.) et toi, belle Jacinthe,
Soigne les apprêts du festin!
Qui manque encore?

TOUS.

Horace!

JULIANO.

Oui!... mais soyez sans crainte.

(A part.)

Les amoureux n'ont jamais faim!

JACINTHE.

Quel tapage! c'est à frémir!
Le quartier ne peut plus dormir!
Et l'alcade ici va venir!

(Elle prend le manteau que son maître a jeté sur un fauteuil et le porte dans la chambre à droite.)

CHŒUR.

Réveillons! réveillons l'amour et les belles!
Réveillons les maris prompts à s'endormir!
Réveillons! réveillons les plaisirs fidèles!
La nuit est l'instant du plaisir!
Vivent la nuit et le plaisir!

JULIANO, se retournant et appelant. Jacinthe!...
Eh bien! où est-elle donc?

(Il va ouvrir la porte à droite, fait un pas dans la chambre et ressort tout étonné en voyant Angèle qui entre poussée par Jacinthe.)

SCÈNE V.

LES PRÉCÉDENS; JACINTHE, ANGÈLE, sortant de porte à droite, habillée en paysanne aragonaise.

JULIANO.

Que vois-je? quel minois charmant!

TOUS.

Quelle est donc cette belle enfant?

JACINTHE, à Juliano.

(Aux autres.)

C'est ma nièce! Oui, je suis sa tante.

ACTE II, SCÈNE V.

(A Juliano.)
Vous savez que nous l'attendions!

TOUS.

C'est une admirable servante
Pour un ménage de garçons !

INÉSILLE, faisant la révérence.

Ah! Messeigneurs, c'est trop d'honneur.
(Bas à Jacinthe.)
Ah! j'ai bien peur ! ah! j'ai grand peur !

JACINTHE, bas à Inésille.

Allons! courage !

JULIANO.

Et son nom?

JACINTHE.

Inésille!

ENSEMBLE.

JULIANO ET LE CHŒUR.

La belle fille !
Qu'elle est gentille !
Et qu'Inésille
Offre d'attraits !
Quoiqu'ignorante,
Elle m'enchante,
Et pour servante
Je la prendrais !

JACINTHE, à part.

La belle fille !
Quelle est gentille !
Mon Inésille
Leur plaît déjà !
Jeune, innocente,
Elle est charmante !
Et moi sa tante
Surveillons-la !

INÉSILLE.

J' vois qu'Inésille,
La pauvre fille !
J' vois qu'Inésille
Leur conviendrait !
Quoiqu'ignorante,
Je les enchante.
Et pour servante
On me prendrait !

JULIANO.
PREMIER COUPLET.
D'où venez-vous, ma chère?
INÉSILLE.
J'arrivons du pays!
JULIANO.
Et que savez-vous faire?
INÉSILLE.
J' n'ons jamais rien appris!
JULIANO.
D'une âme généreuse
Nous vous formerons tous!

INÉSILLE, regardant Jacinthe.
Ah! je fus bien heureuse
D' pouvoir entrer chez vous!
Dans cette maison que j'honore
(Faisant la révérence.)
Être admise est un grand plaisir...
(A part.)
Mais j'en aurai bien plus encore
Sitôt que j'en pourrai sortir!

JULIANO.
DEUXIÈME COUPLET.
Vous êtes douce et sage?
INÉSILLE.
Chacun vous le dira!
JULIANO, lui prenant la main.
Vous n'êtes point sauvage!
INÉSILLE.
Sauvage qu'est-ce que c'est que ça?
JULIANO.
En fidèle servante,
Ici vous resterez.
INÉSILLE.
Si je vous mécontente...
Dam'! vous me renverrez!...
Car dans c'te maison que j'honore,
(Faisant la révérence.)
Demeurer est un grand plaisir!...
(A part.)
Mais j'en aurai bien plus encore,
Sitôt que j'en pourrai sortir!

ACTE III, SCENE V.

JACINTHE, *se mettant entre eux et s'adressant à Inésille.*
Allons ! c'est trop jaser !... oui... finissons, de grâce !
Il faut qu'ici le service se fasse !

JULIANO.
C'est juste ! apporte-nous Xérès et Malaga !

JACINTHE, *à Inésille qu'elle prend par le bras.*
Allons ! descendons à la cave !

INÉSILLE, *effrayée.*
A la cave !

JULIANO.
Je vois qu'elle n'est pas trop brave !

TOUS.
Chacun de nous l'escortera !

JACINTHE.
Non, Messieurs, non ; je suis plus brave,
Sa tante l'accompagnera !
Allons !... venez chercher... Xérès et Malaga !

ENSEMBLE

JULIANO ET LE CHOEUR.
La belle fille !
Qu'elle est gentille !
Qu'Inésille
Offre d'attraits !
Quoiqu'ignorante,
Elle m'enchante,
Et pour servante
Je la prendrais !

JACINTHE.
La belle fille !
Qu'elle est gentille !
Mon Inésille
Leur plaît déjà !
Elle est charmante
Et ravissante,
Et moi sa tante,
Surveillons-la.

INÉSILLE.
Mais Inésille,
La pauvre fille !
Mais Inésille
Les séduirait !
Quoiqu'ignorante,
Je les enchante ;
Et pour servante
On me prendrait !

(Jacinthe sort en emmenant Inésille par la seconde porte à gauche qui mène dans l'intérieur de la maison)

SCÈNE VI.

Les précédens; JULIANO, puis HORACE.

JULIANO.

Elle est vraiment très-bien, la petite Aragonaise, car elle vient d'Aragon... et il est heureux pour elle qu'elle soit tombée dans une maison comme la mienne... une maison tranquille... un homme seul... (Les regardant).) Pas aujourd'hui du moins. (Se retournant et apercevant Horace.) Eh! arrive donc, mon cher ami, j'avais une impatience de te voir!...

HORACE.

Et moi aussi.

JULIANO, à ses compagnons.

Messieurs, voici des cigarettes, et si vous voulez, en attendant le souper...

(Les jeunes gens se forment dans l'appartement en différens groupes, causent ou allument des cigares autour du brazero pendant que Juliano amène Horace sur le devant du théâtre.)

JULIANO.

Eh bien! tout a été à merveille... et je ne sais pas comment tu t'y es pris... car j'ai eu peur un moment... Ce lord Elfort voyant que notre conducteur se perdait et prenait le plus long, a voulu lui-même monter sur le siége... J'oubliais que les Anglais étaient les premiers cochers d'Europe... et en un instant, nous avons été à son hôtel... où je tremblais en montant l'escalier.

HORACE.

Tu étais dans l'erreur.

JULIANO.

Je l'ai bien vu... et j'ignore comment vous avez fait, toi et milady, pour rentrer avant nous, mais elle était dans son appartement... elle dormait.

ACTE II, SCÈNE VI.

HORACE.

Tu te trompes.

JULIANO.

Je le crois bien... elle faisait semblant.

HORACE.

Mais non, mon ami, ce n'était pas elle, et la preuve, c'est que je suis resté une demi-heure encore avec mon inconnue qui s'est enfuie au moment où minuit sonnait à toutes les pendules.

JULIANO.

Laisse-moi donc tranquille...

HORACE.

Et nous avons fait un joli coup, tu peux t'en vanter... Il paraît, mon ami, que nous l'avons perdue... déshonorée... et elle voulait s'aller jeter dans dans le Mançanarès.

JULIANO.

Ah çà! quand tu auras fini ton histoire...

HORACE.

C'est la vérité même, je te l'atteste... je me suis précipité sur ses pas... je l'ai rejointe au bas du grand escalier, je la retenais par le bras, lorsque, dans ses efforts pour m'échapper, s'est détaché un riche bracelet que j'ai voulu ramasser, et pendant ce temps elle s'était élancée au dehors... et là, disparue... évanouie comme une ombre... Vingt rues différentes... laquelle avait-elle prise?

JULIANO.

Écoute, Horace, si tu me prends pour dupe, si tu veux t'amuser à mes dépens...

HORACE.

Mais non, mon ami, voilà ce bracelet... regarde plutôt.

JULIANO.

Il est de fait que je ne l'ai jamais vu à milady... mais à son élégance, plus encore qu'à sa richesse, il doit appartenir à quelque grande dame... Nous avons ici le jeune Melchior, qui doit se connaître en diamans; il ne sort pas de chez le joailler de la cour à cause de sa femme qui est charmante. (A Melchior.) Mon cher Melchior, Horace voudrait vous parler.

HORACE, le prenant à part.

Connaîtriez-vous par hasard ce joyau?

MELCHIOR.

Certainement! on l'a vendu dernièrement devant moi.

HORACE.

A qui donc?

MELCHIOR.

A la reine.

HORACE, à part.

O ciel!

JULIANO, revenant près d'eux.

Eh bien! qu'est-ce?... qu'y a-t-il?

HORACE, bas à Melchior.

Taisez-vous! (Haut à Juliano) Rien, il ne sait rien... il ne connaît pas. (A part.) La reine! ce n'est pas possible... c'est absurde! (Il se retourne et aperçoit Angèle qui sort de la porte à gauche au fond et s'avance au bord du théâtre tenant un panier de vin sous le bras et un bougeoir à la main; il pousse un cri et reste immobile de surprise.) Ah! voilà qui est encore pire!

INÉSILLE, apercevant Horace.

C'est lui!

SCÈNE VII.

LES PRÉCÉDENS ; INÉSILLE ET JACINTHE *qui rentre avec elle.*

(Jacinthe prend le panier de vin que portait Angèle ; toutes deux remontent le théâtre et s'occupent à ranger le couvert près de la table qui est au fond à gauche et toute dressée.

JULIANO, à Horace.

Eh bien ! qu'as-tu donc ?... comme tu regardes notre jeune servante... Elle est jolie, n'est-ce pas ?

HORACE.

Ah ! c'est là une servante ?

JULIANO.

Une Aragonaise... la nièce de Jacinthe ! ma vieille gouvernante.

HORACE.

Et... tu la connais ?

JULIANO.

Certainement, et ces messieurs aussi... D'où vient ton air étonné ?

HORACE.

Ah ! c'est que, c'est que... dis-moi, toi qui vois la reine... car moi je l'ai à peine aperçue... Mais toi, tu la vois souvent... ne trouves-tu pas que cette petite servante ressemble beaucoup à la reine ?

JULIANO.

Pas du tout... pas un seul trait.

HORACE.

Tu en es bien sûr ?

JULIANO.

Certainement !... Pourquoi cette question ?

HORACE, avec embarras.

C'est que... (A part.) Allons, je deviens fou... je perds la tête !

(Il regarde toujours Angèle sans oser l'approcher ni lui adresser la parole.)

JULIANO.

Il paraît que milord ne vient pas... (Bas à Horace.) Il aura été obligé de faire sa paix avec milady, à moins qu'il n'ait été soupirer sous le balcon de quelque belle Espagnole.

HORACE, d'un air distrait et regardant toujours Inésille.

Lui !

JULIANO.

C'est un amateur... l'Opéra de Madrid vous dira ses conquêtes... mais puisque le conquérant est en retard... à table, Messieurs, à table. (Pendant ce temps Jacinthe et Inésille ont apporté la table au milieu du théâtre. Tous s'asseyent; Inésille se tient debout, une serviette et une assiette à la main, et elle sert tout le monde. Horace, immobile, ne boit ni ne mange, et reste, la fourchette en l'air, toujours occupé à regarder Angèle qui n'a pas l'air de le connaître.) A boire avant tout... (Inésille sert à boire à Horace, dont la main tremble, et qui choque son verre contre la bouteille.) et que d'abord je fasse réparation à mon ami Horace... j'ai cru, Messieurs, qu'il m'avait enlevé une maîtresse.

TOUS.

Ah! c'est affreux!

JULIANO.

Il paraît que j'avais tort, et qu'elle m'est fidèle... je dis il paraît, parce que, dans ce cas, le doute est déjà un bénéfice dont il faut se contenter. Je bois donc à mon ami Horace et à ses succès.

TOUS.

A ses succès!

JULIANO.

Cela ne fera pas mal... car, dans ce moment, c'est le héros de roman le plus malheureux... Il a entre autres une belle inconnue, une nymphe fugitive, qui n'est pourtant qu'à moitié cruelle.

HORACE, vivement.

Juliano!... je t'en conjure!

JULIANO.

Tu lui as promis d'être discret, c'est de droit, mais nous aussi, nous le sommes tous, et vous ne croiriez pas, Messieurs, que pour elle il est prêt à refuser un mariage superbe... Inésille, une assiette... Une dot magnifique qui m'irait si bien.

HORACE.

Je te l'abandonne!

JULIANO.

J'accepte... vous en êtes témoins... à ce prix je t'abandonne ta beauté anonyme... ta fille des airs, ta sylphide.

HORACE.

Juliano, pas un mot de plus!

JULIANO.

N'as-tu pas peur... elle ne peut pas nous entendre... elle n'est pas ici.

HORACE.

Peut-être!... Ne t'ai-je pas dit qu'en tous lieux elle était près de moi... sur mes pas... à mes côtés... que je la regardais comme mon bon ange, mon ange tutélaire, et que visible ou non, elle était toujours là présente à mes yeux et à mon cœur?

INÉSILLE, qui l'écoute avec émotion, laisse tomber l'assiette qu'elle tenait qui roule et se casse.

Ah! mon Dieu!

JULIANO.

A merveille! l'Aragonaise arrange bien mon mobilier de garçon.

JACINTHE, allant à elle.

La maladroite!

JULIANO.

Ne vas-tu pas la gronder!

INÉSILLE.

N' vous fâchez pas, ma tante, je la payerons sur mes gages.

JACINTHE.

Elle le mériterait.

JULIANO.

Certainement; mais je lui fais grâce... je suis bon prince, et je lui demande, pour toute indemnité, une chanson du pays.

TOUS.

C'est juste!... une chanson aragonaise!

JACINTHE, bas à Inésille.

En savez-vous?

INÉSILLE, de même.

Je crois que oui... à peu près.

TOUS.

Écoutons bien!

JULIANO.

Qu'ici son talent brille!

JACINTHE, bas à Inésille.

Du courage!

JULIANO.

C'est un concert
Qu'Inésille...

HORACE, stupéfait.

Inésille!

JULIANO.

Nous réservait pour le dessert.

RONDE ARAGONAISE.

INÉSILLE.

(Jacinthe vient de lui apporter des castagnettes avec lesquelles elle s'accompagne pendant les couplets suivans.)

PREMIER COUPLET.

La belle Inès
Fait florès;
Elle a des attraits,

Des vertus ;
Et bien plus,
Elle a des écus.
Tous les garçons,
Bruns ou blonds,
Lui font les yeux doux ;
Qui de nous
Voulez-vous
Prendre pour époux ?
Est-ce un riche fermier ?
Est-ce un galant muletier,
Ou bien un alguazil ?
Celui-là vous convient-il ?
Tra, la, la, tra, la, la.
— Non, mon cœur incivil,
Tra, la, la, tra, la la,
Refuse l'alguazil,
Tra, la, la, tra, la, la.
— L'alcade vous plaît-il ?
Tra, la, la, tra, la, la,
— Fût-ce un corrégidor,
Je le refuse encor.
— Que voulez-vous,
Belle aux yeux doux ?
Répondez, nous vous aimons tous.
Qui de nous
Voulez-vous
Prendre pour époux ?
— L'amoureux
Que je veux,
C'est celui qui danse le mieux.

ENSEMBLE.

JULIANO ET LE CHŒUR

Que de grâce ! que de candeur !
C'est un morceau de grand seigneur,
Et déjà mon cœur amoureux
S'enflamme au feu de ses beaux yeux !

HORACE.

C'est bien son regard enchanteur :
Mais ce costume ?.. est-ce une erreur ?
Et que dois-je croire en ces lieux,
Ou de mon cœur, ou de mes yeux ?

JACINTHE.

Ah ! quel son de voix enchanteur !
Ma nièce me fait de l'honneur !
Et déjà leur cœur amoureux
S'enflamme au feu de ses beaux yeux !

INÉSILLE.

DEUXIÈME COUPLET.

Dès ce moment,
Chaque amant
Se met promptement:
A danser,
Balancer,
Passer,
Repasser,
Et castagnettes en avant,
Chaque prétendant
S'exerçait
Et donnait
Le signal
Du bal.

Le muletier Pedro
Possédait le boléro,
Et l'alcade déjà
Brillait dans la cachucha ;
Tra, la, la, tra, la, la,
— Messieurs, ce n'est pas ça.
Tra, la, la, tra, la, la,
Et, pendant ce temps-là,
Tra, la, la, tra, la, la,
Le jeune et beau Joset,
Tra, la, la, tra, la, la,
De loin la regardait ;
Et, de travers dansait,
Car il l'aimait...
— Belle aux yeux doux,
Ce beau bal nous réunit tous ;
Qui de nous
Voulez-vous
Prendre pour époux?
— Le danseur que je veux,
C'est celui, c'est celui que j'aime le mieux.
Oui, Joset, je te veux,
Car c'est toi qui m'aime le mieux.

ENSEMBLE.

JULIANO ET LE CHOEUR.

Que de grâce! que de candeur ! etc., etc.

HORACE.

C'est bien son regard enchanteur, etc., etc.

JACINTHE.

Ah ! quel son de voix enchanteur, etc., etc.

JULIANO.

Allons, Jacinthe, le punch et le café dans le salon !

(Jacinthe sort un instant. Ils se lèvent tous et les domestiques des jeunes seigneurs enlèvent la table, qu'ils portent au fond du théâtre.)

JULIANO ET LE CHŒUR, voyant sortir Jacinthe.

Je n'y tiens plus !

INÉSILLE.

Ah ! finissez, de grâce,

TOUS, entourant Inésille.

Non, vraiment... mon cœur amoureux...

INÉSILLE, se défendant.

Ah ! je frémis de leur audace !

TOUS, de même.

S'enflamme au feu de tes beaux yeux !

HORACE, seul, à gauche du théâtre et regardant Inésille.

Comment, serait-ce elle en ces lieux ?
Non... ce n'est pas !... c'est impossible !

JULIANO ET LE CHŒUR, entourant Inésille.

Allons ne sois pas inflexible !

INÉSILLE.

Laissez-moi ! laissez-moi !

JULIANO ET LE CHŒUR.

De l'un de nous daigne accepter la foi !

INÉSILLE, se défendant.

Laissez-moi ! laissez-moi !

HORACE.

Ce n'est pas elle... non, non, non, c'est impossible !

JULIANO ET LE CHŒUR.

Rien qu'un baiser, un seul...

INÉSILLE.

Laissez-moi ! laissez-moi !

JULIANO ET LE CHŒUR.

Tu céderas !

INÉSILLE, poussant un cri, s'échappe de leurs mains et se précipite dans les bras d'Horace en lui disant :

Ah ! défendez-moi !

HORACE, à part, avec joie.

C'est elle !

JACINTHE, *sort en ce moment de la première porte à gauche, qui est celle du salon, et dit d'un air sévère :*
Eh bien ! que vois-je ?

JULIANO ET LE CHŒUR, *s'arrêtant et à demi-voix.*
C'est la tante !
De la duègne craignons la colère imposante.

JACINTHE.
Dans le salon le punch est là qui vous attend.

JULIANO.
Et les tables de jeu ?

JACINTHE.
Tout est prêt.

JULIANO.
C'est charmant !
(*Faisant signe aux convives de passer dans le salon.*)
Messieurs... Messieurs, le punch est là qui vous attend.

ENSEMBLE.

JULIANO ET LE CHŒUR.
Que de grâce ! que de candeur !
Mais pour toucher ce jeune cœur
De cet argus fuyons les yeux,
Plus tard nous serons plus heureux !

HORACE.
C'est elle ! ô moment enchanteur !
Combien je bénis sa frayeur ;
Oui, c'est elle que dans ces lieux
L'amour offre encore à mes yeux !

JACINTHE.
Mais voyez donc ces grands seigneurs...
Quelle indécence ! quelles mœurs !
(A Inésille.)
Mais ne craignez rien en ces lieux
Tant que vous serez sous mes yeux !
(*Ils entrent tous dans le salon à gauche.*)

JACINTHE, *à Inésille.*

Les voilà partis, soyez sans crainte... je descends à la cuisine.

(*Elle sort par la seconde porte à gauche. Au moment où elle s'éloigne, Horace, qui était entré le dernier dans le salon, revient sur ses pas près d'Inésille, qui est seule et range le couvert.*)

SCÈNE VIII.

HORACE, INÉSILLE.

HORACE, s'approchant d'elle timidement.

Madame...

INÉSILLE.

Qu'est-ce que c'est, monsieur ? voulez-vous du Xèrès ou du Malaga ?

(Elle lui offre un verre.)

HORACE, étonné.

Non, non, ce n'est pas possible !

INÉSILLE, imitant un léger patois de paysanne.

Dame ! si voulez autre chose, dites-le... me voilà... je suis à vos ordres...

HORACE.

Quoi, vraiment !... vous seriez ?...

INÉSILLE.

Inésille l'Aragonaise... la nièce à dame Jacinthe.

HORACE.

Ah ! ne cherchez pas à m'abuser, je vous ai reconnue !

INÉSILLE.

Moi ! mon beau monsieur ?

HORACE.

Quand tout à l'heure, pour échapper à leur poursuites, vous vous êtes jetée dans mes bras...

INÉSILLE.

Dame ! vous me sembliez le plus sage et le plus raisonnable... excusez-moi... si je me suis trompée...

HORACE, vivement.

Oh ! oui... oui... sans doute !... car dans ce moment snrtout je ne suis pas bien sûr d'avoir toute ma raison… Vois-tu, Inésille… si c'est toi… (avec respect.) si c'est vous… c'est affreux de vous jouer ainsi de mes tourmens.

INÉSILLE.

Moi, mon bon Dieu! tourmenter un cavalier si gentil et si bon!…

HORACE, s'avançant sur elle.

Eh bien! si tu n'es pas elle… c'est une ressemblance si grande… si exacte… que j'éprouve auprès de toi… ce que j'éprouvais auprès d'elle… le cœur me bat… ma vue se trouble… je t'aime…

INÉSILLE, se reculant.

Ah ben! ah ben! ah ben moi qui vous croyais si sage… prenez garde, je vais me dédire.

HORACE.

Et tu as raison… je suis un fou… un insensé… dont il faut que tu aies pitié… viens avec moi… (Il lui prend la main, qu'elle veut retirer.) Ah! ne crains rien… je te respecterai… mais je te regarderai… je croirai que c'est elle… et je te dirai… car avec toi… j'ai moins peur… je te dirai ce que je n'oserais lui dire… que je l'aime… que je meurs d'amour… qu'elle est mon rêve… mon idole… (Il la serre dans ses bras elle se dégage.) N'aie pas peur… ce n'est pas pour toi… c'est pour elle…

INÉSILLE.

C'est égal, monsieur, comment voulez-vous que je distingue?

HORACE.

C'est qu'aussi il n'y a jamais eu de situation pareille… moi qui croyais qu'elle seule au monde avait ces yeux… ce regard… que tu as, toi… (Leurs yeux se

ACTE II, SCÈNE VIII.

(rencontrent.) Ah! c'est vous... c'est vous... Madame... j'en suis sûr! vous aurez beau faire... vous ne me tromperez plus. Et la preuve, c'est que malgré moi j'ai retrouvé ma frayeur et mon respect... vous le voyez... je tremble... Pourquoi alors vous défier plus longtemps, d'un cœur qui vous est aussi dévoué?... (On frappe à la porte en dehors.) Qui vient encore à pareille heure?... quel est l'importun?

(On entend crier en dehors :) N'ayez pas peur... ouvrez... c'est un ami... c'est lord Elfort!

INÉSILLE, avec effroi.

O ciel! Lord Elfort!

HORACE.

D'où vient ce trouble?

INÉSILLE.

N'ouvrez pas! n'ouvrez pas!

HORACE.

C'est donc vous, madame... c'est bien vous!

INÉSILLE.

O mon Dieu! mon Dieu! comment faire... que devenir?

HORACE.

Ne suis-je pas là pour vous protéger?

INÉSILLE.

Et s'il me voit seulement... je suis perdue!

HORACE.

Il ne vous verra pas,.. je vous le jure!... nous sortirons de ces lieux sans qu'il vous aperçoive... mais vous aurez confiance en moi...

INÉSILLE.

Oui, monsieur...

HORACE.

Je saurai qui vous êtes?...

INÉSILLE.

Oui, monsieur...

HORACE.

Vous me direz tout?

INÉSILLE.

Oui, monsieur.

HORACE.

Eh bien!... là... là... dans cette chambre... (Montrant celle de Jacinthe.) dont je saurai bien défendre l'entrée... l'on me tuera plutôt avant d'y pénétrer... (On frappe plus fort et Inésille veut entrer dans la chambre, Horace la retient par la main.) Mais vous n'oublierez pas vos promesses?

INÉSILLE.

Oh! non, monsieur!

HORACE.

Attendez-moi! dès que milord sera entré dans le salon, je viens vous prendre... et, enveloppée dans mon manteau, vous sortirez sans danger.

INÉSILLE, *fermant vivement la porte.*

On vient!

(Lord Elfort continue à frapper plus fort à la porte du fond.)

SCÈNE IX.

JULIANO, *sortant du salon à gauche*, HORACE, *puis* LORD ELFORT.

JULIANO.

Eh bien! quel tapage à la porte de la rue!... Jacinthe, Inésille... où sont donc toutes ces femmes?

HORACE.

Je ne sais... Inésille était là... tout à l'heure... elle est descendue.

ACTE II, SCÈNE IX.

JULIANO.

A la cuisine sans doute... qui diable nous arrive ?
(Il va ouvrir la porte du fond Pendant ce temps Horace s'approche de la porte à droite qu'il ferme à double tour, puis il retire la clef et la met dans sa poche.)

HORACE.

La voilà en sûreté !

JULIANO, qui pendant ce temps a été ouvrir à lord Elfort.

C'est vous, milord, vous êtes bien en retard !

LORD ELFORT.

Ce était vrai ! (Apercevant Horace) Encore cette petite Horace !

JULIANO.

Vous ne devez plus lui en vouloir... maintenant que vous êtes sûr de la vertu de milady.

LORD ELFORT.

Yes... grâces à vous qui me avez fait avoir les preuves... mais c'est égal... cette nuit... était toujours pour moi un jour malheureuse... et fâcheuse beaucoup.

JULIANO.

Comment cela ?

LORD ELFORT.

En quittant milady... je voulais, avant le souper avec vous... porter le cadeau de Noël à la petite Estrella... vous connaissez...

JULIANO.

Un premier sujet de l'Opéra de Madrid !

LORD ELFORT.

Yes...

JULIANO.

Celle qui danse si bien la cachucha !

LORD ELFORT.

Yes...

JULIANO.

Et pour laquelle, dit-on, vous faites des folies...

LORD ELFORT.

Yes... je aimais beaucoup la cachucha... eh bien ! elle était pas chez elle... elle était sortie pour toute la nuit sans prévenir moi...

JULIANO.

Parce que vous êtes jaloux et qu'elle a peur de vous !

HORACE, à part et regardant du côté de la porte à droite.

O ciel !

LORD ELFORT.

Et pourquoi, je demande à vous ? pourquoi sortir toute la nuit ?

JULIANO.

Pour aller... pour aller... danser la cachucha... pour aller au bal... la nuit de Noël, tout le monde y va.... à commencer par vous.

LORD ELFORT.

C'est égal... je avais mis moi en colère...

JULIANO.

Ça ne coûte rien.

LORD ELFORT.

Je avais tout brisé...

JULIANO.

C'est plus cher... parce que demain il faudra réparer... à moins que cette nuit... vous ne soyez heureux au jeu où l'on vous attend.

LORD ELFORT.

Yes ! je allais jouer.

(Il entre dans le salon à gauche.)

JULIANO, se retournant vers Horace.

Ainsi que toi, mon cher Horace... on demandait ce que tu étais devenu.

HORACE.

J'allais vous rejoindre!

JULIANO.

Ah! mon Dieu! comme tu es pâle et troublé... Est-ce qu'il y aurait eu une nouvelle apparition!

HORACE.

Du tout... mon ami... (A part.) Ah! si c'est elle, c'est indigne! c'est infâme!... je les tuerai tous deux et moi-même après...

JULIANO, à Horace.

Allons, viens.

HORACE, le retenant par la main.

Un mot seulement!...

JULIANO.

Qu'est-ce donc?

HORACE.

Cette belle danseuse... dont vous parliez tout à l'heure... la signora Estrella... tu la connais?

JULIANO.

Certainement et beaucoup!... et toi?

HORACE, avec embarras.

Eh bien!... eh bien!... tu ne trouves pas qu'elle ressemble un peu à cette petite servante aragonaise...

JULIANO.

Inésille!!

HORACE.

Oui, il y a quelque chose...

JULIANO.

Ah ça! à qui diable en as-tu aujourd'hui avec tes ressemblances? Tu me parlais tantôt de la reine et maintenant d'une danseuse... il n'y a pas le moindre rapport... pas même apparence...

HORACE.

Tu as raison... cela ne ressemble à rien... et je l'aime mieux... je suis content... (A part.) Oser la soupçonner... quand tout à l'heure... elle va tout me dire et tout m'apprendre... (Haut.) Allons, viens, viens, mon ami.

JULIANO.

Qu'est-ce qu'il te prend! te voilà maintenant radieux et triomphant.

HORACE.

C'est que je pense à elle!

JULIANO.

A l'inconnue... il en deviendra fou, ma parole d'honneur!

HORACE.

C'est vrai! j'en perds la tête!

JULIANO, l'emmenant.

Viens perdre ton argent, cela vaudra mieux!

(Il sort en emportant le dernier flambeau qui était resté sur la table du souper, laquelle table a été reportée près de la porte du salon. A la sortie d'Horace et Juliano le théâtre se trouve dans l'obscurité.)

SCÈNE X.

FINALE.

GIL PEREZ, sortant de la porte du fond à gauche et portant un panier de provisions et un bougeoir, qu'il pose sur une petite table près de la porte à droite.

PREMIER COUPLET.

Nous allons avoir, grâce à Dieu,
Bon souper ainsi que bon feu!
Prudemment j'ai mis en réserve
Les meilleurs vins, les meilleurs plats,
Pour ses élus le ciel conserve
Les morceaux les plus délicats!
   Deo gratias!

DEUXIÈME COUPLET.

Nos maîtres ont soupé très bien,
Chacun son tour, voici le mien!
Et puis de ma future femme
Contemplant les chastes appas,
Le pieux amour qui m'enflamme
En tiers sera dans le repas!
  Deo gratias!
    (S'approchant de la porte à droite.)
Voici sa chambre! Ah! la porte en est close
Comme je l'avais dit!... mais sur moi prudemment
J'ai l'autre clef...
  (La cherchant dans ses poches et en la prenant.)
    C'est elle, je suppose!
(Tirant de sa poche un trousseau de clefs qu'il examine.)
Car, avec celles du couvent
N'allons pas la confondre!
      (S'approchant.)
      O quel heureux instant!
Amour! amour! que ton flambeau m'éclaire!
(Au moment d'entrer dans la chambre de Jacinthe, dont il vient d'ouvrir la porte, Inésille paraît devant lui, couverte de son domino et de son masque noir.)

SCÈNE XI.

GIL PEREZ, INÉSILLE.

INÉSILLE, étendant la main vers lui et grossissant sa voix.
  Téméraire!!!
  Impie!!... où vas-tu?

PEREZ, tremblant et laissant tomber son bougeoir
  Mon Dieu!... mon bon Dieu! qu'ai-je vu?
  Noir fantôme!... que me veux-tu?
      ENSEMBLE.

GIL PEREZ, tombant à genoux.
Tous mes membres frémissent
De surprise et d'effroi,
Et mes genoux fléchissent;
Mon Dieu, protégez-moi!

  INÉSILLE, à part, gaiement.
L'espoir en moi se glisse
En voyant son effroi;
Il tremble!... ô Dieu propice,
Ici protégez-moi!

INÉSILLE, *s'approchant de Perez qui est à genoux et n'ose lever la tête.*
Toi !... Gil Perez !

GIL PEREZ, *à part.*
Il sait mon nom !

INÉSILLE.
Portier du couvent !

GIL PEREZ.
C'est moi-même.

INÉSILLE.
Intendant, voleur et fripon.

GIL PEREZ.
C'est moi !

INÉSILLE.
Dépose à l'instant même
Ces saintes clefs que tu ne peux porter
Ou je lance sur toi l'éternel anathême !

GIL PEREZ, *lui présentant le trousseau.*
Les voici... que Satan n'aille pas m'emporter !

ENSEMBLE.

GIL PEREZ, *se relevant peu à peu.*
Tous mes membres frémissent
De surprise et d'effroi,
Et mes genoux fléchissent ;
Mon Dieu, protégez-moi !

INÉSILLE.
L'espoir en moi se glisse
En voyant son effroi,
Il tremble... ô Dieu propice,
Ici protégez-moi !

(Inésille lui ordonne sur un premier signe de se lever ; sur un second, de se diriger vers la chambre de Jacinthe; sur un troisième, d'y entrer; Perez obéit en tremblant.)

INÉSILLE, *entendant du bruit à gauche.*
Ah ! mon Dieu ! qui vient là ?

(Elle se précipite vivement derrière la porte qui ouvre en dehors et dont le battant la cache un instant aux yeux du spectateur.)

SCÈNE XII.

INÉSILLE, *cachée derrière la porte à droite;* JACINTHE, *sortant de la porte du fond à gauche.*

JACINTHE, tenant sous le bras un panier de vin et voyant la porte à droite qui est restée ouverte.

Eh quoi ! Perez m'attend déjà !

(Elle entre dans la chambre à droite, et Inésille qui était derrière la porte, la referme et retire la clef.)

INÉSILLE, seule.

L'heure, la nuit, tout m'est propice !
Du courage... ne tremblons pas !
Sainte Vierge, ma protectrice,
Inspire-moi, guide mes pas !

(Elle sort par la porte du fond.)

SCÈNE XIII.

HORACE *sort doucement de la porte à gauche, il marche sur la pointe du pied, et dans l'obscurité se dirige à tâtons vers la porte à droite; un instant après,* JULIANO, LORD ELFORT ET TOUS LES JEUNES GENS *sortent aussi de la porte du salon.*

CHŒUR, gai et à demi-voix.

La bonne affaire !
Silence, ami !
Avec mystère
Il est sorti.
Rendez-vous tendre
Ici l'attend,
Il faut surprendre
Le conquérant !

(Horace, avec la clef qu'il a dans sa poche, a ouvert la porte à droite, est entré un instant dans la chambre et en ressort dans l'obscurité, tenant Jacinthe par la main.)

HORACE.

Venez, venez, Madame, et n'ayez plus de crainte !

JACINTHE, à part et se laissant entraîner.

Qu'est-ce que ça veut dire ?

HORACE.

A votre chevalier,
A votre défenseur, il faut vous confier,
Et vous faire connaître!
(Juliano est entré dans le salon à gauche, et en ressort, tenant un flambeau à plusieurs branches. Le théâtre redevient éclairé.)

HORACE.

Ah! grand Dieu!

TOUS.

C'est Jacinthe!

ENSEMBLE.

JULIANO, LORD ELFORT, LE CHOEUR.

La bonne affaire!
Vive à jamais
Et la douairière
Et ses attraits!
Qui pourrait croire
Tel dévouement?
Honneur et gloire
Au conquérant!

HORACE.

L'étrange affaire!
Que vois-je, hélas!
Et quel mystère
Suit donc mes pas?
Dans ma mémoire
Tout se confond;
Je n'ose croire
Sa trahison!

JACINTHE.

L'étrange affaire!
Qu'ont-ils donc tous?
La chose est claire,
On rit de nous!
Faire à ma gloire
De tels affronts!
Je n'ose croire
A leurs soupçons!

HORACE, *montrant la chambre à droite.*
Elle était là pourtant... elle y doit encore être!
(Il y entre et ressort en tenant Gil Perez par la main.)

TOUS.

Un homme!

ACTE II, SCÈNE III.

JACHINTHE, à Juliano.

Gil Perez que vous devez connaître,
Un cuisinier de grand talent,
Qui venait m'aider pour le souper!

JULIANO, souriant.

Vraiment!
Ici, dans ton appartement!

HORACE, à part.

O funeste disgrâce!

JULIANO.

Et quel destin fatal
Poursuit ce pauvre Horace!
Même auprès de Jacinthe il rencontre un rival!

ENSEMBLE.

JULIANO ET LE CHŒUR.

La bonne affaire!
Vive à jamais
Et la douairière
Et ses attraits!
Qui pourrait croire
Tel dévouement?
Honneur et gloire
Au conquérant.

HORACE.

L'étrange affaire!
Que vois-je hélas!
Et quel mystère
Poursuit mes pas?
Dans ma mémoire
Tout se confond;
Je n'ose croire
Un tel affront!

GIL PEREZ.

L'étrange affaire!
Je tremble, hélas!
La chose est claire,
C'est Satanas!
Figure noire
Et front cornu,
Je n'ose croire
Ce que j'ai vu!

JACINTHE.

L'étrange affaire
Qu'ont-ils donc tous?

La chose est claire,
On rit de nous !
Faire à ma gloire
Pareils affronts !
Je n'ose croire
A leurs soupçons !

HORACE, qui, pendant la fin de cet ensemble, est entré dans la chambre à droite, en ressort en ce moment, en tenant à la main les vêtemens de la servante aragonaise, qu'Angèle y a laissés.

Partie !... hélas ! partie ! elle n'est plus ici...
Et cette fois encor loin de nous elle a fui !

JULIANO.

Eh ! qui donc ?

HORACE.

Faut-il vous le dire ?
L'esprit follet, le sylphe... ou plutôt le démon
Qui me trompe, m'abuse et rit de mon martyre !

JULIANO.

Ton inconnue...

HORACE.

Eh ! oui ! je l'ai vue...

JULIANO.

Allons donc !

HORACE.

Ici même... à l'instant... c'est cette jeune fille
Qui nous servait à souper.

JULIANO.

Inésille !

La nièce de Jacinthe.
(A Jacinthe.)
Entends tu !

JACINTHE, secouant la tête.

J'entends bien !

JULIANO.

Et que dis-tu ?

JACINTHE.

Je dis que le seigneur Horace
Pourrait avoir raison !

HORACE.

Parle, achève, de grâce !
Quelle est-elle ?

JACINTHE.

Je n'en sais rien.

ACTE II, SCÈNE III.

JULIANO.

Elle n'est pas ta nièce !

JACINTHE.

Eh! mon Dieu, non !

JULIANO.

Et ne vient pas du pays?

JACINTHE.

Mon Dieu, non !

JULIANO.

Tu ne l'as pas vue avant?

JACINTHE.

Mon Dieu, non !
Non, cent fois non !
Je ne connais ni son rang ni son nom !

HORACE, à Juliano.

Tu le vois bien, mon cher, c'est un démon !

TOUS.

Un démon !!!

ENSEMBLE.

JULIANO ET LE CHŒUR, gaiement.

    Grand Dieu ! quelle aventure !
    C'est charmant, je le jure !
    Quoi ! sous cette figure
    Se cachait un démon !
    Mais, lutine ou sylphide,
    Que le dépit nous guide,
    Pour trouver la perfide,
    Parcourons la maison !
Réveillons ! réveillons ! parcourons la maison !

HORACE, JACINTHE ET GIL PEREZ.

    Ah ! pareille aventure
    Me confond, je le jure !
    Son âme et sa figure
    Sont celles d'un démon !
    Mais lutine ou sylphide,
    Que le dépit nous guide,
    Pour trouver la perfide,
    Parcourons la maison !
Réveillons ! réveillons ! parcourons la maison !

JACINTHE, montrant sa bague.

Sous l'aspect d'une riche dame,
L'esprit malin d'abord m'est apparu !

JULIANO.
Puis, sous les traits d'une gentille femme
A table, ici, nous l'avons vu !
GIL PEREZ.
Et moi, j'en jure sur mon âme,
Sous les traits d'un fantôme au front noir
Je l'ai vu, de mes deux yeux vu !
HORACE, à Juliano.
Eh bien ! mon cher, qu'en dis-tu ?
JULIANO, riant.
Je dis... je dis...

ENSEMBLE.
JULIANO ET LE CHŒUR.
L'étonnante aventure !
C'est charmant, je le jure !
Quoi ! sous cette figure
Se cachait un démon !
Mais, lutine ou sylphide,
Que le dépit nous guide,
Pour trouver la perfide
Parcourons la maison !
Réveillons ! réveillons ! parcourons la maison !

HORACE, JACINTHE ET GIL PEREZ.
Ah ! pareille aventure
Me confond, je le jure !
Son âme et sa figure
Sont celles d'un démon ;
Mais, lutine ou sylphide,
Que le dépit nous guide,
Pour trouver la perfide
Parcourons la maison !
Réveillons ! réveillons ! parcourons la maison !

(Jacinthe et les valets des jeunes seigneurs ont apporté plusieurs flambeaux, chacun en prend un, et tous sortent en désordre et avec grand bruit par les différentes portes de l'appartement.)

FIN DU DEUXIÈME ACTE.

ACTE TROISIÈME.

Le parloir d'un couvent en Espagne. Au fond deux portes conduisant dans les cours du monastère. A gauche, et sur le premier plan la cellule de l'abbesse. A droite du spectateur, sur le premier plan, une petite porte qui conduit au jardin ; du même côté, sur le second plan, une large travée qui donne sur l'intérieur de la chapelle.

SCÈNE PREMIÈRE.

BRIGITTE, *seule*.

(Elle est en habit de novice.)

J'ai beau essayer de réciter mes prières, ou de dire mon chapelet, c'est impossible... je suis trop inquiète. (Se levant.) Voici le point du jour qui commence à paraître... sœur Angèle n'est pas encore de retour au couvent... et comment aurait-elle pu y rentrer ?... A minuit un quart, tout est fermé en dedans aux verroux, même la petite porte du jardin dont nous avions la clef... Et tout à l'heure vont sonner matines, et elle n'y sera pas... et qu'est-ce qu'on dira en ne la voyant pas?.., quel éclat!... quel scandale!... Je sais bien que nous n'avons pas encore prononcé de vœux... Et moi je quitterai bientôt le couvent pour me marier... à ce qu'on dit... mais elle, elle qui y a été élevée, et qui aujourd'hui va s'engager à n'en plus sortir... c'était bien le moins qu'elle voulût un instant entrevoir ce monde dont elle n'avait pas même idée et auquel elle allait renoncer à jamais !...

Avant de renoncer, on aime à connaître, c'est tout naturel!... et pour la seconde et dernière fois que nous allons au bal, c'est bien du malheur!... La première fois, il y a un an, tout nous avait si bien réussi, que ça nous avait enhardies... mais hier, je ne sais pas qui s'est mêlé de nos affaires... impossible de nous retrouver et de nous rejoindre... Croyant qu'elle était partie sans moi, je suis arrivée ici toujours courant... et elle, pauvre Angèle, qu'est-elle devenue?... qu'est-ce qui lui sera arrivé?... La future abbesse des Annonciades obligée de découcher et perdue dans les rues de Madrid!... Si encore je pouvais ce matin cacher son absence... mais ici il n'y a que des femmes... pis encore, des nonnes... et toutes ces demoiselles sont si curieuses, si indiscrètes, si bavardes... On n'a pas d'idée de cela dans le monde!

COUPLETS.

Au réfectoire, à la prière,
Même en récitant son rosaire,
On jase, on jase tant, hélas!
Que la cloche ne s'entend pas.
Et, s'il faut parler sans rien dire,
Sur le prochain s'il faut médire,
Savez-vous où cela s'apprend?
    C'est au couvent.

Humble et les paupières baissées,
Jamais de mauvaises pensées...
Mais avant d'entrer au parloir,
On jette un coup d'œil au miroir.
Si vous voulez, jeune fillette,
Être à la fois prude et coquette,
Savez-vous où cela s'apprend?
    C'est au couvent.

Justement, voici déjà sœur Ursule, la plus méchantes de toutes!

SCÈNE II.

BRIGITTE; URSULE *entrant par une des portes du fond.*

URSULE, la saluant.

Ave, ma sœur !

BRIGITTE, lui rendant son salut.

Ave, sœur Ursule ! vous voici levée de bon matin, et avant le son de cloche !

URSULE.

J'avais à parler à sœur Angèle.

BRIGITTE.

A notre jeune abbesse ?

URSULE.

Ah ! abbesse... elle ne l'est pas encore.

BRIGITTE.

Aujourd'hui même... dès qu'elle aura pris le voile.

URSULE.

Si elle le prend !

BRIGITTE, à part.

Ah ! mon Dieu !... (Haut.) Et qui s'y opposera ?

URSULE.

Moi peut-être !... car on n'a pas idée d'une injustice pareille !... parce qu'Angèle d'Olivarès est cousine de la reine, on la nomme à la plus riche abbaye de Madrid... avant l'âge et avant qu'elle n'ait prononcé ses vœux !

BRIGITTE.

On a bien autrefois nommé colonel d'un régiment votre frère, don Antonio de Mellos, qui n'avait alors que douze ans !

URSULE.

Un régiment, c'est différent... c'est plus aisé à conduire.

BRIGITTE.

Que des nonnes ?

URSULE.

Oui, mademoiselle.

BRIGITTE.

Je crois bien, si elles sont comme vous, qui êtes toujours en rébellion !

URSULE.

C'est que l'injustice me révolte, et je ne vois là dedans que l'intérêt du ciel et du couvent.

BRIGITTE.

Et le désir d'être abbesse.

URSULE.

Quand ce serait... j'y ai des droits... ma famille est aussi noble que celle des d'Olivarès, et j'ai plus de religion, de tête et de fermeté que sœur Angèle, qui ne commande à personne et laisse parler tout le monde.

BRIGITTE.

On le voit bien.

URSULE.

Mais patience, j'ai aussi des parens à la cour... des protecteurs qui saisiront toutes les occasions, et aujourd'hui même... il peut se présenter telles circonstances.

BRIGITTE, à part.

Est-ce qu'elle saurait quelque chose?

URSULE, remontant le théâtre et se dirigeant vers l'appartement de l'abbesse.

Et je veux voir sœur Angèle.

ACTE III, SCÈNE II.

BRIGITTE, *se mettant devant elle et l'arrêtant.*

Pourquoi cela?

URSULE.

Eh mais! pour la féliciter de la riche succession qu'elle vient de faire; le duc d'Olivarès, son grand-oncle, vient de lui laisser, dit-on, la plus belle fortune d'Espagne.

BRIGITTE.

La belle avance! pour faire vœu de pauvreté.

URSULE.

D'autres en profiteront... et dès qu'elle aura prononcé ses vœux, toutes ses richesses-là iront à son seul parent, lord Elfort, un Anglais, un hérétique... ça se trouve bien, et je lui en vais faire mon compliment.

BRIGITTE, *l'arrêtant.*

Impossible!

URSULE.

Est-ce qu'elle n'est pas dans son appartement?

BRIGITTE.

Si vraiment!

URSULE.

Alors on peut entrer?

BRIGITTE.

Elle ne reçoit personne... elle est indisposée.

URSULE.

Encore!... c'est déjà à ce que vous nous avez dit, ce qui l'a empêché d'aller à la messe de minuit.

BRIGITTE.

Oui, vraiment, elle a la migraine.

URSULE.

Comme les grandes dames!

BRIGITTE.

Oui, mademoiselle.

URSULE.

Ici, au couvent... c'est bien mondain... et sa migraine lui permettra-t-elle d'assister aux matines?

BRIGITTE.

Je le présume.

URSULE.

En vérité!... elle daignera prier avec nous!

BRIGITTE.

Et pour vous.

URSULE.

A quoi bon?

BRIGITTE.

Pour que le ciel vous rende plus gracieuse et plus aimable,

URSULE.

Les prières de l'abbesse n'y feront rien.

BRIGITTE.

Pourquoi donc?... il y a des abbesses qui ont fait des miracles.

URSULE.

C'est trop fort! vous me manquez de respect!

BRIGITTE.

C'est vous plutôt.

URSULE.

C'est impossible... une petite pensionnaire...

BRIGITTE.

Qui du moins n'est ni envieuse ni ambitieuse...

URSULE.

Mais qui est raisonneuse et impertinente.

BRIGITTE.

Ma sœur...

URSULE.

Ma chère sœur... (On frappe à la porte à droite du spectateur.) Qui vient là?... et qui peut frapper de si bon matin à cette porte qui donne sur le jardin?

BRIGITTE, à part.

Si c'était elle!

URSULE.

C'est d'autant plus singulier qu'hier je vous ai vue prendre la clef dans la paneterie... ouvrez donc... ouvrez vite.

BRIGITTE.

Et pourquoi?

URSULE.

Pour voir... pour savoir...

BRIGITTE, à part.

Est-elle curieuse!... (Haut) Moi, je n'ai rien... je n'ai pas de clef... je l'ai mise dans la paneterie avec les autres... elle doit y être encore.

URSULE.

Je vais la prendre... et je reviens... car il y a quelque chose.

(Elle sort en courant par la porte du fond.)

SCÈNE III.

BRIGITTE, puis URSULE.

BRIGITTE, tirant la clef de sa poche.

Oui, il y a quelque chose... mais tu ne le sauras pas! (Elle va ouvrir la porte à droite dont elle retire la clef.) Entrez, Madame... (Repoussant vivement la porte.) Non, non, ne vous montrez pas!... (Se retournant vers Ursule qui rentre.) Qu'est-ce donc?... qu'est-ce encore?

URSULE, qui vient de rentrer par la porte du fond.

Puisque c'est vous qui avez replacé cette clef... vous saurez mieux que moi où elle est... et je viens vous chercher...

BRIGITTE.

Je ne demande pas mieux... (A part.) Ah quel ennui !

URSULE.

Comme çà, j'ai idée que nous la trouverons.

BRIGITTE, à part.

Va... tu la chercheras longtemps... (Haut.) Je vous suis, ma sœur, ma chère sœur !...

(Elles sortent toutes deux par la porte du fond qu'elles referment).

SCÈNE IV.

ANGÈLE, entr'ouvrant la porte à droite.

(Elle est en domino noir, pâle et se soutenant à peine. Elle va fermer au verrou la porte du fond.)

RÉCITATIF.

Je suis sauvée enfin !... le jour venait d'éclore !
Il était temps...
(Se jetant sur un fauteuil.)
Ah ! respirons un peu.
J'ai cru que j'en mourrais...
(Se levant brusquement.)
Qu'ai-je entendu, mon Dieu !
Non, ce n'est rien... j'y croyais être encore.
(Elle se lève et jette sur le fauteuil qu'elle vient de quitter le trousseau de clefs qu'elle tenait à la main.)

AIR.

Ah ! quelle nuit !
Au moindre bruit
Mon cœur tremble et frémit !
Et le son de mes pas
M'effraye, hélas !
Soudain j'entends
Fusils pesans
Au loin retentissans...

ACTE III, SCÈNE IV.

Et puis qui vive? Holà!
Qui marche là?
Ce sont des soldats un peu gris
Par un sergent ivre conduits.
Sous un sombre portail soudain je me blottis.
Et grâce à mon domino noir
On passe sans m'apercevoir.
Tandis que moi,
Droite, immobile et mourante d'effroi,
En mon cœur je priais,
Et je disais :
O mon Dieu! Dieu puissant!
Sauve-moi de tout accident,
Sauve l'honneur du couvent!

Ils sont partis.
Je me hasarde, et m'avance, et frémis.
Mais voilà qu'au détour
D'un carrefour
S'offre à mes yeux
Un inconnu sombre et mystérieux.
Ah! je me meurs de peur,
C'est un voleur!
Il me demande, chapeau bas,
La faveur de quelques ducats;
Et moi d'un air poli je lui disais bien bas :
Je n'ai rien, monsieur le voleur;
Qu'une croix de peu de valeur!
Elle était d'or,
(Croisant ses bras sur sa poitrine.)
Et de mon mieux je la cachais encor...
Le voleur malgré ça,
S'en empara,
Et pendant
Ce moment :
O mon Dieu, disais-je en tremblant,
Sauve l'honneur du couvent!
En cet instant,
Passe en chantant
Un jeune étudiant!
Le voleur à ce bruit
Soudain s'enfuit.
Mon défenseur
Court près de moi... Calmez votre frayeur,
Je ne vous quitte pas,
Prenez mon bras.
— Non, non, Monsieur, seule j'irai...
— Non, senora, bon gré, malgré,
Jusqu'en votre logis je vous escorterai.

— Non, non, cessez de me presser.
— Il le faut... je dois vous laisser.
Mais un baiser,
Un seul baiser !
Comment le refuser ?
Un baiser .. je le veux...
Il en prit deux !
Et pendant
Ce moment,
O mon Dieu, disais-je en tremblant,
Sauve l'honneur du couvent !

Mais je suis, grâce au ciel, à l'abri de l'orage ;
Je n'ai plus rien à craindre en ce pieux réduit.
Et je ne sais pourtant quelle fatale image
Jusqu'au pied des autels m'agite et me poursuit.

CAVATINE.

Amour, ô toi, dont le nom même
Est ici frappé d'anathème,
Toi, dont souvent j'avais bravé les traits,
Ma souffrance
Qui commence
Doit suffire à ta vengeance !
Pauvre abbesse !
Ma faiblesse
Devant ton pouvoir s'abaisse.
De mon cœur en proie aux regrets,
Ah ! va-t'en, va-t'en pour jamais !
Que mes erreurs soient effacées,
Quand Dieu va recevoir mes vœux.
A lui seul toutes mes pensées...
Oui, je le dois...
(Avec douleur.)
Je ne le peux !
Amour, ô toi, dont le nom même
Est ici frappé d'anathème,
Toi, dont souvent j'avais bravé les traits, etc.
(On frappe à la porte du fond.)

(Parlé.) Qui vient là ?

BRIGITTE, en dehors.

C'est moi, madame.

(Angèle va lui ouvrir.)

SCÈNE V.

ANGÈLE, BRIGITTE, rentrant par la porte du fond qu'elle referme.

BRIGITTE.

C'est vous!... c'est vous Madame! enfin je vous revois... Mais qui donc vous a ouvert la porte du couvent?

ANGÈLE, montrant le trousseau de clefs qu'elle a jeté sur le fauteuil.

Je te le dirai.

BRIGITTE.

Le trousseau de clefs de Gil Perez, le concierge... Comment est-il entre vos mains?

ANGÈLE.

Tais-toi! n'entends-tu pas?...

BRIGITTE, montrant la porte à droite.

C'est le premier coup de matines... Ah! cette porte que j'oubliais.

(Elle va la fermer.)

ANGÈLE.

Je rentre vite dans mon appartement.

BRIGITTE.

D'autant plus que sœur Ursule est toujours là pour vous espionner.

ANGÈLE.

A une pareille heure!

BRIGITTE.

Elle est si méchante qu'elle ne dort pas... et elle médite quelque trame contre vous, car elle meurt d'envie d'être abbesse.

ANGÈLE, à part.

Plût au ciel!

BRIGITTE.

Aujourd'hui même où vous devez prendre le voile, elle ne perd pas l'espoir de vous supplanter... Elle a à la cour son oncle Grégorio de Mellos, un intrigant, qui saisira toutes les occasions... Elle m'assurait même qu'il s'en présentait une...... j'ai cru que c'était votre absence, et je tremblais.

ANGÈLE.

Non... non, par malheur, elle ne réussira pas.

BRIGITTE.

Que dites-vous?

ANGÈLE.

Que je suis bien à plaindre, Brigitte ; et ces vœux que je vais prononcer feront maintenant le malheur de ma vie.

BRIGITTE.

Refusez.

ANGÈLE.

Est-ce que c'est possible, quand la reine l'ordonne, quand j'y ai consenti, quand lord Elfort et sa femme, mes seuls parens, ma seule famille, vont ce matin, ainsi que tout Madrid, arriver pour être témoins de quoi?... d'un pareil éclat... Non, non, il faut se soumettre à sa destinée, et aujourd'hui, Brigitte... aujourd'hui, tout sera fini pour moi!...

BRIGITTE, avec compassion.

Pauvre abbesse!... on vient, partez vite.

(Angèle rentre dans son appartement, et Brigitte va ouvrir la porte du fond à gauche.)

ACTE III, SCÈNE VI.

SCÈNE VI.

BRIGITTE, CHŒUR DE NONNES.

MORCEAU D'ENSEMBLE.

CHŒUR vif et babillard.
Ah! quel malheur!
Ma chère sœur!
Quel accident!
Est-ce étonnant
Et désolant
Pour le couvent!
Quoi! la nouvelle est bien certaine,
Quoi! notre abbesse à la migraine?
Ah! quel malheur!
Ma chère sœur,
Quel accident!
Est-ce étonnant
Et désolant
Pour le couvent!

BRIGITTE.
Qui vous a dit cela?

CHŒUR, vivement.
C'est notre chère sœur Ursule!

BRIGITTE, à part.
C'est par elle, dans le couvent,
Que chaque nouvelle circule.
(Haut.)
Mais calmez-vous, cela va mieux.

TROIS NONNES.
Cela va mieux! ah! quelle ivresse!

TROIS AUTRES.
Aujourd'hui madame l'abbesse
Pourra donc prononcer ses vœux?

TROIS AUTRES.
Ah! la belle cérémonie!
Quel beau spectacle, quel beau jour!

TROIS AUTRES.
Chez nous, où toujours on s'ennuie
Nous aurons la ville et la cour!

TROIS AUTRES.
Et puis ensuite au réfectoire,
Un grand repas!

BRIGITTE.

C'est étonnant,
Et, d'honneur; on ne pourrait croire
Comme on est gourmande au couvent.

CHŒUR.

Ah! quel bonheur!
Ma chère sœur,
Que c'est touchant,
Intéressant!
Quel beau moment
Pour le couvent!
Quoi! la nouvelle est bien certaine,
L'abbesse n'a plus la migraine?
Ah! quel bonheur!
Ma chère sœur,
Que c'est touchant,
Intéressant!
Quel beau moment
Pour le couvent!

(A la fin de l'ensemble on frappe à la porte à droite.)

SCÈNE VII.

Les Précédens; URSULE, entrant par le fond.

URSULE, *montrant la porte à droite.*
Quoi! vous n'entendez pas qu'ici
L'on frappe encore?

TOUTES.
Et la clef?

BRIGITTE, *la leur donnant.*
La voici.

URSULE, *bas à Brigitte.*
Vous qui ne l'aviez pas

BRIGITTE, *d'un air naïf.*
Tout à l'heure, ma chère,
Je l'ai retrouvée.

URSULE, *à part, d'un air de défiance.*
Ah!

TOUTES.
Comment c'est la tourière?
Qui donc l'amène?

LA TOURIÈRE, entrant par la porte à droite que l'on vient d'ouvrir.

On le saura.
Et sur un fait auquel notre honneur s'intéresse
Je viens pour consulter madame notre abbesse.

URSULE.
(A part.)
On ne peut la voir. Et cela
Cache encore un mystère.

BRIGITTE.

Et tenez, la voilà !

SCÈNE VIII.

LES PRÉCÉDENS ; ANGÈLE, sortant de la porte à gauche, qui est celle de son appartement. Elle porte le costume d'abbesse.

ANGÈLE.

Mes sœurs, mes sœurs, que l'allégresse
Et la paix règnent dans vos cœurs,
Que Dieu vous protége sans cesse
Et vous comble de ses faveurs !

CHŒUR.

Qu'elle est gentille, notre abbesse !
Qu'elle a de grâce et de douceur !
Avec elle règnent sans cesse
La douce paix et le bonheur.

URSULE, à part.

Qu'elle est heureuse d'être abbesse !
Mais tout s'obtient par la faveur,
Et bientôt, grâce à mon adresse,
J'aurai peut-être ce bonheur.
(Allant à Angèle.)
Ah ! Madame, combien j'étais inquiétée...
Comment avez-vous donc passé la nuit !

ANGÈLE.

Fort bien.
(Regardant Brigitte.)
Une nuit assez agitée ;
Mais ce matin ce n'est plus rien.

URSULE.

Quel bonheur !

ANGÈLE, à la tourière qui s'avance.

Eh bien ! qu'est-ce ?

LA TOURIÈRE.

Hélas ! dans ces saints lieux
Je n'avais jamais vu scandale de la sorte...
Le portier du couvent qui se trouve à la porte.

URSULE.

Passer la nuit dehors, c'est un scandale affreux.

CHŒUR.

Ah ! quelle horreur, etc.

ANGÈLE

Un instant... un instant... ayons de l'indulgence
Quelquefois, mes sœurs, on ne peut
Rentrer aussitôt qu'on le veut.
(À part.)   (À la tourière.)
Je le sais !... Que dit-il enfin pour sa défense ?

LA TOURIÈRE.

Par des brigands, hier soir arrêté...

ANGÈLE, à part.

Ah ! comme il ment !

LA TOURIÈRE.

Par eux enchaîné, garrotté...

ANGÈLE, à part.

Ah ! comme il ment !

LA TOURIÈRE.

Dépouillé de ses clefs et de tout son argent...

BRIGITTE, regardant les clefs qu'elle a prises.

Les voici !

ANGÈLE, vivement et à voix basse.

Cache-les !
(Haut et les yeux fixés sur les clefs.)
Je vois bien qu'au couvent
Il ne pouvait rentrer... et qu'il faut qu'on pardonne.

URSULE.

C'est scandaleux ! Elle est trop bonne.

TOUTES.

Ah ! qu'elle est indulgente et bonne !

ANGÈLE, à part.

Et comme à lui que le ciel me pardonne.
(Ici on commence à entendre sonner matines, petite cloche de chapelle.)

LA TOURIÈRE.

Ce n'est pas tout encore, et voilà qu'au parloir,
Un cavalier demande à voir
Madame notre abbesse.

ACTE III. SCÈNE IX.

ANGÈLE.
Impossible à cette heure.
Voici matines, et déjà
Nous sommes en retard... son nom?

LA TOURIÈRE.
Massarena.

ANGÈLE, à part,
(Haut.)
Horace! ô ciel ! Que dans cette demeure,
Il nous attende!...

URSULE.
Eh mais ! à ce nom-là,
Madame semble bien émue..

ANGÈLE.
(A part.)
Qui, moi ! non pas... M'aurait-on reconnue?
(Faisant un pas.)
Et saurait-il?

URSULE, l'arrêtant et avec intention, pendant que la cloche va toujours.
Voici matines, et déjà
Nous sommes en retard.

BRIGITTE, avec impatience.
Eh ! mon Dieu, l'on y va.

CHŒUR.
Les cloches argentines
Pour nous sonnent matines,
Allons d'un cœur fervent
Prier pour le couvent !

(Elles défilent toutes par les portes du fond, que l'on referme, et la tourière, à qui Angèle a parlé bas, reste la dernière.)

SCÈNE IX.

LA TOURIÈRE, puis HORACE.

LA TOURIÈRE, allant ouvrir la porte à droite.
Entrez ! entrez, seigneur cavalier.

HORACE.
C'est bien heureux! depuis une heure que j'attends. J'ai une permission de M. le comte de San-Lucar, pour me présenter à sa fille, la senora Brigitte, ma fiancée.

LA TOURIÈRE.

On ne parle pas ainsi à nos jeunes pensionnaires, sans l'autorisation et la présence de madame l'abbesse.

HORACE, avec impatience.

Eh! je le sais bien!... et voilà pourquoi je désire lui parler d'abord... (A part.) à cette vieille abbesse.

LA TOURIÈRE.

Elle est à la chapelle.

HORACE.

Comme c'est agréable! ça n'en finira pas.

LA TOURIÈRE.

Voilà un beau cavalier qui est bien impatient... et l'impatience est un péché. (Mouvement d'Horace.) Madame la supérieure vous prie de l'attendre dans ce parloir, où vous serez plus commodément. (Parlant avec volubilité.) Nous avons aujourd'hui bien peu de temps à nous... Une cérémonie... une prise de voile où doit assister tout Madrid... Mais c'est égal, on vous accordera quelques minutes en sortant de matines... car dans ce moment nous sommes toutes à matines!

HORACE, avec intention et la regardant.

Pas toutes, à ce que je vois!

LA TOURIÈRE.

Aussi j'y vais... Dieu vous garde, mon frère.

(Elle sort.)

SCÈNE X.

HORACE, seul.

M'en voilà débarrassé... c'est bien heureux... (Se jetant sur le fauteuil à gauche.) Respirons un instant... Depuis hier je me croyais sous l'influence de Satan lui-même... Heureusement, et depuis que je suis entré dans ce saint lieu... mes idées sont devenues plus saines... plus raisonnables.

(On entend le son de l'orgue dans la chapelle à droite.)

A ces accords religieux,
Le calme renaît dans mon âme.
Filles du ciel, vous qu'un saint zèle enflamme,
A vos pieux accens je veux mêler mes vœux.
Avec elles prions.

(Il se lève et s'approche de la travée à droite qui donne sur la chapelle. Il s'agenouille sur une chaise qui est contre la travée)

ANGÈLE, chantant en dehors.

CANTIQUE.

PREMIER COUPLET.

Heureux qui ne respire
Que pour suivre ta loi,
Mon Dieu, sous ton empir
Ramène notre foi.
Que ton amour m'enflamme,
Et viens rendre, Seigneur,
Le bonheur à mon âme
Et le calme à mon cœur.

HORACE, qui pendant ce cantique a montré la plus grande émotion.

Ah ! quel trouble de moi s'empare !
De surprise et d'effroi tout mon sang s'est glacé !
C'est elle encor ! c'est elle ! ah ! ma raison s'égare.
Filles du ciel, priez pour un pauvre insensé.

ENSEMBLE.

HORACE.

C'est elle encor ! c'est elle ! ah ! ma raison s'égare.
Filles du ciel, priez pour un pauvre insensé.

ANGÈLE ET LE CHŒUR, en dehors.

Que ton amour l'enflamme,
Prends pitié du pécheur,
Rends la joie à son âme
Et le calme à son cœur.

ANGÈLE.

DEUXIÈME COUPLET.

Les amours de la terre
Ont bien vite passé ;
Leur bonheur éphémère
S'est bientôt éclipsé ;

Mais quand tu nous enflammes,
Toi seul donnes, Seigneur,
Le bonheur à nos âmes
Et la paix à nos cœurs.

ENSEMBLE

HORACE.

C'est elle encor c'est elle... ah! ma raison s'égare,
Filles du ciel, priez pour le pauvre insensé.

ANGÈLE ET LE CHŒUR.

Que ton amour l'enflamme,
Prends pitié du pécheur!
Rends la joie à son âme
Et le calme à son cœur.

(Les chants et les sons de l'orgue diminuent peu à peu et cessent de se faire entendre.)

HORACE.

Décidément... je suis frappé... je suis abandonné du ciel... puisque même dans ce lieu... je ne puis trouver asile... ni protection... Ah! sortons!...

SCÈNE XI.

BRIGITTE, HORACE, puis ANGÈLE.

BRIGITTE, entrant par la porte du fond et annonçant.

Madame l'abbesse!...

ANGÈLE paraît; elle est enveloppée dans son voile; elle fait signe à Brigitte de s'éloigner; Brigitte sort par la porte à gauche, et Angèle s'assied. (A part.)

Allons! du courage!... c'est pour la dernière fois! (A Horace, contrefaisant sa voix, qu'elle vieillit un peu.) Seigneur Horace de Massarena, on m'a dit que vous demandiez à me parler...

HORACE.

Oui, ma sœur... d'une affaire importante. Vous avez en ce couvent une jeune personne charmante, et très riche, mademoiselle de San-Lucar.

ACTE III, SCÈNE XI.

ANGÈLE.

Que vous devez dit-on, épouser...

HORACE.

Oui! M. le duc de San-Lucar, qui m'honore de son affection, me destinait sa fille en mariage... Mais ce mariage est impossible.

ANGÈLE.

Que dites-vous?

HORACE.

Il ne peut plus avoir lieu... mais je ne sais comment l'avouer... et c'est vous, madame, vous seule qui pouvez l'apprendre à M. de San-Lucar et à sa fille!...

ANGÈLE.

Et pour qu'elle raison?

HORACE.

Des raisons... que j'aimerais mieux ne pas dire.

ANGÈLE, se levant.

Il le faut cependant, si vous voulez que je me charge d'une semblable mission.

HORACE.

Eh bien! senora, elle ne peut épouser un homme qui n'est pas dans son bon sens, et je n'ai pas le mien! Oui, contre ma raison, contre ma volonté, il en est une autre que j'aime et que j'aimerai toute ma vie. Vous souriez de pitié... ma révérende... parce qu'à votre âge on ne comprend plus ces choses-là... mais au mien... voyez-vous, l'on en meurt.

ANGÈLE, à part.

Ah! mon Dieu! (Haut.) Et si vous essayiez d'oublier cette personne, de vous soustraire à ces tourmens?

HORACE, avec amour.

Ah!... je ne le veux pas! et quand je le voudrais... à quoi bon! comment échapper à ce pouvoir surnaturel, à ce démon qui me poursuit sans cesse et que je ne puis atteindre.. il est toujours avec moi, près de moi... je le vois partout et partout je l'entends?

ANGÈLE, vivement et avec sa voix naturelle.

Vraiment!

HORACE.

Tenez... vous avez dit *vraiment* comme elle!... j'ai cru entendre sa voix.

ANGÈLE, reprenant avec émotion sa voix de vieille

Par exemple!

HORACE.

Pardon!... pardon, ma révérende!... est-ce ma faute, à moi... si mes idées se troublent, si ma raison s'égare, si je me fais honte à moi-même!... Je suis un insensé qui ne guérirai jamais! un malheureux qui souffre. Mais en attendant je suis encore un honnête homme qui ne veux tromper personne, et vous voyez bien que mon mariage est impossible. Adieu, madame, adieu!

ANGÈLE, à part.

Et pour jamais.

SCÈNE XII.

LES PRÉCÉDENS; URSULE *entrant par la porte du fond.*

URSULE.

Madame... madame, voici déjà le comte Juliano, lord et lady Elfort et puis M. de San-Lucar... et des seigneurs de la cour qui arrivent pour la cérémonie...

ANGÈLE.

O ciel !...

URSULE.

Entre autres, mon oncle don Grégorio, gentilhomme d'honneur de la reine, qui a eu ce matin avec Sa Majesté une longue conversation.

ANGÈLE.

Peu m'importe.

URSULE, avec malice.

Peut-être plus que vous ne pensez... car avant que vous descendiez à l'église... il m'a dit de vous remettre cette ordonnance qui est scellée des armes de Sa Majesté.

ANGÈLE.

Donnez !

URSULE, à part.

Je veux être témoin de son dépit... pour aller le conter à tout le couvent.

ANGÈLE écarte un instant son voile, pour lire la lettre, et la parcourt avec émotion.

Dieu ! que vois-je !

URSULE, sortant en courant.

Elle sait tout.

HORACE, pendant ce temps, s'est rapprochée de la travée à droite, et regarde avec soin dans la chapelle. Ne découvrant rien, et au moment où Ursule vient de sortir, il aperçoit Angèle dont le voile est tombé, il pousse un cri et reste immobile.

Ah !

(A ce cri Angèle, qui était près de sa cellule, s'enfuit par cette porte, qu'elle referme vivement.)

HORACE, se promenant avec agitation.

Disparue ! disparue encore ! quoi ! rien ne lui est sacré, et sous l'habit même de l'abbesse... il faut que je la retrouve encore ! c'est horrible !

SCÈNE XIII.

HORACE, LORD ELFORT ET JULIANO, *entrent en causant vivement par les portes du fond.*

LORD ELFORT.

C'est affreux !

JULIANO.

Mais, Milord, écoutez-moi !

HORACE, se promenant toujours de l'autre côté.

C'est indigne !

LORD ELFORT.

Je suis dans la fureur.

JULIANO, se retournant.

Ah çà ! tout le monde ici est donc en colère ? (A Horace.) Qu'est-ce qui te prend ?

HORACE, avec humeur.

Je ne veux pas le dire... je n'en sais rien.

(Il se jette sur le fauteuil à gauche.)

JULIANO.

Au moins milord a des raisons ! une succession superbe qui lui échappe.

LORD ELFORT.

Yes, qui me échappait... une parente à moi qui allait prendre le voile, et des intrigans avaient persuadé à la reine...

JULIANO, à Horace et en riant.

Qu'on ne devait pas laisser passer une si belle fortune entre les mains...

LORD ELFORT.

D'un Anglais... d'un hérétique... c'était absurde.

JULIANO.

Et qu'il fallait que l'abbesse épousât un Espagnol, bon catholique.

HORACE, se levant vivement.

L'abbesse, celle qui était là tout-à-l'heure... vous croyez que c'est l'abbesse?

LORD ELFORT.

Certainement.

HORACE.

Laissez donc!

LORD ELFORT.

Et qui donc elle était, s'il plaît à vous?

HORACE.

Ce qu'elle est!!... c'est mon inconnue... c'est mon domino noir... c'est la servante aragonaise... c'est Inésille... c'est tout ce que vous voudrez... mais pour l'abbesse... non... elle a pris sa robe, elle a pris ses traits... mais ce n'est pas elle!...

LORD ELFORT.

C'est elle!

HORACE, s'échauffant.

Je dis que non!

LORD ELFORT, de même.

Je disais que oui!

JULIANO.

Silence, messieurs, c'est l'abbesse et tout le couvent...

LORD ELFORT.

Eh bien!... vous allez bien voir.

HORACE, ému.

Oui... nous allons voir... à moins qu'elle n'ait changé encore.

SCÈNE XIV.

ANGÈLE, *habillée en blanc et voilée*, BRIGITTE, URSULE, LA TOURIÈRE, TOUTES LES NONNES, LORD ELFORT, JULIANO, HORACE, SEIGNEURS ET DAMES DE LA COUR.

(Les nonnes entrent par les portes du fond sur un air de marche, et se rangent en demi-cercle au fond du théâtre ; derrière elles, les dames et seigneurs de la cour ; Angèle sort de son appartement, et se place au milieu du théâtre ; Ursule à côté d'elle.)

FINALE.

ANGÈLE.

Mes sœurs, mes chères sœurs, notre auguste maîtresse
La reine ne veut pas que je sois votre abbesse.

URSULE, à part.

Ah! quel bonheur!

ANGÈLE.

Et par son ordre exprès,
A sœur Ursule je remets
Ce titre et le pouvoir suprême.

(Pendant que parle l'abbesse, Horace témoigne la plus grande émotion. Il veut aller à elle, Juliano, qui est près de lui, le retient.)

TOUTES.

Ah! quel malheur! ah! quels regrets!

ANGÈLE.

Il nous faut quitter à jamais,
Car on m'ordonne aujourd'hui même
D'avoir à choisir un époux.

LORD ELFORT, s'approchant d'Angèle.

Ah! quelle tyrannie extrême!
Mais je saurai parler pour vous
Belle cousine!...

ANGÈLE, s'avançant vers Horace.

Et cet époux,
Voulez-vous l'être, Horace, voulez-vous?

(Pendant cette phrase de chant, Brigitte, qui est derrière Angèle, a retiré peu à peu son voile. Horace lève les yeux, reconnaît les traits d'Angèle, pousse un cri et tombe à ses genoux.)

ACTE III, SCÈNE XIV.

HORACE.

Ah!

ENSEMBLE.

C'est elle, toujours elle!
O moment trop heureux!
Démon, ange ou mortelle
Ne fuyez plus mes yeux!

ANGÈLE.

Ce n'est qu'une mortelle
Qui veut vous rendre heureux,
Et d'un amant fidéle
Récompenser les feux!

TOUS.

O surprise nouvelle
Qui vient charmer ses yeux,
C'est elle! c'est bien elle
Qui veut le rendre heureux!

HORACE.

De mon bonheur je doute encor moi-même!
Apres les changemens qu'à chaque instant j'ai vus!
Changemens bizarres et confus.

ANGÈLE.

(A demi-voix.)

Qu'un mot peut expliquer. Horace, je vous aime!

HORACE, vivement.

Ah! maintenant, ne changez plus!

HORACE.

C'est toujours elle, etc., etc.

CHŒUR.

O surprise nouvelle, etc., etc.

ANGÈLE.

Ce n'est qu'une mortelle, etc, etc.

FIN DU DOMINO NOIR.

LES TREIZE,

OPÉRA-COMIQUE EN TROIS ACTES,

Représenté, pour la première fois, à Paris, sur le théâtre de l'Opéra-comique, le 15 avril 1839.

En société avec M. Paul Duport.

MUSIQUE DE M. HALÉVY.

PERSONNAGES.

HECTOR, colonel d'un régiment de lanciers napolitains.
ODOARD, feld-maréchal autrichien.
GENNAIO, fils de l'aubergiste.
ISELLA, couturière napolitaine.
MATEO, vigneron.
LE GREFFIER DU BARIGEL.
VOITURINS.
PAYSANS.
ONZE JEUNES SEIGNEURS.

La scène se passe dans l'auberge du père de Gennaio, aux environs de Naples.

LES TREIZE.

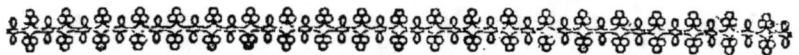

ACTE PREMIER.

Le théâtre représente un vestibule d'auberge en Italie, aux environs de Naples. Le fond, que soutiennent deux piliers, est ouvert et laisse apercevoir des treilles qui forment berceau. Au fond, à gauche, un bâtiment dépendant de l'auberge. Portes latérales sur le premier plan. (*Nota :* On peut jouer cet acte dans le décor du second.)

SCÈNE PREMIÈRE.

GENNAIO, MATEO, Buveurs, Joueurs.

(Au lever de la toile, à droite, plusieurs voiturins napolitains qui boivent; à gauche, d'autres qui jouent aux dés ou à la mazza; au milieu, quelques-uns, les coudes appuyés sur la table, ont l'air de causer à voix basse. Gennaio sert les groupes de droite et de gauche, et de temps en temps s'arrête pour écouter ce qui se dit dans le groupe du milieu.)

INTRODUCTION.

CHŒUR DE BUVEURS ET DE JOUEURS.

Vive le { vin, / jeu, } mes seules amours!
Buvons / Jouons { encor, { buvons / jouons } toujours!
Par saint Janvier, par tous les saints,
Lui seul embellit nos destins!
 Boire à plein verre
 Et ne rien faire,
 D'un voiturin
 Napolitain
C'est la devise et le destin!

REPRISE DU CHŒUR.

Vive le { vin, / jeu, } mes seuls amours! etc.

SCÈNE II.

Les Précédens, ODOARD.

ODOARD.
Eh! les garçons! l'hôtellerie!
GENNAIO, s'avançant.
Me voilà, monsieur le marquis!
ODOARD.
Tu me connais?
GENNAIO.
Qui donc en ce pays
Ne connaît point sa seigneurie?
Monseigneur Odoard, marquis de Rosenthal!
En Autriche feld-maréchal,
Venu pour hériter ici du beau château
Qu'on voit là-bas sur le coteau.
ODOARD, à Gennaio.
Les voiturins de Naple, ici, dans cette auberge
Ne s'arrêtent-ils pas?
GENNAIO.
C'est moi qui les héberge.
ODOARD.
Bien! je veux pour ce soir un superbe souper;
Treize couverts!
GENNAIO.
On va s'en occuper.
ODOARD.
Et de plus il me faut, écoute,
Une chambre...
GENNAIO.
On va vous l'offrir.
ODOARD.
Qui donne sur la grande route.
(A part.)
C'est par là qu'elle doit venir.
CHŒUR DES CAUSEURS.
Ah! c'est affreux! c'est une horreur
C'est à vous glacer de terreur.
GENNAIO, allant à eux.
Silence, amis! que l'on se taise!

ACTE I, SCÈNE II. 119

ODOARD, se retournant.

Qu'est-ce donc?

GENNAIO.

Rien, rien, Monseigneur;
Ils racontaient, et ça leur faisait peur,
Sur la société des Treize
Des histoires!

ODOARD, souriant.

Les Treize! Eh bien! qu'en disait-on?

GENNAIO.

Vous ne le savez pas?

ODOARD, riant

Qui, moi? non, mon garçon.

GENNAIO, après avoir regardé autour de lui avec mystère.

COUPLETS.

PREMIER COUPLET.

Il est dans Naples, la jolie,
Treize seigneurs beaux et galans,
Menant, dit-on, joyeuse vie,
Francs buveurs, tendres conquérans;
A l'amitié toujours fidèles,
Mais redoutables près des belles;
Et chacun dit en les voyant :
    C'est un des Treize!
    Soyez prudent;
    C'est un des Treize!
    Tremblez, amant!
Que votre belle ne leur plaise!
    C'est un des Treize,
    Tremblez, amant!

DEUXIÈME COUPLET.

Si vous voyez fille naïve
Plongée en un chagrin profond;
Si vous voyez, d'humeur pensive,
Un époux se frotter le front;
Entre amans s'il gronde un orage,
S'il survient du bruit en ménage,
Qui l'a causé? tous vous diront :
    C'est un des Treize!
    Tremblez, jaloux!
    C'est un des Treize!
    Tremblez, époux.
Que votre femme ne leur plaise!

C'est un des Treize !
Tremblez, époux !

ODOARD, riant.

Moi, je crois vos frayeurs assez peu légitimes.

GENNAIO.

Ah ! vous doutez encor !
(Montrant Matéo.)
Tenez, tenez, voici
Une preuve vivante, une de leurs victimes,
Matéo, vigneron, qui, l'autre vendredi,
Devait se marier avec sa prétendue,
A Naple... et le matin...

ODOARD.

Eh bien donc ?

GENNIAO.

Disparue !
Enlevée !

ODOARD.

Et par qui ?

GENNAIO.

Par l'un de ces Treize !...

MATÉO, pleurant.

Ah !

ODOARD.

Eh quoi ! vraiment ?

MATÉO, de même.

Ah !

ODOARD.

Ta jeune femme ?

MATÉO, de même.

Ah !

ODOARD.

Par un de ces Treize ?

MATÉO, de même.

Ah !

ODOARD.

J'y suis... n'est-ce pas une
Petite blonde ?...

MATÉO, de même.

Ah ! ah !...

GENNAIO.

Non ! non, c'est une brune !

ACTE I, SCÈNE II.

ODOARD.

C'est différent.

MATÉO, de même.

Ah! ah!

GENNAIO.

Rien ne le consolera.

ODOARD, lui donnant une bourse.

Tiens, mon garçon...

MATÉO, riant.

Ah! ah!

ODOARD.

Ces dix ducats?...

MATÉO, de même.

Ah! ah!

GENNAIO.

Quoi! c'est de l'or!...

MATÉO, de même.

Ah! ah!

(Les voiturins témoignent leur admiration pour la générosité d'Odoard.)

ENSEMBLE GÉNÉRAL.

Enfin { ma / sa } douleur cesse.
Pour { moi / lui } plus de tristesse.
D'une telle largesse
Me / Le } voilà confondu!
Le bonheur { m' / l' } accompagne
Si je pers ma
Et s'il perd sa } compagne
En un seul jour { je / il } gagne
Plus que je n'ai
Plus qu'il n'avait } perdu.

TOUS, excepté Odoard.

Vive, vive, mes amis,
Vive monseigneur le marquis!

ODOARD, distribuant de l'argent.

Tenez, tenez, mes chers amis!

REPRISE DE L'ENSEMBLE.

Vive, vive, mes amis,
Vive monseigneur le Marquis!

(Matéo et tous les voiturins sortent enchantés.)

SCÈNE III.

ODOARD, GENNAIO.

ODOARD, à part.

Eh bien! qu'on nous accuse encore.. Voilà un pauvre diable qui se trouvera en bénéfice du côté de sa bourse... et de sa femme donc!...

GENNAIO, s'avançant.

C'est bien de l'honneur pour mon père qui est absent, et pour moi qui le représente de recevoir chez nous monsieur le marquis, et je ne comprends pas ce qui a pu procurer un tel honneur à notre hôtellerie!

ODOARD.

Ne sais-tu pas que notre roi se marie? et qu'aujourd'hui demain l'on attend la princesse qu'il épouse?

GENNAIO.

Certainement!

ODOARD.

Eh bien! mon garçon, c'est moi qui commande l'escorte d'honneur chargée de conduire à Naples la nouvelle reine... J'attends qu'elle arrive!

GENNAIO.

Ce n'est pas par ici qu'elle doit passer... la grande route est à plus d'une lieue.

ODOARD.

Je le sais bien... et l'escorte est là!... Mais moi j'aime mieux attendre ici... j'ai mes raisons.

GENNAIO.

C'est différent!

ODOARD, riant.

Et si cela ne te gêne pas?...

GENNAIO.

Au contraire, monseigneur! car j'aurais justement une grâce à vous demander!...

ODOARD.

Toi? Parle, mon garçon! de quoi s'agit-il?... Conte-moi ça pendant qu'on va me préparer une tasse de chocolat que j'irai prendre sur la terrasse... (à part, pendant que Gennaio va donner un ordre à la cantonnade) parce que de là je pourrai inspecter les carioles ou voiturins qui se rendent à Tarente. (Haut.) Allons parle!

GENNAIO, revenant,

Voilà, monseigneur! Luigi, votre cocher, vient de me dire que le colonel des lanciers était de vos amis!...

ODOARD.

Le comte Hector!... Oui, sans doute... il est de la société des Treize, dont tu parlais tout à l'heure!

GENNAIO.

Est-il bien possible? Parmi ces mauvais sujets-là il y a des colonels de lanciers?...

ODOARD.

Il y a de tout... pourvu qu'on soit aimable et joli garçon... Il y aura bientôt une place vacante, un déserteur, un faux frère, qui va se marier... Est-ce que tu veux le remplacer, et te faire recevoir dans les Treize?...

GENNAIO.

Non, monsieur... mais dans les lanciers... C'est une belle arme... Je suis allé l'autre jour m'y faire engager; mais il paraît que, pour se faire tuer dans ce corps-là, il faut des protections...

ODOARD.

Ah ça ! mais pourquoi diable veux-tu te faire tuer ? Est-ce la pauvreté ?...

GENNAIO.

Au contraire ! je ne suis que trop riche... voilà mon malheur... parce que mon père, le maître de cette auberge, qui n'a que moi d'héritier, a des idées d'ambition... il veut que la jeune fille que j'épouserai ait une dot... et justement celle que j'aime n'en a pas !

ODOARD.

De dot !

GENNAIO.

Bien entendu ! C'est la seule chose qui lui manque... et c'est tout simple... une orpheline qui n'a jamais connu de parens... mais, du reste, la plus jolie fille...

ODOARD, à part.

Diable ! c'est bon à connaître ! (Haut.) Et qui est-elle ?

GENNAIO.

Une couturière.

ODOARD.

Cela n'empêche pas !... au contraire... nous aimons et nous protégeons beaucoup les couturières... Sa demeure ?...

GENNAIO.

Rue Tolède.

ODOARD, étonné.

Hein !... et son nom !...

GENNAIO.

Joli comme elle... Isella !...

ODOARD, à part.

Dieu! la même!... la grisette que nous poursuivons.

GENNAIO.

Monseigneur la connaît?

ODOARD.

Du tout!... mais j'ai entendu dire que le comte Hector dont tu parlais avait des vues sur elle.

GENNAIO.

Mon colonel?

ODOARD.

Qu'il avait même fait à ce sujet un pari avec l'un de ses amis, un de ses confrères qui la lui disputait... un joli cavalier...

GENNAIO.

Eh bien! tous deux perdront leur temps... je ne les crains pas... car c'est celle-là qui est sage et honnête... la vertu même...

ODOARD, à part.

C'est ce qu'il faudra voir!...

GENNAIO.

Et si vous l'entendiez parler?... un esprit... une éducation!...

ODOARD.

Vraiment! elle en a?

GENNAIO.

Les dimanches et fêtes... parce qu'elle les passe à lire des romans... ce qui lui a donné des sentimens et des principes... Enfin croiriez-vous que, quand je lui ai avoué, l'autre jour, que mon père s'opposait à notre mariage... elle a eu tout de suite un attaque de nerfs?... Hein!... c'est affectueux,.. et elle m'a mis à la porte, en me défendant de revenir chez elle. Aussi, mon parti est pris... et quoique votre ami le colonel ne me plaise plus guère... si vous pouvez me faire entrer dans les lanciers... ou dans un autre régiment!...

ODOARD, vivement.

Oui, dans un autre... plus estimable... et surtout plus nombreux... Je m'occuperai de ça... je vais y rêver sur la terrasse en prenant mon chocolat...

GENNAIO.

Bien reconnaissant de ce que vous voulez faire pour moi...

ODOARD.

Laisse donc! tu ne te doutes pas du plaisir que j'y trouverai...

(Il sort.)

SCÈNE IV.

GENNAIO, *seul*.

A la bonne heure! un coup de tête, un engagement. Je le dirai à mon père, pas plus tard que demain, quand il reviendra de Pouzzoles où il est allé aux provisions. Et peut-être que ça lui fera peur. Ah! il lui faut des belles filles de mille piastres! il a la tyrannie de vouloir que je sois riche, que je sois à mon aise... Eh ben! non! je serai soldat! je coucherai sur la dure, à la belle étoile: je mangerai du pain noir! ça sera sa punition!... et peut-être ben qu'il reculera là-devant... Je l'espère du moins; et quoique Isella n'ait pas les mille piastres qu'il demande il aimera mieux me voir marié que soldat. (Écoutant.)

ACTE I, SCÈNE V.

Encore une voiture, un carrossin! quelque artiste! ils voyagent tous ainsi. (Regardant à la cantonnade.) Voilà le cocher qui descend!

SCÈNE V.

GENNAIO, *puis* HECTOR.

(On entend chanter dans la coulisse sur la ritournelle de l'air suivant : *Tra la, la.*

GENNAIO.

Que vois-je!... Eh oui! le comte Hector, mon futur colonel, déguisé en voiturin... Qu'est-ce que cela veut dire?...

AIR.

HECTOR, entrant un fouet à la main

Le beau métier, le beau destin
Que le métier de voiturin!
Je suis Piétro le voiturin;
Je pars demain, de grand matin,
   Pour Bologne ou Florence,
   Pour Turin, pour la France.
Mes chevaux sont fringans, bien dressés, bien nourris;
Messieurs, dans quinze jours je vous mène à Paris.
   Venez à moi, jeune fillette;
   De moi vous serez satisfaite.
   Êtes-vous près d'un jeune amant;
   Bien doucement, et sur la terre,
   Je roule, roule mollement.
   Jamais une fâcheuse ornière
   Ne dérange le sentiment.
   Le beau métier, le beau destin
   Que le métier de voiturin!
Mais êtes-vous avec votre maman,
Près d'un timide et tendre soupirant,
Mon fier coursier qui trotte, trotte, trotte,
Sur le pavé rudement vous cahote,
   Et rapproche le sentiment.
   Volez, volez, ma rapide calèche;
Clic! clac! clic! clac! pour vous favoriser
   Mon fouet bruyant souvent empêche
   D'entendre le bruit d'un baiser.
   Le beau métier, le beau destin
   Que le métier de voiturin!
(Se retournant vers Gennaio qui le regarde toujours.)

Allons! garçon, à boire au voiturin!
Allons! allons! à boire au voiturin!

GENNAIO, *sortant en le regardant.*

On y va, Monsieur.

HECTOR, *seul, continuant l'air.*
Vrai dieu! son erreur est complète,
Et ce joyeux déguisement
Livre ma nouvelle conquête
Au piége amoureux qui l'attend.

CANTABILE.

Que ma jeune conquête est fraîche et séduisante!
Quelle douce candeur, quelle grâce charmante!
Son cœur naïf encor s'ouvre à peine au désir.
Rose des champs! heureux qui pourra te cueillir!

GENNAIO *rentre, tenant une bouteille et un verre.*
Voilà, Monsieur, d'excellent vin.

HECTOR, *apercevant Gennaio, reprend le ton et les manières d'un voiturin.*

L'excellent vin! mon cher ami,
 (Buvant.)
Oui, c'est du lacryma-christi,
Par saint Janvier, l'excellent vin!
Il est parfait! il est divin!
 A Livourne, à Florence,
 A Milan, même en France
Il n'a pas son pareil; il est vraiment exquis!
Non vraiment, non vraiment, non pas même à Paris!
 Le beau métier, le beau destin
 Que le métier de voiturin!

GENNAIO, *le regardant pendant qu'il boit.*

Il est amusant. Comme membre de la société des Treize, c'est quelque nouveau tour qu'il aura joué avec ce déguisement-là... quelque jeune fille qu'il enlève de bonne volonté... celle qu'il a amené dans son carosse... c'est cela même! c'est drôle... (regardant du côté par lequel Hector est entré.) Ah! mon Dieu! Isella! ma bonne amie! Quelle horreur.

HECTOR.

Ah çà! l'ami une chambre tout de suite, et la plus belle... Tu y feras porter un dîner pour deux!...

GENNAIO.

Pour deux!.., (A part.) Est-ce qu'ils seraient déjà d'intelligence?...

HECTOR.

Un bon voiturin ne doit jamais quitter ses pratiques... aussi, nous dînons ensemble, c'est mon usage... Il nous faut du Malvoisie, et du meilleur... Je ne regarderai pas au prix, pourvu que la bourgeoise soit contente.

GENNAIO, à part.

C'est ça! pour voir si elle a le vin tendre!

HECTOR.

Justement la voilà... Allons, en avant! dégourdis-toi!

GENNAIO.

J'y vais, j'y vais... (A part.) Mais je ne les perds pas de vue...

SCÈNE VI.

Les Précédens, ISELLA.

ISELLA, entrant avec une fille d'auberge qui porte ses cartons

Doucement! prenez donc garde... Cahoter ainsi des échantillons de tulle et de gaze! Vous ne savez donc pas que c'est notre réputation... ça se chiffonne d'un rien!

HECTOR, montrant la chambre à la servante.

Par là! par là! Mam'selle. (A Isella.) Dame! c'est votre faute, la bourgeoise... Vous avez voulu vous arrêter dans cette auberge au lieu de pousser encore six lieues, jusqu'à la première couchée!...

ISELLA.

Eh bien! voiturin, en faisant prix avec vous, en

consentant à prendre votre carrosse, qui n'est autre qu'une véritable patache, est-ce que je n'ai pas mis pour condition que je m'arrêterais où je voudrais?... (A part, regardant autour d'elle.) C'est drôle! je ne vois pas Gennaio, et il me semble pourtant bien que c'est ici l'auberge de son père... (Haut, à Hector qui s'approche.) Est-ce que je ne puis pas avoir des comptes à régler ici?... Sachez, voiturin, qu'une couturière qui a de la délicatesse ne s'expatrie pas sans mettre ordre auparavant à toutes ses affaires... (A part.) même celles de cœur!

GENNAIO, ouvrant la porte du cabinet.

J'entendrai mieux comme ça!

ISELLA.

Au surplus, mon cher!...

GENNAIO, à part.

Son cher!

ISELLA.

Vous vous rappelez ce qui s'est passé entre nous?

GENNAIO, à part.

O ciel!

ISELLA.

Si je vous ai donné la préférence sur les autres, vos concurrens, c'est parce que vous m'avez juré d'être toujours complaisant avec moi et d'obéir à mes moindres fantaisies...

GENNAIO, à part.

C'est ça! elle a fait ses conditions!

ISELLA.

Aussi, vous n'avez pas eu à vous plaindre de moi, je l'espère... J'ai consenti à toutes vos demandes...

GENNAIO, à part en refermant la porte.

Perfide Isella!

ACTE I, SCÈNE VI.

ISELLA, très-émue.

Ah! mon Dieu!

HECTOR.

Quoi donc?

ISELLA.

Rien! rien... (à part.) J'ai cru entendre mon nom!

HECTOR.

Qu'est-ce que vous avez?...

ISELLA.

Une palpitation.

HECTOR.

Vous y êtes sujette?

ISELLA.

Quelquefois.

HECTOR, à part.

C'est bon à savoir!

ISELLA, à part.

C'est étonnant! j'aurais parié que c'était sa voix, qu'il m'appelait... C'est vrai! quand on a quelqu'un dans l'idée...

HECTOR.

Ne faut pas rester là, Mam'selle... Voulez-vous que je vous conduise dans votre chambre?

ISELLA.

Oui... oui... volontiers!

HECTOR.

Allons! donnez-moi le bras... appuyez-vous ferme! Pauvre petite mère! c'est qu'elle est toute tremblante...

(Il entre avec elle en la soutenant par la taille.)

SCÈNE VII.

GENNAIO, *ensuite* ODOARD.

GENNAIO, sortant du cabinet.

Ensemble!... dans la même chambre!... Quelle horreur!... il n'y a plus moyen d'en douter.

ODOARD, à part, en entrant.

Il vient d'entrer un voiturier dans la cour; il me dira s'il a rencontré la petite.

GENNAIO.

Ah! monsieur le marquis!...

ODOARD.

Quoi donc?

GENNAIO.

Celle dont je vous parlais tantôt... Isella... elle est ici!

ODOARD.

Ici!... (A part.) Quel bonheur! me voilà certain d'avoir l'avance sur Hector!...

GENNAIO.

Et c'est maintenant que j'ai recours à vous... Votre ami... le colonel...

ODOARD.

Ah! oui... cet engagement... nous verrons!

GENNAIO.

Du tout!... je n'en veux plus... j'aimerais mieux ne me faire tuer de ma vie que de lui en avoir l'obligation... un séducteur qui s'est emparé de celle que j'aime!...

ODOARD.

Hein!... plaît-il?...

ACTE I, SCÈNE VII.

GENNAIO.

Oui, Monseigneur... je l'ai bien reconnu, quoiqu'il soit déguisé en voiturin.

ODOARD.

En voiturin?... quelle ruse infernale!... (A part.) Ah! si j'y avais pensé!...

GENNAIO.

Et il l'enlève!

ODOARD.

De force?

GENNAIO.

Plût au ciel! ça serait une consolation... mais le pire, c'est qu'ils sont d'accord.

ODOARD.

Déjà!... Comment! cette vertu si sévère qui t'avait mis à la porte?...

GENNAIO.

C'est peut-être pour ça... elle aura épuisé avec moi toute sa résistance.

ODOARD.

C'est indigne! c'est affreux!... Où sont-ils?

GENNAIO.

Là... dans cette chambre... seuls... en tête-à-tête!

ODOARD.

En tête-à-tête!... quelle horreur!... il faut les séparer tout de suite, et à tout prix!

GENNAIO.

A-t-il bon cœur!

ODOARD, vivement.

Oh! si je pouvais me débarrasser... (se reprenant.) te débarrasser d'Hector... l'éloigner seulement dix minutes d'Isella!...

GENNAIO.

Et pourquoi?

ODOARD.

Pour la prévenir des dangers qui l'environnent, la ramener à la vertu.

GENNAIO.

En dix minutes!... Et quand l'autre reviendrait, elle serait sauvée?

ODOARD.

Oui, sauvée!... (à part.) avec moi.

GENNAIO.

Dieu! l'honnête homme! le brave seigneur!... Si je peux vous aider!...

ODOARD.

Tais-toi; le voilà qui sort. Laisse-nous, et songe à ce que je t'ai dit.

GENNAIO.

J'en viendrai à bout, et tenez-moi pour une bête si je ne trouve pas quelque moyen de vous procurer un tête-à-tête avec ma maîtresse.

ODOARD.

Bien! c'est ce qu'il faut.

(Gennaio sort.)

SCÈNE VIII.

HECTOR, ODOARD.

HECTOR, à la cantonnade.

C'est bon, c'est bon, Mam'selle, on y va. (A part.) Que diable peut-elle vouloir au fils de l'aubergiste?... peut-être un ancien compte...

ODOARD.

Me trompé-je?... Hector!...

ACTE I, SCÈNE VIII.

HECTOR, à part.

Odoard!... au diable!... (Haut.) Enchanté!...

ODOARD.

Comment êtes-vous ici, mon cher?

HECTOR.

Et vous qui parlez, qui vous y amène? N'êtes-vous pas de l'escorte qui attend la jeune reine?

ODOARD.

Ah! vous le savez?

HECTOR, s'inclinant.

Je n'ai pas été étranger à un choix aussi honorable!

ODOARD, avec dépit.

Qui me fera rester loin de Naples deux jours, et peut-être plus.

HECTOR, souriant.

J'avais probablement mes raisons... et dans votre intérêt je vous engage à ne pas rester ici... La reine peut arriver d'un instant à l'autre...

ODOARD.

Vous êtes trop bon! mais rassurez-vous, je serai prévenu.

HECTOR.

Et comment?

ODOARD.

Deux ou trois piqueurs échelonnés sur la route... et le dernier, qui est à quelques cents pas d'ici, m'avertira sur son cor de chasse... vous savez? cette fanfare brillante...

HECTOR.

Que l'autre jour nous exécutions ensemble?

ODOARD.

Vous surtout! avec tant de succès!...

HECTOR.

Vous me faites rougir!

ODOARD.

Pourquoi donc?... vous avez tous les talens distingués... celui de piqueur... celui de cocher... et ce costume de voiturin...

HECTOR.

Un habit d'étude... pour m'exercer à conduire... c'est grand genre...

ODOARD.

Allons donc!

HECTOR.

Genre anglais!

ODOARD.

Allons donc! vous dis-je; je sais tout.

HECTOR.

Vrai?... Eh bien! alors, j'y mettrai de la confiance... Une idée admirable... diabolique... une idée digne de vous... Hier, après notre séance, je m'en retournais à mon hôtel, rêvant à notre pari et à cette jeune beauté que vous me disputiez, lorsqu'en traversant la Chiaia j'aperçois sur la place notre jolie couturière entourée de muletiers, de voiturins qui se la disputaient. J'approche, et je l'entends conclure son marché avec l'un d'eux pour aller jusqu'à Tarente...

ODOARD.

Je le savais!

HECTOR.

Où elle doit se rendre...

ODOARD.

En passant par ici... Voilà pourquoi je l'attendais.

ACTE I, SCÈNE VIII.

HECTOR.

J'ai fait mieux !

ODOARD.

Vous êtes parti avec elle?

HECTOR.

Justement!... J'accoste le voiturin, et sans marchander, costume, voiture, équipage, je lui achète tout en bloc, y compris la voyageuse, et ce matin je me présente en son lieu et place à ma nouvelle acquisition.

ODOARD.

Et elle vous a pris pour lui?

HECTOR.

A peine si elle l'avait regardé... et je me suis annoncé si naturellement comme celui avec qui elle avait traité la veille, que, grâce à cet aplomb, à cette candeur d'effronterie qui nous est prescrite par l'article trois de notre réglement...

ODOARD.

Que vous possédez à merveille!

HECTOR.

Et vous donc!... je l'ai entendue dire à ses compagnes en leur faisant ses adieux : C'est singulier ! il ne m'avait pas semblé si bien hier...

ODOARD.

Elle a dit cela?

HECTOR.

C'était de bon augure, et la suite a répondu à cette heureuse entrée en campagne.

ODOARD.

Quoi! vous vous êtes déclaré?

HECTOR.

Je m'en serais bien gardé... quand j'ai vu les

avantages de ma position... On ne se défie pas d'un voiturin... c'est sans conséquence... on est là, près de lui... on cause... un cahot rapproche les distances... et, grâce au ciel et au gouvernement, les routes sont si mauvaises!... Et quand il faut descendre de voiture, il n'y a pas de marchepied... c'est gênant... je suis obligé de la recevoir, de l'enlever dans mes bras... Et quand elle remonte en voiture... c'est bien mieux encore... une jambe charmante...

ODOARD, avec humeur.

C'est trop fort! et je ne la laisserai pas exposée plus longtemps à un pareil danger... Je la sauverai!

HECTOR.

Comment cela?

ODOARD.

En lui disant qui vous êtes... en la prévenant des piéges que vous lui tendez!

HECTOR.

Avisez-vous-en! et de mon côté je l'avertis de se défier de vous!

ODOARD.

Je dénoncerai vos projets!

HECTOR.

Moi les vôtres!

ODOARD.

Elle sera perdue pour vous!

HECTOR.

Et vous ne l'aurez pas gagnée!

ODOARD.

Au fait, ça ne servirait qu'à nous annuler l'un par l'autre; et c'est d'autant plus honteux que j'avais invité pour ce soir tous nos compagnons... vous le

ACTE I, SCÉNE VIII.

premier .. la lettre doit être à votre hôtel.

HECTOR.

Vraiment!

ODOARD.

Eh! oui... me croyant sûr du succès, j'ai commandé ici un souper de treize couverts, afin que nos amis fussent témoins de mon triomphe.

HECTOR.

Ils le seront du mien.

ODOARD.

Non pas!

HECTOR.

C'est ce que nous verrons!

ODOARD.

Plutôt y renoncer tout deux!

HECTOR.

Eh bien! eh bien! ne nous fâchons pas! mettons dans nos trahisons toute la loyauté possible, et faisons de franc-jeu une convention...

ODOARD.

Laquelle?

HECTOR.

Quelque stratagème, quelque mensonge que puisse inventer l'un de nous deux, l'autre ne le démentira pas... quitte à enchérir en ripostant par quelque chose de plus fort.

ODOARD.

Soit!... une assurance mutuelle!...

HECTOR.

Pour tromper avec publicité et concurrence. Et pour commencer, vous ne direz pas qui je suis.

ODOARD.

Je le jure sur l'honneur!

HECTOR.

J'ai l'avantage, et je le garde!

ODOARD.

Jusqu'à ce que je vous l'enlève.

HECTOR.

Ce qui vous sera difficile, car je ne quitte pas la petite d'un instant.

SCÈNE IX.

Les précédens; GENNAIO et un Greffier.

GENNAIO, à Hector.

Eh vite! et vite! Monsieur, dépêchez-vous; on vous prie de vouloir bien passer...

HECTOR.

Où donc?

GENNAIO.

Chez le barigel, la première autorité du village... Voilà son greffier qui vient vous chercher.

HECTOR.

Je n'ai pas affaire à lui!...

GENNAIO.

Oui... mais il a affaire à vous!... On vous a dénoncé comme un faux voiturin... un muletier de contre-bande... (Bas à Odoard.) C'est moi qui l'ai dénoncé.

ODOARD, bas à Gennaio.

Bravo!... à merveille!...

HECTOR.

Que peut-on trouver à redire? Est-ce que je n'ai pas une voiture solide et en bon état?...

GENNAIO.

Une voiture!... Si vous croyez que ça suffit pour être voiturin... du tout!... c'est ce qu'il y a de moins nécessaire... La première chose c'est d'avoir une patente!

HECTOR, à part.

Ah! diable!

ODOARD, gravement.

Écoutez donc, mon cher, si vous n'avez pas de patente... c'est très-mal!

GENNAIO, bas à Hector.

Le barigel, qui est têtu comme une mule, vient de faire saisir les vôtres, que l'on a conduites au greffe!...

HECTOR.

Mes mules au greffe!...

ODOARD.

Ne craignez rien pour elles... il paraît qu'elles seront en bonne compagnie!...

GENNAIO.

Et on pourrait vous arrêter.

HECTOR.

M'arrêter!... Et mes pratiques qui resteraient ici...

ODOARD.

Ne vous en inquiétez pas, je les conduirai dans ma voiture...

HECTOR, vivement.

Non pas! non pas!... Je cours parler à ce barigel... (A part.) Et comme il ne serait pas prudent de laisser ici trop long-temps l'ennemi en mon absence... je vais chercher quelque moyen pour le faire remonter à cheval, et l'éloigner au plus vite... (Haut au greffier.) Allons, monsieur, allons chez le barigel...

(Il sort vivement le premier.)

SCÈNE X.

GENNAIO, ODOARD, LE GREFFIER

GENNAIO, se frottant les mains, à Odoard.

Je vous avais bien dit que je l'éloignerais... Quand je me mêle d'une chose !...

ODOARD.

Cela ne suffit pas !... (Au greffier qui s'apprête à suivre Hector.) Un instant, monsieur... cet homme m'est suspect... Dites au barigel de le retenir; c'est moi qui l'y engage, moi, le feld-maréchal Odoard, commandant l'escorte d'honneur de la reine !...

LE GREFFIER.

Cela suffit !... on l'arrêtera !...

ODOARD.

D'abord !... et avant tout !

LE GREFFIER.

Et s'il n'y avait rien sur son compte ?

ODOARD.

On a le temps de le savoir après !

LE GREFFIER.

C'est juste !...

(Il sort.)

SCÈNE XI.

ODOARD, GENNAIO, puis ISELLA.

ODOARD, à Gennaio.

Eh bien ! qu'en dis-tu ?

GENNAIO.

Vous êtes mon sauveur !...

ODOARD.

Maintenant, à Isella !...

ACTE I, SCÈNE X.

GENNAIO.

Oui... entrez dans sa chambre... dites-lui la vérité... elle vous croira plutôt que moi !...

ISELLA, sortant de sa chambre.

Et ce voiturin qui ne m'envoie pas Gennaio !...
(Elle l'aperçoit.) Ah ! c'est lui !...

FINALE.

ENSEMBLE.

ISELLLA.

Trouble extrême !
Il est là,
Lui que j'aime,
Et déjà,
A sa vue
Attendue,
De frayeur
Bat mon cœur !

GENNAIO.

Trouble extrême !
La voilà !
Moi qui l'aime,
Je sens là,
A sa vue
Imprévue,
La frayeur
Dans mon cœur !

ODOARD.

Joie extrême !
Isella,
Oui, je t'aime !
Je sens là,
A ta vue
Attendue,
Le bonheur
D'un vainqueur !

ISELLA, à part.

Quoi ! je suis en sa présence
Sans qu'il cherche à me parler !

ODOARD, bas à Gennaio.

Va-t-en donc ! ta violence
Ne ferait que nous troubler.

GENNAIO, bas à Odoard.

En vous seul j'ai confiance,
Hâtez-vous de lui parler !

ISELLA, à demi-voix.

St ! st ! st !

GENNAIO.

Je crois qu'elle m'appelle !...
(Il fait un pas vers elle.)

ODOARD, le retenant.

Du tout ! du tout !

GENNAIO.

Si fait !

ODOARD.

Non ! non !

ISELLA, à part, d'un ton très-sentimental.

Il ne vient pas, quand c'est moi qui l'appelle !
(Par une transition brusque, et du ton dont on appelle un garçon en retard.)
Holà ! garçon !

GENNAIO, courant vivement.

Mademoiselle !

ISELLA.

Arrivez donc !

PLUSIEURS VOIX, hors du théâtre, à grands cris.

Eh ! Gennaio !...

ODOARD, bas à Gennaio.

Tiens, là-bas on t'appelle !

GENNAIO.

Du tout ! du tout !

ODOARD.

Si fait !

GENNAIO.

Non !

ODOARD.

Si !

GENNAIO.

Non ! non !

ODOARD, bas.

Laisse-moi seul sermonner l'infidèle.

ISELLA, très impatientée.

Eh bien ! garçon.

ACTE I, SCÈNE XI.

GENNAIO.

Mademoiselle !

ENSEMBLE.

ISELLA.

Arrivez donc?

GENNAIO.

Pardon! pardon!

ODOARD.

Va donc! va donc!

ISELLA, avec dépit à Gennaio qui est arrivé près d'elle.
Pour vous parler la peine est assez grande!

ODOARD, se plaçant entre eux deux.
C'est qu'en bas on le demande!

ISELLA.

Eh bien! qu'en bas on attende!

GENNAIO, à qui Odoard fait des signes pour qu'il s'en aille.
Non, avant tout le devoir;
Mais monsieur pourra vous dire,...
Il va vous faire savoir...
Car lui, la vertu l'inspire.

VOIX DU DEHORS, plus fortes que la première.
Gennaio! Gennaio!

GENNAIO.

L'on y va! l'on y va!

ENSEMBLE.

GENNAIO.

Trouble extrême!
Fuyons-la! etc., etc.

ISELLA.

Trouble extrême!
Il s'en va! etc., etc.

ODOARD.

Joie extrême!
Isella, etc., etc.

(Gennaio sort.)

ODOARD, avec joie.
Je triomphe!... il s'en va!...
A moi seul Isella!...

(Tout à coup on entend au dehors, et dans le lointain, un cor de chasse sonner une fanfare. Odoard s'arrête et écoute.)

ODOARD.

Cette fanfare ! ô ciel ! quelle disgrace !
La reine arrive ! Eh ! oui, c'est le signal !
Il faut partir ! il faut céder la place...
Quand j'étais seul, et vainqueur d'un rival.

GENNAIO, *rentrant, à des paysans qui arrivent de tous côtés.*
Savez-vous, mes amis, pourquoi cette fanfare ?

SCÈNE XII.

LES PRÉCÉDENS ; LE GREFFIER, *suivi de quelques gens de justice.*

LE GREFFIER, *à Odoard qui va sortir.*

Comme témoin auprès du batigelle
Vous êtes prié de passer.

ODOARD.

Près de la reine, où le devoir m'appelle,
Je cours ! mais Gennaio pourra me remplacer ;
Il dira tout... à lui vous pouvez vous fier.

ENSEMBLE.

ISELLA.

O contre-temps barbare
Qui de lui me sépare !
Je n'y comprends plus rien.
Quel est donc son dessein ?
Je réfléchis en vain.
Dieu ! voilà qu'on l'emmène ;
Ah ! pour moi quelle peine !
Sans le voir, quoi ! partir !
C'est vraiment trop souffrir !

GENNAIO.

O contre-temps barbare
Qui d'elle me sépare !
Loin d'elle il faut partir ;
Ah ! c'est par trop souffrir !
Malgré moi l'on m'entraine ;
Quel ennui ! quelle peine !
Loin d'elle il faut partir ;
C'est vraiment trop souffrir !

ODOARD.

Forcé de m'éloigner, du moins je les sépare !
Ah ! je suis en défaut,
Mais un temps de galop

ACTE I, SCÈNE XII.

Et j'y serai bientôt.
Quelle peine!
Quoi! déjà c'est la reine!
La voilà! sa venue
Imprévue
Met mon cœur
En fureur!

LE GREFFIER et le chœur, à Gennaio.
Allons donc! qu'on l'entraîne!
Faut-il donc tant de peine
Pour le faire obéir?
Il faut partir!

(Le greffier et les gens de justice emmènent Gennaio. Odoard voudrait rester encore, mais les sons deviennent plus forts et plus pressans. Furieux il s'enfuit sans pouvoir parler à Isella, qui, demeurée seule, va s'asseoir sur la chaise près de la table, en témoignant son étonnement de tout ce qui vient de se passer.)

FIN DU PREMIER ACTE.

ACTE DEUXIÈME.

Le théâtre représente l'intérieur d'une salle de l'auberge. Portes latérales. A gauche, une table; des chaises au fond.

SCÈNE PREMIÈRE.

HECTOR, *toujours habillé en voiturin, entrant par le fond.*

Ce n'est parbleu pas sans peine que je lui ai fait entendre raison... Ce maudit barigel agissait avec une obstination qui lui venait d'ordre supérieur... C'est ce cher Odoard qui m'avait fait mettre sous clef!... Croyez donc aux amis... Après tout, c'est un des Treize... un rival... et c'était de bonne guerre... Oui, mais, pour me tirer de là, il a fallu absolument me faire connaître, décliner mon nom et mes titres, ce que je ne voulais pas, parce que ce barigel est obligé d'envoyer son rapport au ministre de la police, à Naples... et cela va produire un éclat qui sera cause qu'on se moquera de moi si je ne réussis pas. Mais je réussirai... et déjà pour commencer, ce vieux cor de chasse que j'ai aperçu chez le barigel... Ma foi! l'occasion était trop belle... et la brillante fanfare que j'ai envoyée aux échos a fait monter à cheval mon concurrent!... Deux lieues à faire pour aller présenter sa main à la jeune reine qu'il ne trouvera pas!... Mais il est capable de revenir ici ventre à terre... et, avant son retour, hâtons-nous de partir, et d'emmener avec moi ma conquête!

SCÈNE II.

HECTOR, ISELLA, *sortant de la chambre à gauche.*

    HECTOR, *reprenant le ton de voiturin.*

Ah ça ! ma petite bourgeoise, est-ce que nous ne partons pas ? Mes mules sont reposées et ne demandent qu'à se mettre en route... Et moi aussi. On n'accorde ordinairement qu'une demi-heure aux voyageurs, et voilà plus d'une grande heure !...

    ISELLA.

Ce n'est pas ma faute ! je suis prête... j'ai dîné... un repas superbe, qui avait l'air d'être pour deux !...

    HECTOR, *à part.*

Et qu'elle aura mangé seule... pendant que j'étais là-bas, sous les verroux... Ah ! mon ami Odoard, je vous revaudrai cela !... (Haut) Nous pouvons donc partir ?

    ISELLA.

Quand vous voudrez !

    HECTOR, *vivement et à part.*

J'aime mieux cela !... parce qu'une fois dans ma voiture... elle est chez moi, elle est à moi... et fouette cocher !... (Haut à Isella) Je vais atteler !...

    (Il sort par la porte du fond.)

SCÈNE III.

ISELLA, *seule.*

Certainement ! que je partirai !... et je voudrais déjà être loin d'ici... Conçoit-on ce Gennaio ?... C'est pour le voir, pour lui parler, que je m'arrête dans cette auberge, et il évite ma présence ! et quand enfin

je l'aperçois, quand je l'appelle, il s'en va!... Eh
bien! moi aussi, je m'en irai... On a de l'amour-
propre, de la fierté... et si ce n'étaient mes principes...

COUPLETS.

PREMIER COUPLET.

Pauvre couturière,
Mais honnête et fière,
J'aime, et je ne veux
Qu'un seul amoureux.
J'ai fait la promesse
De l'aimer sans cesse!
Et probablement
Tiendrai mon serment.
Mais... mais... pourtant, hélas!
Ne vous y fiez pas.
Parfois la vengeance
Peut nous entraîner,
Et peut nous mener
Plus loin qu'on ne pense.
Gennaio, prends garde!
Cela te regarde;
Plus d'un grand seigneur
Peut m'offrir son cœur.

DEUXIÈME COUPLET.

Sans être coquette,
Nouvelle conquête
Peut m'offrir encor
Des titres, de l'or.
Mais de ces altesses
Et de leurs richesses,
Toujous je rirai!
Car je l'ai juré!
Mais... mais... pourtant, hélas!
Ne vous y fiez pas! etc., etc.

SCÈNE IV.

ISELLA, ODOARD.

ODOARD, *entrant par le fond, à part.*

C'est elle!... elle n'est pas partie!... ah! mon ami
Hector, vous payerez cher cette course-là... Décidé-

ment la reine n'arrive que demain, et j'ai devant moi toute une soirée qui vous sera fatale!

ISELLA.

Allons! partons!

ODOARD, à part.

Diable! pas de temps à perdre!... les grands moyens!... (Haut et criant à la cantonnade.) Les imbéciles! les butors!... adressez-vous donc à eux!

ISELLA, se retournant.

L'officier de ce matin!... A qui en avez-vous, donc, monsieur?

ODOARD.

Aux garçons de cette auberge... à Gennaio!

ISELLA, s'approchant.

Gennaio?

ODOARD.

Il ne sait rien!

ISELLA.

C'est bien vrai!

ODOARD.

Un petit niais!

ISELLA.

Quelquefois!

ODOARD.

Lui qui va tous les jours à Naples... ne pouvoir m'indiquer dans la rue Tolède la personne que je cherche...

ISELLA.

La rue Tolède?... Pardon, monsieur, j'y demeure moi-même... et, vu que j'y connais beaucoup de monde, je serais peut-être susceptible de vous indiquer... si toutefois il n'y a pas d'indiscrétion à demander à monsieur le motif..

ODOARD.

Comment donc, il n'y a pas de mystère... Vous saurez, mademoiselle, que j'habite avec ma tante un château du voisinage.

ISELLA, à part.

Un château!... je m'en doutais à sa physionomie!

ODOARD.

Nous attendons une parente qui va se marier... des parures, des robes de noce à faire... et ma tante a ouï parler avec tant d'éloges d'une jeune artiste en couture qu'elle n'en veut pas employer d'autre, et me fait faire six lieues pour aller lui offrir de passer trois mois chez nous à raison de mille piastres...

ISELLA, à part.

Mille piastres! juste ce qu'il me faudrait pour ma dot! Elle est bien heureuse, celle-là! (Haut.) Et son nom, monsieur, son nom à cette artiste?

ODOARD.

Un nom fort agréable... Is... Is... la...

ISELLA, vivement.

Isella, peut-être? près de la fontaine, n. 5, à l'entresol, les volets verts?

ODOARD.

Justement!

ISELLA.

Dieu! quelle rencontre!

ODOARD.

Elle vous serait connue? alors, je vous demanderai si elle mérite en effet tout le bien qu'on en dit?

ISELLA.

A cet égard-là, monsieur, je suis trop modeste; comme c'est moi-même!

ODOARD.

Vous, mademoiselle?... allons donc!

ISELLA.

Comment! allons!

ODOARD.

Vous me pardonnerez de vous dire que ma tante est trop rigide pour que je lui amène ainsi la première venue...

ISELLA.

Mais, monsieur, il n'y a pas de première venue, puisque je vous dis que c'est moi!

ODOARD.

Vous le dites! vous le dites... il faut des preuves... parce que ce qui nous a décidés en faveur de mademoiselle Isella, c'est qu'elle jouit d'une réputation...

ISELLA.

Intacte! Précisément, monsieur... c'est bien moi, connue, j'ose le dire, pour la solidité des principes et des points arrière...

ODOARD.

Permettez! il n'est pas aisé de m'en faire accroire... j'ai des renseignemens... D'abord une très-jolie personne.

ISELLA, les yeux baissés.

Dame! monsieur...

ODOARD.

Je conviens que jusque-là le signalement est exact... On ajoute qu'elle a la main la plus blanche...

ISELLA, avançant sa main.

Si ce n'est que cela?

ODOARD, après lui avoir pris la main.

Parfaitement conforme!... et des yeux, surtout!..

ISELLA.

Je ne les cache pas !

ODOARD.

C'est juste ! c'est très juste ! On disait même...
(Il va pour lui prendre la taille.)

ISELLA, avec impatience.

Ah ! dame ! s'il faut un signalement si minutieux, il n'y a pas moyen de se reconnaître !

ODOARD.

Non, mademoiselle, non, cela suffit !... D'ailleurs je me fie à vous; vous ne voudriez pas me tromper, abuser de ma crédulité...

ISELLA.

J'en suis incapable.

ODOARD.

Il n'y a plus qu'un obstacle, c'est que nous ne pouvons pas attendre... et vous devez être si courue... avoir une si nombreuse clientèle !

ISELLA.

Il est sûr que Dieu merci, ce n'est pas l'ouvrage qui me manque, et qu'il m'en tombe de tous les côtés... Mais dans ce moment-ci je n'ai rien à faire... J'allais à Tarente, pour un mémoire qu'on peut remettre plus tard.

ODOARD.

Est-ce heureux ! Et vous vous mettriez à ma disposition ?...

ISELLA.

Quand vous voudrez.

ODOARD.

Pour me suivre dans ce beau château, qu'on voit là-bas sur la colline ?

ISELLA.

Je n'ai point de préjugés contre les châteaux.

ODOARD, à part.

A merveille!... Une fois qu'elle y sera, je défie bien Hector!... (Haut.) Allons! allons... Mademoiselle!

ISELLA.

Le temps de prendre là-dedans mes cartons.

ODOARD.

Impossible! je suis trop pressé de satisfaire l'impatience de ma respectable tante!

ISELLA.

Mais, monsieur...

ODOARD.

On enverra tout chercher demain matin, et pour vous rassurer, voici un à-compte... cent ducats d'or, que je vous prie de recevoir d'avance, à condition que nous ne perdrons pas une minute...

(Il lui donne une bourse.)

ISELLA, prenant la bourse, à part.

Cent ducats d'or! il y met des procédés... (Haut.) Allons, par égard pour madame votre tante...

ODOARD.

Qui vous remerciera dans un quart d'heure... Venez, mademoiselle, ma calèche est attelée.

(Il vont pour sortir, la porte du fond s'ouvre.)

SCÈNE V.

Les précédens, HECTOR.

HECTOR, *entrant le fouet à la main.*

Eh ben! eh ben! dites donc, ma belle demoiselle... où donc est-ce que vous allez comme ça?... moi qui viens vous dire que les mules sont attelées!

ISELLA.

Ah! c'est vrai! mon cher, dans la précipitation, je vous avais oublié!...

HECTOR.

Comment oublié?... Qu'est-ce que ça signifie?

ISELLA.

Ça signifie que monsieur m'emmène avec lui!

HECTOR, *à part.*

Comment diable s'y est-il pris?... (Haut.) Fi! mademoiselle, fi!...

ISELLA.

Comment fi?...

HECTOR, *à Isella.*

Oui... un inconnu qui viendra me débaucher mes pratiques!

ISELLA.

Débaucher! ah! que c'est voiturin!... D'abord, quant à inconnu, il ne l'est pas... il s'est fait connaître, il a un château où je l'accompagne.

ODOARD.

Volontairement, et sans effort, mademoiselle vous le dira!...

ISELLA.

Sans doute! et dans sa calèche... une calèche!

ACTE II, SCÈNE IV.

Ainsi, voiturin, on ne va pas sur vos brisées... ce n'est plus le même genre!

HECTOR.

Je me soucie bien de sa calèche, moi! On ne vexe pas comme ça le pauvre monde... et ma voiture que vous avez louée, les trois places que vous avez retenues pour être seule?

ISELLA.

C'est juste? on ne veut pas vous faire du tort; je vas vous les payer, vos places!

ODOARD.

Du tout, mademoiselle, c'est moi que cela regarde... Que vous faut-il mon cher?

HECTOR, bas.

Laissez-moi donc tranquille! (Haut.) Non, mademoiselle, ça ne se passera pas ainsi... vous m'avez pris pour un voyage, il faut que vous voyagiez; je ne connais que ça!

ISELLA.

Ah ça! a-t-il la tête dure! c'est pis que ses bêtes... Puisqu'on vous dédommage.

HECTOR, vivement et avec sa voix naturelle.

Est-ce que c'est possible!... Et le plaisir d'être avec vous, de vous contempler, de vous admirer... qui m'en dédommagera?

ISELLA, étonnée.

Hein! plaît-il! Quel langage!

HECTOR, à part.

Dieu! je m'oublie! (Haut.) Je veux dire, petite mère, que nous autres, ce n'est pas tant l'argent, mais l'honneur de la chose... *corpo di Bacco!*

ISELLA, l'observant.

Ah! oui, des jurons! C'est trop tard! il y a un

mystère là-dessous... il s'est coupé... Vous n'êtes pas un voiturin... ce n'est pas un voiturin!...

ODOARD, bas à Hector.

Ce n'est pas moi qui vous ai trahi !

HECTOR, à Isella.

Comment ! pas un voiturin ! Qu'est-ce que je suis donc, alors?

ISELLA.

C'est moi qui vous le demande ; car enfin, ma réputation compromise devant monsieur qui pourrait supposer...

ODOARD, à Isella.

Ah ! mademoiselle...

ISELLA, à Hector.

Répondez, inconnu équivoque... répondez!... Pourquoi ce costume?... seriez-vous un amoureux déguisé, par hasard ?

HECTOR.

Un amoureux... moi !

ISELLA.

Dame! j'en ai tant lu dans les romans !...

ODOARD.

Pour moi, je ne dis rien !

ISELLA, à part.

Il se trouble!... c'est un amoureux!... Quelle horreur! et la police souffre ça! (Haut à Hector.) Qui êtes-vous, monsieur? quel était votre projet?... Vous espériez donc me séduire ?

ODOARD, d'un air de componction.

Oh ! je ne puis le croire. (Bas à Hector.) Si vous vous tirez de là, mon cher ami...

HECTOR, d'un ton hypocrite.

Hélas! mademoiselle, quelle erreur est la vôtre!

et si vous me connaissiez mieux, combien vous vous reprocheriez vos soupçons!

ISELLA.

Tout ça, c'est des phrases! il me faut du positif!

HECTOR.

Eh bien! il n'est plus temps de feindre ni de se taire, et dès que nous allons être seuls et sans témoins...

ISELLA.

Seuls! Quelle audace!...

ODOARD.

Il ne doute de rien!

ISELLA.

Moi, seule avec vous! mais ça serait un tête-à-tête...

ODOARD.

Pas autre chose.

HECTOR.

Il le faut pour mon honneur!

ISELLA.

C'est ça... et le mien?

ODOARD.

L'honneur de mademoiselle...

HECTOR.

Ne court aucun risque... mais je dois me justifier à ses yeux... je dois repousser une injuste prévention... et pour lui déclarer la vérité tout entière, pour obtenir son estime et sa confiance, je ne lui demande que dix minutes!...

ODOARD, à part.

Quel diable de mensonge veut-il lui faire!

ISELLA.

Dix minutes!

HECTOR.

Pas davantage.

ISELLA.

C'est pour me parler d'amour ?

HECTOR.

Non, mademoiselle.

ISELLA.

Je suis sûre que si !

HECTOR.

Je vous jure le contraire !

ISELLA.

Ah ! je voudrais bien le voir ! D'abord, si vous m'en dites un mot, j'appelle tout de suite monsieur... (montrant Odoard.) qui est sage, lui qui n'a que de bonnes intentions...

ODOARD.

Certainement ! mais ma tante qui nous attend ! Notre voyage qui est pressé...

ISELLA.

Rien que dix minutes !

ODOARD.

Mais votre sagesse ?...

ISELLA.

Oh ! en dix minutes !... C'est pour le confondre... A son embarras seul je gage qu'il ment... C'est un amoureux... il va me faire une déclaration, c'est sûr !

ODOARD.

Raison de plus pour le fuir...

ISELLA.

Pourquoi donc ? Vous serez là... tout près...

ODOARD.

N'importe ! s'il osait ?...

ISELLA.

Soyez tranquille... je crierai... Oh! vous ne me connaissez pas... je crierai!...

ODOARD, à part.

Allons, c'est une garantie!... (Haut et tirant sa montre.) Nous disons donc dix minutes... (A part, en sortant.) Au fait, en si peu de temps... (à Hector.) C'est convenu... allons, je m'en vais...

SCÈNE VI.

HECTOR, ISELLA.

ISELLA, à part, pendant qu'Hector ferme la porte sur Odoard.

Ce qui m'amuse, c'est de voir les détours et les phrases respectueuses qu'il va employer, car ma vue seule lui impose...

DUO.

HECTOR, redescendant vers Isella d'un air exalté.

Enfin, nous sommes seuls!... viens donc, viens dans mes bras!...

ISELLA, effrayée et reculant.

Qu'a-t-il donc! quelle frénésie!...

HECTOR, de même.

Viens, te dis-je!...

ISELLA.

Finissez, Monsieur, ou bien je crie.

HECTOR, d'un ton de reproche.

Quoi! ton cœur ne te dit rien?...

ISELLA.

Rien du tout!

HECTOR, avec douleur.

Hélas!
La voix du sang est donc une chimère!
Elle ne peut reconnaître son frère!

ISELLA, interdite.

Lui, mon frère!

HECTOR.
Tais-toi!
ISELLA.
Mon frère!... se peut-il!...
HECTOR, rapidement, avec chaleur et désordre.
Le voilà ce secret qu'entre tes mains je livre!
Proscrit et fugitif, le malheur et l'exil
Loin de Naples longtemps nous a forcés de vivre.
Par nous abandonnée à des mains étrangères,
Dans un état obscur...
ISELLA.
Oui, dans les couturières...
HECTOR, de même.
Mais le roi nous rappelle... il nous rend notre honneur!
Nos titres, nos trésors... et bien plus, une sœur...
Et c'est vous!...
ISELLA.
Moi!
HECTOR.
Vous!
ISELLA.
Moi!
HECTOR.
Ma sœur!
ISELLA.
Sa sœur!
HECTOR.
Ma sœur!
ENSEMBLE.
O nature! ô sympathie!
O secret pressentiment
Par qui l'âme est avertie
Du bonheur qui nous attend!
Est-ce erreur? est-ce imposture?
Non, non, c'est la voix du sang!
C'est l'accent de la nature!
C'est le cri du sentiment!
HECTOR.
Eh quoi! rien encor jusqu'ici
Ne t'avait révélé ce frère, cet ami
Donné par la nature?
ISELLA.
Non ; et pourtant de moi vous vous teniez si près,

ACTE II, SCÈNE VI.

Que dans plus d'un cahot, et comme un fait exprès,
Votre joue a touché la mienne...

HECTOR

La nature!

ISELLA.

Et puis, pour monter en voiture,
Ou pour en descendre, parfois
Vous me serriez la taille à m'étouffer, je crois!...

HECTOR.

La nature! la nature!

REPRISE DE L'ENSEMBLE.

ISELLA.

Oui, c'est mon frère que j'entends!
Mais pour moi qui jamais n'ai connu mes parens,
Je voudrais bien savoir les noms de ma famille.

HECTOR.

Ah ! tu veux le savoir?

ISELLA.

Ça me fera plaisir!

HECTOR.

N'as-tu pas mainte fois entendu retentir!
Un grand nom qui dans Naples brille,
Celui d'Hector Fiera-Mosca?

ISELLA.

Fiera-Mosca!... j'ai lu quelque part ce nom-là.

HECTOR.

C'est le nôtre, ma sœur, et notre maison compte
Princes, ducs et marquis... mais c'est du dernier comte
Que nous descendons tous les deux!

ISELLA, avec admiration.

Un comte!...

HECTOR, jetant le manteau qui le couvre et paraissant en costume élégant.

Et j'en reprends le costume à tes yeux!

ISELLA, avec joie.

Un comte! moi comtesse! Ah! quel bonheur soudain!
Et quel honneur pour notre magasin!

HECTOR, avec tendresse et expression.

Longtemps, sur la rive étrangère,
Me berçant d'un espoir flatteur,
Je rêvais à ce jour prospère

Qui devait me rendre ma sœur.
Je disais, pour calmer ma peine :
Ce jour-là ma sœur laissera
  Ma main presser la sienne...

ISELLA.
Je n'empêche pas ; le voilà.

HECTOR, la pressant contre lui.
Son cœur battra contre le mien.

ISELLA.
Le voulez-vous ? je le veux bien.

HECTOR.
Et surtout cette sœur si chère
Ne me dira plus *vous* !

ISELLA.
              Plus *vous*.

HECTOR.
Ah ! c'est si mal avec un frère !

ISELLA.
Dam' ! si tu veux...

HECTOR.
              C'est bien plus doux !

ISELLA, vivement.
Mais, bien sûr, je suis comtesse ?

HECTOR.
Peux-tu douter de ta noblesse !
Et pour dernière preuve, prends
Cette bague de notre mère.
  Elle est à toi, ma chère.

ISELLA.
  Dieu ! les beaux diamans !
Trois cents piastres ?...

HECTOR.
            Au moins.

ISELLA.
              Ah ! les beaux diamans !

ENSEMBLE.
Quoi ! je suis comtesse !
J'en perdrai l'esprit !
Honneur et richesse,
Pouvoir et crédit !
J'ose à peine y croire.

Dans aucun roman
Je n'ai lu d'histoire
Ni d'événement
Plus invraisemblable
Et plus étonnant.
Ah! c'est admirable!
C'est vraiment charmant!

HECTOR, à part.

Oui, par mon adresse
Son cœur est séduit.
Audace et finesse,
Et l'on réussit.
Sans m'en faire accroire
Je dis franchement
Que rien à ma gloire
Ne manque à présent.
Grâce à cette fable,
Je suis triomphant.
Ah! c'est admirable!
C'est vraiment charmant.

ISELLA.

A tout le monde ici je vais le dire.

HECTOR.

Au contraire, il nous faut le plus profond secret.

ISELLA.

Et pourquoi donc?

HECTOR.

Cela nuirait
A de vastes projets dont je saurai t'instruire.
Attendons que tu sois présentée à la cour.

ISELLA, avec explosion.

A la cour... est-il vrai?... moi! j'irais à la cour?
J'irais en robe à queue?

HECTOR.

Oui, vraiment.

ISELLA.

A mon tour
Je pourrais en porter!... moi qui jusqu'à ce jour
En faisais... Quel bonheur!

HECTOR.

Mais silence; il le faut.

ISELLA.

Ah! je ne dirai pas un mot.

REPRISE DE L'ENSEMBLE.

ISELLA, *avec volubilité.*
Ah! je suis comtesse! etc.
Des laquais et des pages,
Et de beaux équipages...
Quoi! j'irais à la cour!...
Quel plaisir! quel beau jour!

HECTOR.
Oui, par mon adresse, etc.

ISELLA.
O mon frère!

HECTOR.
O ma sœur!

ISELLA.
O délire!

HECTOR.
O bonheur!

ENSEMBLE.
O délire! ô bonheur!

(Ils tombent dans les bras l'un de l'autre et s'embrassent. Paraissent Odoard et Gennaio.)

SCÈNE VII.

LES PRÉCÉDENS; ODOARD, GENNAIO, *entrant chacun par une porte opposée.*

ODOARD.
Que vois-je!

GENNAIO.
Ah! mon Dieu!

HECTOR, *tirant sa montre*
Les dix minutes! je suis en règle!

ODOARD.
Comment, mademoiselle!...

ISELLA.
Ah! dame!

HECTOR, *faisant un signe à Isella.*
Silence!...

ACTE II, SCÈNE VII.

GENNAIO.

On ne vous a donc pas dit que c'était un colonel de lanciers!...

ISELLA.

Si vraiment!

GENNAIO.

Le comte Hector?

ISELLA, avec dignité.

De Fiera-Mosca!...

HECTOR, avec calme.

Elle sait tout.

ODOARD, à part.

Et ne pas connaître quelle ruse il a employée!

HECTOR, à Isella.

Je vais faire préparer une voiture... Nous partirons ensemble... sur-le-champ, n'est-ce pas?

ISELLA.

Tout ce qu'il te plaira!

ODOARD.

Elle le tutoie!

GENNAIO, qui est resté comme abasourdi.

Je voudrais être sourd!

(Il se bouche les oreilles.)

HECTOR, la reconduisant vers sa chambre.

C'est bien... En attendant, retourne dans ta chambre, prends tes cartons et partons à l'instant!... (Arrivé près de la porte.) Ah! encore une fois dans mes bras!...

ISELLA, s'y jetant.

De tout mon cœur!

ODOARD.

Elle se laisse faire!

GENNAIO, stupéfait.

Je voudrais être aveugle!

(Il se cache les yeux avec ses mains).

ISELLA, rentrant et jetant un coup d'œil sur Gennaio, à part.

Pauvre Gennaio! (Elle sort.)

HECTOR, bas à Odoard, en s'en allant.

Maintenant, mon cher ami, si vous vous tirez de là, j'en serai charmé... et je ne vous en empêche pas... vous le voyez!...
(Il sort.)

ODOARD, à part.

Morbleu! je suis battu!... J'y renonce... Du diable si j'attends nos amis... Il ne me reste qu'à prendre mon manteau et à partir!
(Il sort.)

SCÈNE VIII.

GENNAIO, *puis* ISELLA.

GENNAIO, seul.

Je suis stupide!... j'ai le cauchemar... J'ai beau l'avoir vu et entendu, je ne peux croire encore...

ISELLA, entr'ouvrant sa porte, et à part.

Il est seul; faut le consoler... On a beau être grande dame... ça n'empêche pas d'être sensible... au contraire... (S'approchant.) Gennaio!

GENNAIO.

Encore elle!... Laissez-moi, je vous déteste!...

ISELLA.

Ingrat!... Moi qui ce matin avais quitté Naples en pensant à lui... moi qui avais voulu passer par ce village, m'arrêter dans cette auberge, exprès pour le voir un instant!

GENNAIO, avec transport.

Pas possible!... Ah! pardon!... Et je t'accusais!... Ah! ce n'est plus de l'amour que j'ai, c'est de l'ivresse, de l'adoration... (Se ravisant et avec explosion.) c'est de la bêtise... car enfin, l'autre?...

ACTE II, SCÈNE VIII.

ISELLA.

Ah! dame! on part sans penser à rien... mais s'il arrive des circonstances...

GENNAIO.

Ah! elle appelle ça des circonstances!... un mauvais sujet... qui se permet des choses... que moi seul...

ISELLA, vivement, lui mettant la main sur la bouche.

Chut! oublie ça!... Maintenant que je suis une grande dame...

GENNAIO.

Toi?

ISELLA.

Dieu! ça m'est échappé!... Mais c'est égal, je te connais... tu es discret... tu n'en parleras à personne!...

GENNAIO.

Laisse-moi donc tranquille... Ce grand seigneur, ce comte Hector ne te prendra jamais pour sa femme.

ISELLA.

Je crois bien... est-ce que ça se peut!

GENNAIO.

Tu ne seras que sa maîtresse.

ISELLA, avec dignité.

Pour qui me prenez-vous, Gennaio?... On voit bien que vous ignorez quel sang coule dans mes veines... et si ce n'était pas un secret, je n'aurais qu'un mot à dire pour vous faire tomber à mes pieds.

GENNAIO.

D'un mot?... Je t'en défie!

ISELLA.

Tu m'en défies?... Eh bien! au fait... ton estime

en dépend.... je tiens à ton estime.... Apprends donc...

GENNAIO.

Quoi ?

SCÈNE IX.

Les Précédens, ODOARD.

ODOARD, rentrant avec son manteau, à part.

Allons !...

ISELLA.

Que je suis sa sœur !

GENNAIO.

Sa sœur !

ODOARD.

Sa sœur !...

ISELLA, apercevant Odoard.

Allons, l'autre !... v'là que tout le monde va le savoir.

ODOARD, à part.

Sa sœur !... Ah ! par exemple, je n'aurais pas deviné celle-là !... (Haut.) Comment, mademoiselle, vous auriez pour frère le comte Hector ?...

SCÈNE X.

Les Précédens, HECTOR.

HECTOR.

De Fiera-Mosca... Oui, Monsieur... je voulais le cacher... mais puisque les titres sont connus, permettez que je vous présente ma sœur... la comtesse ma sœur !

ODOARD, saluant profondément.

Mademoiselle...

ACTE II, SCÈNE X.

ISELLA, faisant une grande révérence.

Monsieur!...

GENNAIO.

Allons donc! ce n'est pas possible!

ODOARD.

Si fait, mon garçon, si fait... Quoi! mon cher Hector, mademoiselle est cette jeune personne égarée dans nos révolutions... et dont je vous ai si souvent entendu regretter la perte?

HECTOR.

Oui, mon cher Odoard... (Bas.) C'est très bien... c'est loyal... vous le prenez comme il faut.

ODOARD.

Que je suis heureux de la voir dans les bras de son vénérable frère!... d'autant mieux que je m'y trouve encore plus intéressé que lui-même.

HECTOR.

Hein!... plaît-il?...

ISELLA.

Qu'est-ce que cela veut dire?

ODOARD.

C'est ce qu'il me sera facile de vous expliquer par un récit succint et véridique.

HECTOR, à part.

Est-ce qu'il se flatterait d'imaginer un mensonge plus fort que le mien!...

ODOARD.

Vous vous rappelez, mon cher comte, que nos deux maisons se tenaient par les liens de l'amitié et de la politique... Pour les resserrer encore, elles résolurent, à la naissance de mademoiselle, de profiter d'un privilége accordé aux grandes familles...

HECTOR, à part.

Où veut-il en venir ?

ODOARD.

On obtint une dispense de Rome, une autorisation de la cour... on nous conduisit en grande pompe dans une chapelle magnifiquement décorée... je crois y être encore... Mademoiselle était dans son berceau... on posa sa jeune main dans la mienne... je n'avais que cinq ans alors... je n'étais pas encore en état d'apprécier, comme aujourd'hui, mon bonheur... mais enfin la cérémonie n'en fut pas moins célébrée avec toutes les formalités nécessaires... et maintenant, vous le voyez, mademoiselle m'appartient... elle est ma femme !

HECTOR, à part.

Sa femme !...

ISELLA.

Moi, mariée !...

GENNAIO, à part.

Il ne manquait plus que ça !

ODOARD.

J'en prends à témoin monsieur le comte, votre frère... Qu'il parle... qu'il rende hommage à la vérité... Je suis sûr qu'il ne me démentira pas !..... J'y compte !

HECTOR, à part.

Oh ! notre convention !... (Haut.) Certainement... je ne peux pas dire le contraire !...

ODOARD.

Vous entendez ?... il en convient !

HECTOR.

Mais avant tout, permettez... Il faudrait au moins

savoir où est le contrat de mariage qui prouve que ma sœur est votre femme ?

ODOARD.

Où il est ?... à côté de l'extrait de baptême qui prouve que ma femme est votre sœur !

HECTOR.

C'est juste !

ODOARD.

Et maintenant, marquise de Rosenthal, suivez votre époux...

FINALE.

GENNAIO, stupéfait.

O ciel !

ISELLA.

Quoi ! me voilà marquise ?
A chaque instant redouble ma surprise.

HECTOR.

Un mot, pourtant, marquis, un seul...

ODOARD.

Je le permets.

HECTOR.

Vos droits, comme mari, sont, je le reconnais,
 Aussi sacrés que les miens comme frère.

ODOARD.

C'est la vérité tout entière.

HECTOR.

Mais vous comprenez bien que le rang de ma sœur,
Les usages du monde et surtout sa pudeur...
 Car, avant tout, c'est par là qu'elle brille...

ODOARD, avec impatience.

Eh bien ?

HECTOR, gravement.

Eh bien ! ce n'est qu'au sein de ma famille
Que je puis en vos bras la remettre.

ODOARD.

Très-bien.

HECTOR.
Jusque-là, c'est de droit, je reste son gardien;
Et dans sept ou huit jours peut-être...

ODOARD, à part.
Huit jours! il sera temps...
(Haut.)
Non, Monsieur, Dieu merci!
C'est à moi d'ordonner.

HECTOR.
C'est moi qui suis le maître.

ODOARD, prenant la main d'Isella.
Une femme avant tout doit suivre son mari.

HECTOR, prenant l'autre main.
Un frère a sur sa sœur une entière puissance.

ODOARD.
Au nom de la morale...

HECTOR.
Au nom de la décence...

ODOARD, s'échauffant.
Je défendrai mes droits!

HECTOR, de même.
Je défendrai les miens!

ODOARD.
C'est moi qu'elle suivra!

HECTOR.
C'est moi, je le soutiens!

TOUS DEUX, se menaçant.
C'est moi! c'est moi! c'est moi!

ISELLA, effrayée, s'élançant entre eux deux.
Grands dieux! entre beaux-frères
Arrêtez, suspendez ces combats sanguinaires!

HECTOR ET ODOARD
Non, non, qu'elle prononce, ou mon bras furieux...

ISELLA, allant de l'un à l'autre.
Mon frère!... mon mari!...
(A part.)
Je tremble...
(Haut.)
Eh bien! donc, je suivrai...

HECTOR.
Lequel de nous?

ACTE II, SCÈNE X.

ISELLA.

Tous deux.

(Geste de colère de Gennaio, d'Hector et d'Odoard.)
Tous trois nous partirons ensemble.

ENSEMBLE.

ISELLA.

O terrible chance !
On peut en tout temps
Choisir, je le pense,
Entre deux amans ;
Mais comment donc faire
Quand il faut ici
Choisir entre un frère
Ou bien un mari ?

HECTOR ET ODOARD, à part.

O la belle avance !
Entre deux amans
Choisir, par décence,
Deux en même temps !
Et que peut-on faire
Quand on est ainsi
Placée entre un frère
Ou bien un mari ?

GENNAIO.

Ah ! quelle souffrance !
Quel affreux tourment !
Non, plus d'espérance
Pour un pauvre amant.
O destin contraire,
Qui m'a tout ravi !
Ah ! c'est trop d'un frère
Et trop d'un mari !

HECTOR, faisant la moue.

Partir tous trois, c'est sans doute agréable.

ODOARD, de même.

Mais il fait nuit.

HECTOR.

Le temps est détestable.

GENNAIO.

Et les brigands par ici sont nombreux.

ISELLA.

Des brigands !... ah ! je tremble...

(Regardant Gennaio.)

Et peut-être en ces lieux
On pourrait s'arrêter jusqu'à demain?...

ODOARD, vivement.
Sans doute.

HECTOR, de même.
Attendons à demain pour nous remettre en route.

ISELLA, à part et regardant Gennaio.
A Gennaio, du moins, je ferai mes adieux.

HECTOR.
Et cette nuit l'on peut, dans cette hôtellerie...

GENNAIO, vivement.
Vous loger très commodément.

ODOARD.
A merveille !... un appartement,
(Montrant Hector.)
Là, pour monsieur le comte.

HECTOR, à Gennaio.
Un autre, je t'en prie,
Pour monsieur le marquis.

ISELLA.
Et puis moi?

ODOARD.
Dieu merci !
Une femme, avant tout, doit suivre son mari.

HECTOR.
Un frère a sur sa sœur une entière puissance.

ODOARD.
Au nom de la morale...

HECTOR.
Au nom de la décence...

ODOARD.
Je défendrai mes droits !

HECTOR.
Je défendrai les miens !

ODOARD.
C'est moi qu'elle suivra !

HECTOR.
C'est moi, je le soutiens.

TOUS DEUX.
C'est moi ! c'est moi ! c'est moi ! je le soutiens !
Eh bien ! qu'elle prononce, ou mon bras furieux...

ACTE II, SCÈNE X.

ISELLA.

Eh bien ! je vais encor me prononcer.

LES TROIS HOMMES, avec émotion.

Grands dieux !

ISELLA.

Je choisis de loger seule.

GENNAIO, à part.

Ah ! que c'est heureux !

ENSEMBLE.

ISELLA.

O terrible chance !
On peut en tout temps
Choisir, je le pense,
Entre deux amants ;
Mais comment donc faire
Quand il faut ici
Choisir entre un frère
Ou bien un mari ?

GENNAIO.

O douce espérance
Pour un pauvre amant !
Ah ! dans ma souffrance
Je gagne un instant.
Mais comment donc faire ?
Que ne puis-je ici
Remplacer un frère
Ou bien un mari !

HECTOR ET ODOARD.

Ah ! la belle avance !
Ce choix trop prudent
Prive d'espérance
L'un et l'autre amant.
O destin contraire !
Comment faire ici ?
Ah ! c'est trop d'un frère
Ou trop d'un mari.

GENNAIO.

Cela se rencontre à merveille.

(A Odoard et à Hector.)

Voilà d'abord ici deux chambres pour vous deux.

(à Isella.)

Vous, c'est au fond du cloître, une chambre pareille.

(A part.)

Numéro quatre. Elle sera loin d'eux.
(Haut.)
Ainsi chacun sera content.

HECTOR ET ODOARD, à part, de mauvaise humeur.
Oui, joliment! joliment!

ENSEMBLE, à demi-voix et à part.

LES TROIS HOMMES.

Voici la nuit;
Allons, sans bruit,
Chez soi que chacun se retire.
Comment revoir
Avant ce soir
La beauté pour qui je soupire?
Pour m'inspirer quelque moyen,
Sois, amour, mon ange gardien;
Pour m'inspirer quelques moyens,
Viens, amour, viens, viens, viens.

ISELLA.

Voici la nuit;
Allons, sans bruit,
Chez soi que chacun se retire.
Adieu, bonsoir;
(A part.)
Un doux espoir
Et me berce et vient me sourire.
Honneur! ô toi, mon seul soutien,
Sois toujours mon ange gardien,
Sois toujours mon ange gardien!
Sois mon ange gardien!

(Gennaio donne un flambeau à Isella qui sort par le fond; Hector entre dans la chambre à gauche, et Odoard dans celle de droite. Gennaio reste le dernier et donne un tour de clef à la serrure d'Odoard, puis à celle d'Hector, et sort par le fond.)

FIN DU DEUXIÈME ACTE.

ACTE TROISIÈME.

Le théâtre représente un ancien cloître qui est dépendant de l'auberge où sont plusieurs chambres de voyageurs. Au fond, un escalier conduisant à une galerie qui règne dans toute la largeur du théâtre ; sur cette galerie donnent les portes de plusieurs chambres qui font face au spectateur. A droite de la galerie, une fenêtre donnant sur la campagne. Sur les premiers plans, portes latérales, et au fond, sous la galerie, une porte d'entrée.

SCÈNE PREMIÈRE.

ISELLA, tenant un bougeoir et entrant par la porte à droite.

Dans l'ancien cloître, m'a-t-il dit... chambre numéro 4... Voilà-t-il des cours et des corridors que je traverse !... il paraît que Gennaio m'a placée presque à l'autre bout de la maison... (regardant les numéros des chambres.) 2, 3, 4... C'est là-haut ! (Montrant la chambre dont la porte donne sur la galerie.) Ce n'est pas trop beau pour une comtesse !... mais il y a des momens où il faut oublier son rang... oui son rang... car enfin il n'y a plus de doute.

RONDEAU.

Oui, je suis une grande dame ;
Mon sort est fixé sans retour,
Et ma famille me réclame
Pour aller briller à la cour.
Quel sort brillant et sans nuages,
Sans la douleur de Gennaio !
Mais calme-toi ; mon sort nouveau,
Je veux qu'ici tu le partages ;
Console-toi, mon Gennaio.
De mes bienfaits, oui, je t'accable,
Et veux te voir brillant, aimable,
Avec l'habit fashionable,
    Des diamans
    Et des gants blancs.

Car je suis une grande dame, etc.
　　Dans ma riche voiture
　　Quand chacun me verra
　　Brillante de parure,
　　Comme mon cœur battra!
　　Pour voir mon équipage
　　On court de toutes parts;
　　Chevaux, laquais et pages,
　　Étonnent les regards.
　　Je vais, je le parie,
　　Et dès le premier jour,
　　Faire mourir d'envie
　　Les dames de la cour.
　　Je danserai toujours,
　　La danse est mes amours.
Chez moi, les soirs de grand gala,
Toute la ville arrivera;
Des étrangers, Russes, Anglais,
Belges, Prussiens, surtout Français,
Car j'aime beaucoup les Français.
　　Ils me verront,
　　Me lorgneront,
　　M'admireront,
　　Et me feront
　　Des complimens
　　Vifs et galans.
　　Puis, quand du bal
　　Part le signal:
« Madame la duchesse,
Ah! Madame, je voudrais
Danser avec votre altesse. »
Moi je réponds: « Mon altesse
Aime beaucoup les Français. »
Je crois d'ici voir ce Français.
« Madame, on n'a pas plus de grâce!
— Monsieur me flatte et m'embarrasse!
— D'honneur vous dansez à ravir,
Et je crois voir une sylphide.
— Monsieur, ce discours m'intimide;
Vous allez me faire rougir.
— Pour vous, Madame, on perd la tête!
— Monsieur, vous êtes bien honnête. »
Et puis, avec un Allemand
Je veux valser légèrement.
Ah! quel contraste! un Allemand,
Comme il tourne avec sentiment!
　　Je valserai,
　　Je tournerai,
　　Je passerai,
　　Et lui dirai:

ACTE III. SCÈNE II.

(Imitant une danseuse qui a des vertiges.)
  « Pressez moins fort ;
  » Dans cet effort
  » Mon cœur s'en va !
  » Arrêtez-là !
  » Je n'y vois plus,
  « Tout est confus ;
  » Je ne sens rien,
  » Tenez-moi bien. »

Mais je n'oublirai point les airs de ma patrie ;
  Notre tarentelle chérie
  Viendra, par ses piquans attraits,
  Mettre le comble à mes succès.
    Ah ! vraiment, vit-on jamais
    Plus d'entrain, plus de folie ?
    Je les vois tous stupéfaits
    S'écrier : « Qu'elle est jolie ! »
  C'est à qui m'applaudira.
  Ces vœux, ce bruyant délire,
  Gennaio les entendra,
  Et tout bas pourra se dire :
  « Chacun vise à sa faveur,
  » Moi seul j'ai su la séduire ;
  » Oui, je suis son seul vainqueur. »
    Hein quel honneur !
    Que c'est flatteur !
    Combien son cœur,
    Son tendre cœur,
Sera content de mon bonheur !
Oui, je suis une grande dame ;
Mon sort est fixé sans retour,
Et ma famille me réclame
Pour aller briller à la cour.

(On entend ouvrir la porte du fond.)

Hein ! qui vient là ? qui entre ainsi chez moi ?

SCÈNE II.

ISELLA, GENNAIO.

GENNAIO.

Pardon, Mam'selle... (se reprenant.) madame la comtesse, je veux dire... J'ai eu peur que vous ne puissiez pas trouver votre chambre... et je venais vous conduire...

ISELLA.

Vous êtes bien bon !

GENNAIO.

Vous pourriez avoir peur dans ce côté de la maison, dans ce vieux cloître qui est désert, et vous trouverez là-haut ma tante que j'ai priée d'aller passer la nuit près de vous !...

ISELLA.

Je vous remercie d'avoir pensé à ma sûreté !...

GENNAIO.

Ce n'est pas à la vôtre..... c'est à la mienne..... parce que, malgré moi, il me semble encore que..... Ah ! tenez... j'en mourrai !...

ISELLA.

Quoi ! tu pleures ?

GENNAIO.

C'est plus fort que moi... je ne me consolerai jamais de vous voir comtesse.

ISELLA.

Ça ne te fait pas plaisir ?

GENNAIO.

Ça me fait enrager !

ISELLA.

D'avoir été aimé d'une grande dame ?

GENNAIO.

Qui ne m'aime plus !

ISELLA.

Si vraiment !..... et si je peux te rendre bien riche !...

GENNAIO.

Je ne le veux pas !

ISELLA.

Si je peux t'emmener avec moi dans mon palais !...

ACTE III, SCÈNE II.

GENNAIO.

Et comment ?... vous avez un frère, vous avez un mari !... Toutes les places sont prises... il n'y en aurait plus qu'une... (d'un ton insinuant.) pour quelqu'un qui vous aimerait bien !...

ISELLA.

Ce n'est pas possible !

GENNAIO.

Pas même celle-là !... à cause ?...

ISELLA.

A cause de mon rang !... Je voudrais pour la moitié de ma fortune être née comme toi dans l'état le plus humble, le plus roturier !...

GENNAIO.

Ah ! que vous êtes bonne !

ISELLA.

Dieu ! que je le voudrais !... Mais la tyrannie de la noblesse et de la naissance !

GENNAIO.

Ce n'est pas votre faute !

ISELLA.

On n'est pas maîtresse de son sort !

GENNAIO.

Aussi, je vous passerais encore votre frère... mais ce que je ne vous pardonne pas... c'est l'autre... votre mari... Est-ce que vous l'épouserez tout-à-fait... et pour de vrai ?...

ISELLA.

Il faudra bien !

GENNAIO, avec colère.

Ah ! voilà ce qui me désespère et me met en fureur !... Vous ne penserez plus à moi.

ISELLA.

Si vraiment !... de temps en temps !...

GENNAIO.

Vous ne m'aimerez plus du tout!...

ISELLA.

Un petit peu!... si c'est possible! et sans qu'on le sache!...

GENNAIO, avec joie.

Bien vrai?...

ISELLA.

Ainsi, calme-toi, console-toi!

GENNAIO.

Me consoler! quand demain je vais vous perdre!... Ah! si j'osais! mais je n'ose pas... une comtesse!

ISELLA.

Dis toujours.

GENNAIO.

Eh bien! un petit baiser, un seul!

ISELLA, hésitant.

Écoute donc... je ne sais pas si, avec mon rang, c'est permis.

GENNAIO, vivement.

Oui, Mam'selle!

ISELLA, avec dignité.

Et si les grandes dames!...

GENNAIO.

Oui, Mam'selle!... D'ailleurs, ce baiser-là, c'est à Isella que je le demande!

ISELLA.

Alors, dépêche-toi! et que la comtesse n'en sache rien!

GENNAIO, l'embrassant.

Isella!

ISELLA, se dégageant de ses bras.

Laissez-moi! laissez-moi!... laisse-moi, Gennaio...

Ah! mon Dieu! qu'est-ce que je fais! je le tutoie...
C'est étonnant comme on s'oublie! (Reprenant le bougeoir sur la table et montant l'escalier du fond.) Bonsoir! bonsoir!

GENNAIO.

Et, quoi qu'il arrive, vous n'ouvrirez à personne?

ISELLA.

Je te le promets!... Bonsoir! à demain!

(Elle entre dans la chambre qui est au premier étage, en face du spectateur, n° 4. Le théâtre n'est plus éclairé.)

SCÈNE III.

GENNAIO, *seul et regardant Isella entrer dans sa chambre.*

Oui, demain, la quitter pour jamais!... O inégalité des rangs! C'est égal, ce baiser de tout-à-l'heure a pour un instant rapproché les distances, et il me semble que maintenant je suis moins malheureux! Allons, retirons-nous, et allons dormir... si je le peux!... J'ai enfermé chez eux les deux autres; c'est tranquillisant... Malgré cela, et pour plus de sûreté, j'ai bien envie d'enfermer aussi Isella... Trois précautions valent mieux qu'une!

(Il monte doucement l'escalier.)

SCÈNE IV.

GENNAIO, *sur l'escalier;* ODOARD, *entrant par la porte à gauche.*

ODOARD.

Conçoit-on cet Hector! avoir l'audace de m'enfermer dans mon appartement!... J'avais beau frapper et briser toutes les sonnettes, personne ne venait à mon aide, et si je n'avais eu l'idée de démonter moi-même la serrure, je restais prisonnier toute la nuit!...

(Dans ce moment Gennaio retire de la porte d'Isella la clef qu'il met dans sa poche.) Hein!... j'ai cru entendre... Non... Dans l'ancien cloître, lui a dit Gennaio, la chambre n° 4. Moi qui ai si souvent logé dans cette auberge, je connais le local... c'est ici!... Et maintenant il n'y a plus de temps à perdre; les amis que j'ai invités peuvent arriver d'un instant à l'autre!...

DUETTO.

ODOARD.

En bon militaire
Moi qui fis la guerre,
Avec audace
Contre la place
Tentons soudain
Un coup de main.

GENNAIO, qui descend de l'escalier, écoute.
Hein?

ODOARD.

Oui, d'un pas alerte,
A la découverte
Marchons sans crainte;
Par cette feinte
Que le plus fin
L'emporte enfin.

GENNAIO, écoutant toujours, et descendant l'escalier.
Hein?

ODOARD.
Pendant que la belle,
A l'amour rebelle,
Ici sommeille,
Moi je veille.
Heureux destin!
Bonheur certain!

GENNAIO.
Hein?

ODOARD.
Oui, voilà sa porte;
L'amour, qui m'escorte,
Saura sans peine
Tourner le pêne.
Le dieu malin
Guide ma main.

ACTE III, SCENE IV.

GENNAIO.

Hein?

(Pendant qu'Odoard va à tâtons vers l'escalier du fond, Gennaio, sur la ritournelle, descend la scène à pas de loup et chante à son tour.)

Sans savoir la guerre,
Je pourrai, j'espère,
Mettre en fuite
Tout de suite
Ce vaurien;
Tenons-nous bien.

(Odoard pendant ce temps a monté l'escalier et s'est approché de la porte d'Isella, qu'il a trouvé fermée.)

ODOARD.

Hein?

GENNAIO.

Ici je protége
Le fort qu'on assiége,
Et puis j'empêche
Toute brèche;
Par ce moyen
Il n'aura rien.

ODOARD, écoutant.

Hein?

(Odoard redescend et rencontre Gennaio au bas de l'escalier.)

ODOARD.

Eh quoi! c'est toi?

GENNAIO, à part.

Le mari! le mari!

ODOARD.

Eh mais! la clef?

GENNAIO.

Elle n'est pas ici.

ODOARD, vivement.

L'aurait-on prise?

GENNAIO.

Eh! oui, ce grand seigneur.

ODOARD.

Hector?

GENNAIO, affirmativement.

Hector.

ODOARD, avec colère.

Et tu l'as laissé faire?

GENNAIO.

Le grand mal! N'est-ce pas un frère?

ODOARD.

Son frère? Eh! non... et c'est là ton erreur!
C'est une ruse.

GENNAIO.

Ciel! c'est un faux frère!

ODOARD.

Eh! oui.

Reste là : veille bien sur lui;
Empêche-le d'entrer.

GENNAIO.

Soyez tranquille.

ODOARD.

Je prends un flambeau.

GENNAIO.

Bien.

ODOARD.

Et puis à domicile,
S'il le faut, je m'installe ici toute la nuit.

GENNAIO.

C'est dit.

ENSEMBLE.

ODOARD.

En bon militaire
Moi qui fis la guerre,
Je saurai vite
Le mettre en fuite.
Oui, je revien,
Observons bien,
Bien.

Ici je protége
Le fort qu'on assiège.
Oui, je l'empêche
De battre en brèche;
Par ce moyen
Il n'aura rien,
Rien.

GENNAIO.

Sans savoir la guerre,
Par mon savoir-faire,
J'espère vite

Le mettre en fuite,
Contre un vaurien
Tenons-nous bien,
Bien.
Ici je protége
Le fort qu'on assiége,
Je les empêche
De battre en brèche.
Par ce moyen
Ils n'auront rien,
Rien.

(Odoard sort par la porte de droite, sur le premier plan.)

SCÈNE V.

GENNAIO, puis HECTOR.

GENNAIO, regardant Odoard s'éloigner.

Voyez-vous! sans la précaution que j'avais prise, en voilà un qui... (Entendant du bruit, et voyant par la fenêtre du fond à droite Hector, qui enjambe sur la galerie.) Ah! mon Dieu! voilà l'autre!

HECTOR, sur la galerie.

Voyez-vous cette ruse d'Odoard!... M'enfermer dans ma chambre, et croire qu'un pareil obstacle m'arrêterait!... J'ai sauté par ma fenêtre, et j'arrive par celle-ci... voilà les chemins que j'aime... Nous disons, le vieux cloître... ce doit être ici... n° 4... c'est difficile à voir sans lumière... Mais on peut frapper... (Il frappe successivement aux portes de la galerie.) On ne répond pas!

GENNAIO, à part.

Elle m'a promis de ne pas répondre.

HECTOR.

PREMIER COUPLET.

Ouvre-moi.
Quoi ! ta porte est fermée?
Quand je suis près de toi

Ne sois pas alarmée!
O ma sœur bien-aimée,
Ouvre-moi.

(Parlé.) C'est plus bas sans doute!
(Il redescend l'escalier et frappe à la porte à droite.)

DEUXIÈME COUPLET.

Ouvre-moi
Ce réduit solitaire!
D'où provient ton effroi
Quand c'est la voix d'un frère
Qui dit avec mystère :
Ouvre-moi?

HECTOR, tâtant la porte.

Et de clefs nulle part!... Cela m'est suspect... et quand je devrais appeler... (Il s'avance vers la porte du fond, et rencontrant Gennaio qui cherche à s'en aller, le ramène par l'oreille.) Qui va là?...

GENNAIO.

Moi... Gennaio!

HECTOR.

D'où viens-tu?

GENNAIO.

Je ne viens pas... J'étais là... je dormais dans ce fauteuil.

HECTOR.

Toi qui dois avoir toutes les clefs de la maison, vite, celle du n° 4!

GENNAIO, interdit.

Comment?...

HECTOR.

La clef de la chambre où est ma sœur... J'ai à lui parler... cette clef, te dis-je!

GENNAIO.

Je ne l'ai plus... Ce n'est pas moi qui l'ai.

HECTOR.

Et qui donc?

ACTE III, SCÈNE V.

GENNAIO, troublé.

Qui donc?... monsieur le marquis... Il me l'a demandée tout à l'heure, et l'a mise dans sa poche.

HECTOR.

Et tu l'as souffert?

GENNAIO.

Dame! il n'y avait rien à dire... un mari!

HECTOR.

Un mari!... il ne l'est pas plus que toi... C'est un séducteur... un des Treize!

GENNAIO.

Lui aussi! quelle horreur!... (à part.) Non, quel bonheur! ce n'est pas le mari!

HECTOR.

Et s'il t'a pris cette clef, ce n'est pas sans dessein... Il va sans doute revenir sans bruit, au milieu de la nuit... Mais je reste ici... je ne quitte pas la place!

GENNAIO.

Vous ferez bien.

HECTOR.

Et pour mieux éclairer ses projets ténébreux, va chercher de la lumière... va vite!

GENNAIO.

Oui, monsieur!... (A part.) Avoir cette clef et ne pouvoir s'en servir!... et ne pouvoir instruire Isella du complot qui la menace et moi aussi!

HECTOR, renvoyant Gennaio.

Mais va donc!... dépêche-toi!...

GENNAIO.

Je m'en vas.

(Il sort par la porte du fond.)

SCÈNE VI.

HECTOR, *seul*.

C'est que maintenant il ne s'agit plus de vaincre, mais de vaincre promptement... Onze heures viennent de sonner... nos compagnons invités par Odoard vont arriver pour être témoins d'un triomphe... Et s'ils l'étaient d'une défaite!... si je n'étais pas vainqueur... ou, ce qui est encore pire; si Odoard l'était... (Écoutant.) On vient!... écoutons. (Il s'approche de la porte à droite qui s'ouvre; Odoard paraît tenant à la main un flambeau. Le théâtre redevient éclairé.).

SCÈNE VII.

ODOARD, HECTOR.

FINALE.

ODOARD.

Hector!

HECTOR.

Odoard! je respire...
J'ai cru que l'on fermait cette porte... mais non.
Il est encor là!

ODOARD.

Pourrait-on
Savoir ici qui vous attire?

HECTOR.

Moi! je ne puis dormir!

ODOARD.

Ni moi non plus.

HECTOR.

Je croi
Que je serai mieux là, dans ce fauteuil.

ODOARD.

Et moi
Je pense comme vous.
(Ils vont s'asseoir aux deux côtés opposés du théâtre.)

ACTE III, SCÈNE VII.
DUO.

TOUS DEUX, à haute voix.
Bonsoir, donc! bonsoir!
Pas de mauvais rêve.
(A part.)
Pour peu qu'il se lève
Je pourrai le voir.
(Haut, de la voix de gens qui s'endorment.)
Bonsoir!
(Chacun d'eux levant la tête, à part.)
Dort-il?
Oui! bien!
(Ils essayent de se lever, s'entendent et se disent en même temps.)
Plaît-il?
Moi? rien.

HECTOR.
Si pour nous endormir nous chantions un refrain?
(Il chante.)
Pêcheur napolitain,
Déjà l'aube t'éclaire!
Sur ta barque légère
Élance-toi soudain.
(A Odoard.)
Répétez avec moi.

ODOARD.
Non, je vous remercie.
Mais faisons mieux!

HECTOR.
Quoi donc?

ODOARD.
Une partie
De quinze!

HECTOR.
Volontiers! rien n'est plus ennuyeux,
Et l'on s'endort quand on s'ennuie.
Et les dés?

ODOARD.
Cette table en est, je crois, garnie.
(Odoard prend les dés, les agite dans son cornet, et au moment de les rouler sur la table, il s'arrête et dit froidement à Hector :)
Mon cher Hector!

HECTOR, de même.
Mon très-cher Odoard!

ODOARD.

Savez-vous, à parler sans détour et sans fard,

HECTOR.

Qu'à nos propres dépens tout notre talent brille,

ODOARD.

A garder la vertu de cette jeune fille,

HECTOR.

Et que nous sommes des niais...

ODOARD.

Ah! j'allais vous le dire.

HECTOR.

Et moi, je le pensais.

ENSEMBLE.

Contre tout projet téméraire
Nous la défendons tous les deux,
Et la duegne la plus sévère
Ne la protégerait pas mieux.
 O la bonne folie!
 Quelle plaisanterie!
 Garder fille jolie
 En tuteurs amoureux!
 S'ils avaient connaissance
 De notre extravagance,
 Nos confrères, je pense,
 Riraient bien de nous deux.

HECTOR.

Allons! craignons la raillerie!
C'est trop long-temps être dupes tous deux!
Résignons-nous, faisons un seul heureux!

ODOARD.

C'est bien! voilà de la philosophie!

HECTOR, d'un air malin, regardant Odoard.

L'un de nous deux a la clef, je le crois.

ODOARD, de même.

Vous le savez tout aussi bien que moi.

HECTOR.

Trésor tout à fait nul...

ODOARD.

Inutile avantage...

HECTOR.

Si l'un empêche ici l'autre d'en faire usage.

ODOARD, vivement.
C'est très-vrai ! très-bien calculé !
HECTOR.
Voici des dés... jouons la clé !
ODOARD.
C'est dit ! le plus haut point la gagnera.
HECTOR.
Au vainqueur elle appartiendra !
(Tous deux se sont assis et agitent leurs dés.)
HECTOR.
Amour, que nos débats par toi soient décidés !
ODOARD.
Amour, guide ma main et dirige les dés !
HECTOR, jouant.
Je commence...
ODOARD, regardant.
A vous, cinq et quatre !
Ce n'est pas mal !
HECTOR.
O destin fortuné !
ODOARD.
Mais je suis loin de me laisser abattre...
A moi !...
(Jouant.)
Double cinq !... j'ai gagné !
HECTOR.
C'est juste, et je serai fidèle à ma promesse...
Et, quoique je sois désolé,
Le champ d'honneur est à vous... je vous laisse...
(Il va pour sortir.)
ODOARD, le retenant.
Un instant, mon cher... et la clé ?...
HECTOR.
Servez-vous-en, je l'abandonne !...
ODOARD.
Mais pour que je m'en serve, il faut qu'on me la donne !...
HECTOR.
De l'ironie alors qu'on est vainqueur !
C'est abuser de son bonheur !
ODOARD.
Trêve, Monsieur, à cette raillerie !

HECTOR.

C'est vous, Monsieur, qui vous raillez de moi!

ODOARD.

De mauvais goût est la plaisanterie!

HECTOR.

Monsieur!...

ODOARD.

Monsieur! quelle mauvaise foi!

ENSEMBLE.

De cette trahison
Vous me rendrez raison!

(On entend en dehors une ritournelle de sérénade. Ils s'arrêtent et écoutent.)

(A voix basse.)
Silence! taisons-nous!
Silence! entendez-vous?

ENSEMBLE.

CHŒUR, en dehors.

Honneur au galant séducteur!
Chantons! célébrons son bonheur!
Digne de nous! digne des Treize!
Pour qu'il séduise et pour qu'il plaise.
Il paraît et revient vainqueur!
Célébrons, chantons le vainqueur!

ODOARD ET HECTOR, à part, avec dépit.

Ce sont nos amis... Quel honneur!
Ils viennent chanter mon bonheur!
Ah! quel affront! quel déshonneur!

HECTOR.

Ils viennent fêter le vainqueur!

ODOARD.

Ce n'est pas moi.

HECTOR.

Ni moi! n'importe!
N'en convenons jamais pour nous, pour notre bonheur.

ODOARD.

Proclamons hardiment qu'un de nous est vainqueur.

HECTOR.

Mieux que ça... tous les deux!

ENSEMBLE.

(A demi-voix.)

A leur joyeuse escorte
Nous pouvons maintenant, sans crainte, ouvrir la porte.

(Ils vont doucement ouvrir la porte du fond au moment où Gennaio entre au-dessus de leurs têtes, par la croisée du fond à droite.)

SCÈNE VIII.

Les Précédens, GENNAIO, *sur l'escalier, au fond.*

GENNAIO.

Pour instruire Isella d'un complot infernal
(Montrant la croisée.)
Je prends le chemin même ouvert par mon rival!
(Il ouvre la porte d'Isella et ressort aussitôt en la ramenant sur le balcon. Il lui explique par pantomime tout ce qui vient de se passer. Hector et Odoard amènent sur le théâtre leurs amis, auxquels ils viennent d'ouvrir la grande porte du fond.)

SCÈNE IX.

HECTOR, ODOARD, onze Officiers, *en brillant uniforme, qui entrent; ensuite* GENNAIO et ISELLA.

LE CHŒUR.

Honneur au galant séducteur!
Chantons, célébrons son bonheur!
Digne de nous, digne des Treize!
Pour qu'il séduise et pour qu'il plaise,
Il paraît et revient vainqueur!
Chantons, célébrons le vainqueur!

ODOARD ET HECTOR, s'inclinant.
Messieurs, messieurs, c'est trop d'honneur!

HECTOR, apercevant Gennaio et Isella qui descendent.
Qu'ai-je vu?... Gennaio!...

ODOARD, de même.
Grands dieux! c'est Isella!

CHŒUR, à part.
Qu'ont-ils donc?

ISELLA.
Nous allons vous expliquer cela.
A l'instant on vient de m'apprendre
Que je perds à la fois mon frère et mon époux!

Et je venais vous rendre
Tout ce qu'hélas! j'avais reçu de vous.

TOUS, à Hector et Odoard.

Qu'est-ce donc?...

HECTOR.

Rien!...

(A Isella.)

Gardez cette dot, taisez-vous!
Soyez unis, au nom d'un frère!

ODOARD.

Et d'un époux!

LE CHŒUR.

Mais dites-nous au moins qui de vous l'emporta,
Et quel est le vainqueur?

HECTOR ET ODOARD, montrant Gennaio

Le vainqueur? le voilà!

CHŒUR DES TREIZE ET PAYSANS, qui paraissent en dehors pendant la fin de cette scène, tenant des torches à la main.

Honneur au galant séducteur!
Chantons, célébrons, etc, etc.

(Gennaio et Isella, se tenant par-dessous le bras, vont faire la révérence à Hector et à Odoard; puis au milieu du théâtre ils se donnent la main, tandis qu'Hector et Odoard étendent les leurs pour les bénir.)

FIN DES TREIZE.

POLICHINELLE,

OPÉRA-COMIQUE EN UN ACTE,

Représenté, pour la première fois, à Paris, sur le théâtre royal de l'Opéra-Comique, le 14 juin 1839.

En société avec M. Duveyrier.

MUSIQUE DE M. MONTFORT.

PERSONNAGES.

LOELIO.
LE MARQUIS DE BAMBOLINI, père de Laurette.
LAURETTE, femme de Lœlio.
LA SIGNORA BOCHETTA, directrice du théâtre San Carlo

La scène se passe à Naples, chez Lœlio.

POLICHINELLE.

Le théâtre représente un salon élégant. Au fond, la porte principale et une large fenêtre avec balcon. A droite, la porte d'un cabinet; à gauche une porte conduisant aux appartemens.

SCÈNE PREMIÈRE

LOELIO, LAURETTE.

Au lever du rideau, le déjeuner est servi sur un guéridon, à gauche. Lœlio et Laurette sont assis. Deux domestiques attendent au fond, la serviette à la main. Lœlio congédie les domestiques qui sortent.

DUO.

ENSEMBLE.

Quel plaisir d'être en ménage !
Quel plaisir ! ah ! c'est charmant !
Nos six mois de mariage
N'ont duré qu'un seul moment !

LOELIO, à Laurette qui le sert.

Assez !... tu me gâtes, ma chère.
Chaque matin, pour ordinaire,
Repas exquis, vins délicats,
Tu me rendrais gourmand...

LAURETTE.

Si vous ne l'étiez pas...
Mais je suis indulgente.

LOELIO, se levant.

Tiens, j'ai fini, car je vois bien
Que pour toi tu ne veux plus rien !
Moi, je sais bien ce qui me tente...

LAURETTE.

Voyons, Monsieur, ce qui vous tente...

LOELIO.

Un baiser !

LAURETTE.

Un mari... non vraiment ;

On dirait un amant!...
Mais si de vous je suis contente,
Si vous cédez quand je le veux...
Au lieu d'un, peut-être en aurez-vous deux !...

LOELIO, son verre à la main toujours prêt de la table.
A la plus belle!

LAURETTE, assise.
Au plus fidèle!
(Laurette se lève.)

LOELIO.
Pour nous en ces lieux,
Loin de tous les yeux,
Sans cesse
Nouvelle ivresse!
Ces plaisirs si doux
Ont pour un époux
L'attrait d'un premier rendez-vous!
Pour toujours l'amour m'enchaîne,
Et près de toi,
Toi, ma belle souveraine,
Je vis plus heureux qu'un roi.

ENSEMBLE.
Pour nous en ces lieux, etc., etc.

LAURETTE.
N'oubliez pas qu'à leur reine
Tous les sujets
Doivent, et quoi qu'il advienne,
Fidélité pour jamais!

ENSEMBLE.
Pour nous en ces lieux,
Loin de tous les yeux,
Sans cesse
Nouvelle ivresse!...
Ces plaisirs si doux,
Ont pour un époux
L'attrait d'un premier rendez-vous ;
(Ils quittent la table ; les domestiques l'emportent.)

LOELIO.
Ma bonne Laurette, ma chère petite femme, je n'ai jamais été plus heureux, plus content...

LAURETTE, lui voyant prendre son chapeau.
Et c'est pour cela que vous me quittez?...

SCÈNE I.

LŒLIO.

Une affaire que je ne puis remettre... Je ne serai qu'un instant...

LAURETTE.

A la bonne heure!... revenez vite... Moi, en vous attendant, je vais écrire à mon père, dont j'ai reçu une lettre il y a deux jours.

LŒLIO.

Ah! monseigneur le marquis de Bambolini... et que t'écrit-il?...

LAURETTE.

Qu'il pourrait bien incessamment venir à Naples, où nous ne l'avons pas vu depuis notre mariage...

LŒLIO, à part.

Ah! diable!... (Haut.) J'en serais enchanté... mais premier gentilhomme du vice-roi de Palerme, il lui serait imposssible de quitter l'antichambre de son maître, dont il fait, comme le mobilier, partie indispensable et inamovible...

LAURETTE.

C'est ce qui vous trompe... Il m'écrit qu'il va être probablement chargé d'une mission diplomatique très importante près la cour de Naples... et que s'il réussit, on lui fait espérer l'ordre de l'Éperon d'Or.

LŒLIO.

Belle avance!... pour un marquis ruiné... Cela l'aidera-t-il à relever les murs de son vieux castel, qui de tous côtés tombe de noblesse?...

LAURETTE, d'un ton de reproche.

Qu'est-ce que c'est?... Voyons, laissez là votre chapeau, et répondez-moi... car toutes les fois qu'il est question de mon père, je l'ai bien remarqué, vous n'êtes plus aimable du tout... et tenez depuis que nous parlons de lui, vous êtes contraint, embarrassé; on dirait que sa présence ici vous contrarierait... que vous la redoutez...

LOELIO.

Quelle idée!... je n'ai rien à cacher... je n'ai peur de rien... mais que veux-tu?... Ce n'est pas ma faute... si je ne puis me faire à l'orgueil du marquisat, à cette fierté du rang et de la naissance, qui a failli faire le malheur de ma vie... car je n'ai pas oublié qu'il m'a longtemps refusé ta main, qu'il ne voulait pas consentir à notre union...

LAURETTE.

Parce que vous n'étiez qu'un pauvre petit étudiant...

LOELIO.

Issu de bonne et honnête bourgeoisie!... mais il ne voulait pour gendre qu'un noble, une excellence, une altesse... Par bonheur, et au bout de trois ans, ses principes ont fléchi devant la fortune que je lui ai offerte... (Soupirant.) Et on ne sait pas ce qu'elle coûte quelquefois!...

LAURETTE.

Beaucoup de temps et d'efforts, quand c'est par le travail qu'on l'acquiert... mais le ciel est venu à notre secours... et grâce à un héritage que vous avez fait...

LOELIO.
La succession de ma tante...

LAURETTE.
Vous disiez que c'était de votre oncle...

SCÈNE I.

LŒLIO.

Sans doute !... d'un oncle et d'une tante... les biens étaient confondus,..

LAURETTE.

Mon père ne vous a pas demandé d'où venaient vos richesses... il ne vous a pas fait de questions... et il y a des momens où je crois qu'il a eu tort...

LŒLIO.

Comment ?...

LAURETTE.

J'observe bien des choses... et il y en a souvent de très inquiétantes... Hier, cette femme voilée, qui, en passant près de nous, vous a dit, d'un air si gracieux et d'un ton si familier : Bonjour, Lœlio !...

LŒLIO, à part.

Elle l'a entendu !...

LAURETTE.

Quelle était cette dame ?...

LŒLIO.

Une comtesse !

LAURETTE.

De cette ville ?...

LŒLIO.

Non ! qui habite en pays étranger...

LAURETTE.

On a bien mauvais ton dans ce pays-là... Elle ne pouvait pas dire : Monsieur Lœlio... Et où l'avez-vous connue ?...

LŒLIO.

Autrefois à Palerme, quand j'étais étudiant... Est-ce qu'on demande ces choses-là ?... on croirait que tu es jalouse...

LAURETTE.

Mais c'est que vous n'êtes pas franc... et il règne souvent en vous un air de mystère...

LOELIO, à part.

Que dit-elle?...

LAURETTE.

Le matin, d'abord, vous vous enfermez des heures entières dans ce cabinet, où il ne m'est pas permis de pénétrer...

LOELIO.

Mon cabinet d'étude, ma bibliothèque...

LAURETTE.

Très bien!... mais le soir, vous sortez... vous ne rentrez que très tard.

LOELIO.

Je te l'ai dit..... des affaires, comme ce matin..... pour cette succession... je souffre assez de te quitter...

LAURETTE.

Et moi donc, je me tourmente, je m'inquiète... Quand je suis seule, je prends la résolution de vous quereller... mais vous revenez plus tendre, plus aimable, et j'oublie de me fâcher... j'oublie tout... Allons, monsieur, allez-vous-en... moi, je vais écrire ma lettre à mon père... là, dans votre cabinet.

LOELIO, la retenant.

Non!... dans ta chambre...

LAURETTE.

Pourquoi donc?... N'y a-t-il pas là tout ce qu'il faut pour écrire?...

LOELIO.

Oui... mais je t'ai priée... et tu m'as promis de ne jamais y entrer...

SCÈNE I.

LAURETTE.

C'est vrai!... c'est peut-être pour cela que j'en meurs d'envie... (S'approchant.) Mon ami, il y a donc là un secret?...

LŒLIO.

Apparemment!...

LAURETTE.

Vous m'avez promis de n'en jamais avoir pour moi...

LŒLIO.

Celui-là n'a rien dont ton cœur doive s'alarmer... au contraire! tu n'y verrais qu'une preuve d'amour de plus... oui, la plus grande qu'il soit jamais en mon pouvoir de te donner...

LAURETTE.

Eh bien! alors pourquoi me la cacher?...

LŒLIO.

Malgré moi, je te le jure... car le plus ardent de mes vœux, mon désir le plus cher, serait de te l'apprendre... mais dans ce moment... (La regardant avec tendresse et inquiétude.) Non... non... ce n'est pas possible encore...

LAURETTE.

C'est bien ennuyeux!... Et quand donc?...

LŒLIO.

Dès que nous pourrons, comme je le désire, quitter l'Italie, et voyager en France... Jusque-là si tu m'aimes, Laurette, n'entre jamais dans ce cabinet... n'y entre jamais, ou c'en est fait de notre amour, de notre bonheur...

LAURETTE.

Ah! mon Dieu! c'est donc comme dans *Barbe-*

Bleue... ce conte français que nous lisions dernièrement...

LŒLIO.

Peut-être!...

LAURETTE.

Vous me dites cela pour m'effrayer! et vous n'en avez pas besoin... dès que vous me le défendez, cela suffit... je n'y entrerai pas... et puis, je n'en ai pas la clef...

LŒLIO.

C'est vrai!... et c'est plus prudent... Adieu!... ma Laurette... adieu!...

(Il l'embrasse et sort par la porte du fond, à gauche.)

SCÈNE II.

LAURETTE, *seule*.

Non! je n'en ai pas la clef... mais je sais où elle est... j'ai aperçu l'autre jour mon mari qui la cachait là... et si on voulait voir, je parierais qu'elle y est encore... (Se levant sur la pointe du pied, et regardant dans un vase sur la cheminée, près du cabinet, à droite.) Oui, oui... elle y est... il est bien heureux que je ne sois pas curieuse... tant d'autres à ma place se moqueraient de la défense... mais moi, à quoi bon?... puisqu'il m'est fidèle... puisqu'il m'aime toujours... il le dit, du moins... mais les maris disent toujours cela... et puis, ils se trouvent un beau matin avoir des connaissances que vous ne connaissez pas... des passions voilées... comme cette femme, cette comtesse étrangère... — Bonjour, Lœlio!... — Et s'il me trompe, pourtant je dois me défendre... c'est naturel... c'est légitime... et puis s'il ne me trompe pas, je l'en aimerai davantage...

SCÈNE I.

Allons! pas de danger, de crainte, et décidément je veux savoir ce qui en est...

(Elle s'approche du vase à pas de loup.)

AIR.

J'ai bien peur... c'est ici,.. cette clef...

(Elle va pour la prendre et se retourne tremblante.)

Qui vient là?...

(Regardant au tour d'elle.)

Personne !... allons !... du cœur !...

(La prenant.)

La voilà !..,

(Avec triomphe.)

La voilà !...

RÉCITATIF ANIMÉ ET BRILLANT.

O bonheur ! ô transports que cet instant fait naître !
Elle est en mon pouvoir !... et je vais donc connaître
Ce secret dont frémit mon cœur impatient !
Courons !...

(Elle court à la porte et s'arrête.)

Mais pourtant, pourtant...

(Elle s'avance au bord du théâtre.)

CANTABILE.

Si tu m'aimes, Laurette,
M'a-t-il dit en partant,
Sois fidèle et discrète,
Et songe à ton serment.
Si tu m'aimes,
Si tu m'aimes,
Tu tiendras ton serment !
En moi son cœur a confiance,
Et pour un caprice d'un jour,
Je perdrais, par mon imprudence,
Et mon bonheur et son amour !

(Avec expression et tendresse.)

Si tu m'aimes, Laurette,
M'a-t-il dit en partant,
Sois fidèle et discrète,
Et songe a ton serment !
Ah ! je t'aime !
Je t'aime !
Et tiendrai mon serment !

Elle jette la clef sur la table.)

RECITATIF.

(Elle s'asseoit près de la table.)

N'y songeons plus!... en attendant,
C'est toujours bien étonnant!

(Elle se lève.)

CAVATINE.

Mais pourquoi ce mystère?
Pourquoi vouloir se taire?
Malgré moi, j'ai beau faire,
J'y pense à chaque instant.
Désir qui me dévore,
Et qu'on veut que j'ignore,
Est bien plus vif encore
Sitôt qu'on le défend.
Ah! j'en ai bien envie.
Mon mari n'est pas là,
Et cette fantaisie,
Qui donc la lui dira?...
Mon mari n'est pas là!

(Elle reprend la clef sur la table, et s'arrête encore après avoir fait un pas.)

Je sais bien, j'ai bien entendu
Qu'ici tantôt il me l'a défendu!
Mais pourquoi ce mystère? etc., etc.

(Elle met la clef dans la serrure et va pour ouvrir. Elle entend parler en dehors, et, tout effrayée, elle retire la clef qu'elle jette dans le vase.)

SCÈNE III.

LAURETTE, BAMBOLINI.

BAMBOLINI, en dehors.

C'est bien, c'est bien! je m'annoncerai moi-même.

LAURETTE, courant à lui.

Mon père!...

BAMBOLINI, l'embrassant.

Ma chère enfant!...

LAURETTE.

Que je suis contente! d'après votre lettre d'avant-hier, je ne m'attendais pas à vous revoir sitôt!...

BAMBOLINI.

Ni moi non plus... mais la mission dont je te parlais, mission délicate dont le succès intéresse vivement le vice-roi... moi aussi... car c'est mon coup d'essai en diplomatie...

LAURETTE.

Et vous arrivez?...

BAMBOLINI.

Je suis ici depuis hier au soir!...

LAURETTE.

Vous n'êtes pas descendu chez nous... chez vos enfans!...

BAMBOLINI.

Je ne le pouvais pas... un envoyé extraordinaire du vice-roi de Sicile... il y a un cérémonial, une étiquette à observer... je suis descendu au palais du gouvernement, où, par parenthèse, j'étais fort mal logé... un entresol très étroit...

LAURETTE.

Et vous auriez été ici au premier, dans un superbe appartement...

BAMBOLINI.

Que veux-tu?... on est esclave de son rang et de sa grandeur .. et il est des sacrifices plus cruels encore, ma pauvre enfant... quand je pense que moi, Théodoro, marquis Bambolino Bambolini, j'ai donné ma fille unique, haute et noble demoiselle Bambolini, à un homme de finances, un banquier...

LAURETTE.

Qui fait mon bonheur!...

BAMBOLINI.

C'est fort heureux! fort heureux!... il paraît que c'est un bourgeois qui a quelque noblesse dans les sentimens... c'est toujours ça, faute de mieux... et tu es lancée ici dans la meilleure société?...

LAURETTE.

Nous vivons très retirés... je ne sors jamais et ne vois presque personne...

BAMBOLINI.

Je n'entends pas cela!... que diable!... Aussitôt la noce il nous sépare, il t'amène à Naples. sous prétexte qu'il y a ses parents, ses amis...

LAURETTE.

Il dit que tout le monde est encore à la campagne...

BAMBOLINI.

N'importe!... je te présenterai, moi-même, ainsi que mon gendre, chez le gouverneur et à la cour... parce que la fille du marquis de Bambolini doit éclipser tout le monde...

LAURETTE.

Pour cela vous serez satisfait... car mon mari ne me refuse rien!...

BAMBOLINI.

C'est ce que j'ai remarqué en arrivant... vous devez mener grand train... le plus bel hôtel à la Chiaïa... ça m'a flatté... mais c'est peut-être aller un peu vite... louer tout de suite un palais...

LAURETTE.

Nous l'avons acheté.

BAMBOLINI.

Est-il possible?... une somme énorme!...

LAURETTE.

Que mon mari a payée comptant!...

BAMBOLINI.

C'est donc une fortune plus belle encore qu'il ne me le disait... et il m'aurait donc trompé! n'importe!

je le lui pardonne... j'ai justement besoin d'argent, et j'emprunterai à mon gendre plutôt qu'au banquier de la cour... c'est moins noble, mais plus convenable...

LAURETTE.

Oh! tout ce que vous voudrez... c'est moi qui suis son caissier... j'ai la clef de son coffre-fort, qui, entre nous, est très bien garni!...

BAMBOLINI.

En vérité!... on gagne des monts d'or dans la banque... car il fait la banque...

LAURETTE.

Non!

BAMBOLINI.

Eh bien! alors, quel est son état?... que fait-il?...

LAURETTE.

Rien!...

BAMBOLINI.

C'est plus noble!... mais à quoi passe-t-il son temps?.

LAURETTE.

Il m'aime toute la journée... le soir, par exemple, il me quitte.

BAMBOLINI.

Tous les soirs?.,.

LRURETTE.

Oui!...

BAMBOLINI.

Et il ne revient pas?...

LAURETTE.

Si fait!... il revient toujours... c'est-à-dire... il y a un mois... cela ne lui est arrivé qu'une fois... je j'ai attendu toute la nuit... il n'est rentré que le matin...

BAMBOLINI.

Qu'est-ce que j'apprends là!... et tu ne lui as pas fait une scène?...

LAURETTE.

Je crois que je lui ai pardonné!...

BAMBOLINI.

Comment!... pardonné!...

LAURETTE.

Et puis il s'est justifié après... un ami blessé, un duel... que sais-je!...

BAMBOLINI.

Ce n'est pas vrai!... et je vois ce que c'est... s'échapper tous les soirs... passer la nuit dehors... tantôt riche, et tantôt... c'est un joueur...

LAURETTE.

O ciel!...

BAMBOLINI.

Et je vais lui parler en conséquence!...

LAURETTE.

Eh bien! non... moi je croirais que c'est autre chose... il a commandé, sans m'en rien dire, un collier chez son bijoutier... et cette femme voilée que j'ai rencontrée hier.

BAMBOLINI.

Une femme!... une maîtresse! à merveille! tous les défauts... le jeu, les femmes... (A Laurette.) Eh bien!... allons, ma fille... il ne s'agit pas de se tourmenter... du courage... du sang-froid...

LAURETTE.

C'est que vous avez une manière de me rassurer qui me fait mourir de peur...

BAMBOLINI.

Calme-toi!... je me charge de le confondre... il s'agit seulement de trouver les moyens de savoir...

LAURETTE.

Je les ai!...

BAMBOLINI.

Et tu ne me dis pas!..

LAURETTE.

C'est qu'il m'avait bien défendu...

BAMBOLINI.

Raison de plus!...

LAURETTE, *montrant le cabinet.*

Venez alors!... (Apercevant Lœlio.) C'est lui!... ah! mon Dieu!...

BAMBOLINI.

Qu'est-ce que c'est?...

LAURETTE.

Taisez-vous!...

BAMBOLINI.

Je ne comprends pas...

SCÈNE IV.

LES PRÉCÉDENS; LŒLIO; *il vient du fond, va droit à la cheminée, prend la clef qui est dans le vase et va pour entrer dans le cabinet. Bambolini et Laurette font un pas pour le suivre; il les entend et se retourne.*

LŒLIO.

Que vois-je!... vous ici, Monseigneur mon beau-père... et personne en bas pour nous prévenir... soyez le bienvenu... (Il met la clef dans sa poche.)

BAMBOLINI, *arrêtant Lœlio qui va pour l'embrasser.*

Un instant, monsieur... j'ai avant tout des questions à vous adresser...

LŒLIO.

A moi ?...

LAURETTE, *bas à son père.*

Mon père... (*Observant Lœlio.*) Allons! il met la clef dans sa poche!...

TRIO.

BAMBOLINI, *à Lœlio.*

Savez-vous bien que c'est un vice affreux
Que de jouer avec furie!
Que l'on peut perdre à ce plaisir honteux
L'honneur, le repos de la vie!
Et qu'on peut voir ainsi mourir sans un ducat
Le gendre d'un marquis et d'un homme d'état...

LŒLIO.

Savez-vous bien que c'est un tort affreux
De ne pas réfléchir, beau-père...
De tout juger un bandeau sur les yeux,
Et qu'un arrêt si téméraire
Pourrait perdre à jamais par un fâcheux éclat,
Le talent d'un marquis et d'un homme d'état.

BAMBOLINI.

Ah! vous croyez de moi vous railler de la sorte !

LŒLIO, *indigné.*

Moi! jamais je ne joue... aussi, pour les ducats,
Ma femme, tu l'attesteras,
Jamais je n'en demande, et toujours j'en apporte.

BAMBOLINI.

Est-il vrai?

LŒLIO.

Témoin encore aujourd'hui,
Du mois le tribut ordinaire,
Que je remets à notre trésorière.
Les deux mille ducats que voici...

BAMBOLINI, *stupéfait.*

Que voici ?...

ENSEMBLE.

LŒLIO, *riant.*

De mon beau-père
L'honneur sévère

SCÈNE IV.

Et la colère
Tombent soudain !
Oui, la tempête
Déjà s'arrête,
Et dans sa tête
Il cherche en vain.

LAURETTE.

Allons, mon père,
Que la colère,
Le ton sévère,
Changent soudain.
Sage et discrète,
Votre Laurette,
Est satisfaite
De son destin.

BAMBOLINI.

A la colère
De son beau-père
Ce téméraire
Croit se soustraire,
Mais c'est en vain.
Tout m'inquiète,
Et dans ma tête,
Déjà s'arrête
Son destin !

LAURETTE, à Bambolini.

Vous le voyez, daignez lui rendre
Votre amitié...

BAMBOLINI.

Non ! ne nous pressons point...
Il nous reste à traiter encore un second point !

LOELIO, allant à lui.

Qu'a-t-il donc ?

BAMBOLINI, l'arrêtant.

Un instant, mon gendre...
(Le prenant par la main et l'amenant au bord du théâtre.)
Savez-vous bien que c'est un crime affreux
Que de courir de belle en belle,
Lorsque chez soi l'on a, pour être heureux,
Femme aimable, bonne et fidèle,
Quand cette femme enfin, brillant d'un double éclat,
Est fille d'un marquis ou d'un homme d'état.

LOELIO.

Savez-vous bien que c'est un crime affreux
Près d'un femme aimable et belle,

Que de douter du pouvoir de ses yeux,
Et croire un époux infidèle !...

BAMBOLINI.

Il raille encor !... Et moi, je prétends qu'on m'explique
A qui vous destinez ce présent magnifique.

LŒLIO.

Mais...

LAURETTE.

Il se trouble...

BAMBOLINI, à Lœlio.

A quelque tendre objet ?

LŒLIO.

Peut-être !...

LAURETTE, bas à son père.

Il en convient!

BAMBOLINI.

Une femme ?...

LŒLIO.

Adorable !...

BAMBOLINI.

Que vous aimez ?...

LŒLIO.

Beaucoup !

LAURETTE.

Ah ! c'est épouvantable !

LŒLIO.

Et dont la fête est aujourd'hui, je crois,
(Il lui présente un écrin.)

LAURETTE.

Mon chiffre !... Ah ! c'est superbe !...

BAMBOLINI.

Eh ! quoi,
C'était pour elle ?

LAURETTE.

Pour moi !

ENSEMBLE.

LŒLIO.

De mon beau-père
L'humeur sévère
Et la colère

Tombent soudain.
Oui, la tempête
Déjà s'arrête,
Et dans sa tête
Il cherche en vain!

LAURETTE.

Allons! mon père,
Plus de colère,
D'humeur sévère,
Prenez sa main!
Sur notre tête
Plus de tempête,
Et que s'apprête
Un jour serein!

BAMBOLINI.

Allons! ma chère,
Plus de colère,
D'humeur sévère,
Voici ma main!
La paix est faite,
Et pour ta fête,
Qu'enfin s'apprête
Un jour serein!

TOUS TROIS ENSEMBLE.

Amour! confiance!
Et qu'en notre cœur,
Avec l'espérance
Rentre le bonheur!
Heureuse famille!
Le ciel pour toujours
A de votre fille
Béni les amours!

BAMBOLINI.

Heureuse famille!
Je veux, pour toujours,
Je veux de ma fille
Bénir les amours!

(Après le trio, Bambolini embrasse Laurette et Lœlio.)

LAURETTE, à Lœlio.

Vous voyez comme mon père est bon!... à votre tour soyez aimable avec lui!...

LŒLIO.

Je te le promets!...

BAMBOLINI, examinant l'écrin.

Un collier de perles magnifiques... c'est étonnant comme il ressemble à celui que j'ai vu souvent à la comtesse d'Altariva, la femme du gouverneur.

LOELIO, à part.

Je crois bien... c'est pour payer ses dettes qu'elle l'a vendu!... (Haut) J'espère, mon cher beau-père, que vous restez quelque temps avec nous!...

BAMBOLINI.

Trois jours!...

LOELIO, à part.

Tant mieux!...

LAURETTE.

Ah! c'est bien peu!...

BAMBOLINI.

Que veux-tu, ma chère enfant!... un ambassadeur n'est pas comme un autre... je ne peux pas rester un quart d'heure de plus... le vice-roi et surtout la vice-reine attendent mon retour avec une impatience...

LAURETTE.

C'est donc bien important?

BAMBOLINI.

Vous allez en juger... car avec vous, mes enfans, à condition d'un secret inviolable, je puis me relâcher de ma réserve diplomatique... Il existe un homme célèbre dans toute l'Italie... un homme qui a fait une fortune étonnante, et qui dans ce moment, dit-on, est l'idole des Napolitains...

LOELIO.

Un prince?... un général?...

BAMBOLINI.

Non!... un Polichinelle!...

SCÈNE IV.

LAURETTE.

Ah! il signor Pulcinella, dont tout le monde parle?...

BAMBOLINI.

Lui-même!... on raconte de sa verve, de sa gaieté, de ses talens, des choses merveilleuses dont on voudrait juger à la cour de Palerme... et c'est moi, premier gentilhomme de la chambre, moi, marquis Bambolini, envoyé extraordinaire, qui suis chargé d'engager pour la saison prochaine il signor Pulcinella.

LAURETTE.

En vérité?...

BAMBOLINI.

Mission aussi honorable que difficile., car il paraît que le roi et la reine l'aiment beaucoup, et que les Napolitains y tiennent terriblement!...

LOELIO.

Je le crois bien... ils se laisseraient enlever, sans rien dire, leur liberté ou leurs priviléges .. Mais leur Polichinelle...

BAMBOLINI.

Il y aurait une émeute!...

LAURETTE.

Ça se pourrait!

BAMBOLINI.

C'est bien ce que je crains... et cela exige tant de finesse et de ménagemens...

LOELIO.

Que je vous engage à y renoncer...

BAMBOLINI.

Non pas!... car si je réussis, on m'a promis l'Éperon-d'Or, ce qui est bien fait pour aiguillonner mon zèle, et piquer mon amour-propre... mais vous qui êtes du pays, dites-moi avant tout, si cette réputation est réellement méritée?...

LAURETTE.

Je n'en sais rien... je ne l'ai jamais vu... Mon mari n'a pas encore voulu m'y mener.

BAMBOLINI.

En vérité!

LOELIO.

A quoi bon!... quel attrait peut offrir un spectacle pareil?... Un acteur difforme et ridicule, qui t'aurait inspiré moins de plaisir peut-être que de mépris...

LAURETTE.

Non, Monsieur... d'abord, on le dit d'une bonne famille, et on assure que quand il n'a pas son masque, il est fort gentil...

BAMBOLINI.

Ça m'est égal!...

LAURETTE.

Il paraît qu'au carnaval et avec des jeunes gens de ses amis, il jouait les polichinelles avec tant de succès, que ça l'a décidé à abandonner ses études, et l'état d'avocat auquel il se destinait.

LOELIO.

Une belle idée!...

LAURETTE.

Certainement! puisqu'il a fait sa fortune et rétabli celle du théâtre... car on assure que sans lui, la signoretta Bochetta, l'impressaria, allait faire banqueroute, et que maintenant elle roule carrosse...

LOELIO.

Et qui vous a dit tout cela?...

SCÈNE IV.

LAURETTE.

Mon journal, où j'apprends les nouvelles... car vous ne me racontez jamais rien... et on citait dernièrement d'il signor Pulcinella, des réparties fort spirituelles, et mieux que cela, des actions honorables et courageuses qui m'ont donné de lui très-bonne opinion.

LOELIO, ému

Ah! et lesquelles?...

LAURETTE.

D'abord, il y a quelque temps, le prince royal, qui avait toujours été le protecteur de Polichinelle, fut exilé, comme vous le savez, pour s'être montré favorable à la cause populaire.

BAMBOLINI.

Celui qui règne aujourd'hui!...

LAURETTE.

Et il quitta Naples, voyageant sous le nom du comte *del Sole.*

BAMBOLINI.

Ce qui fit que nous autres, du parti de la cour, nous l'appelâmes alors M. de Beau Soleil.

LAURETTE.

Et parmi le peuple, dont il avait défendu les droits... personne n'éleva la voix en sa faveur, excepté Polichinelle, qui le soir même, au théâtre, et dans la parade des trois oranges, parut en vert... le vert c'était la couleur du prince... et son interlocuteur lui ayant demandé : « Orange verte, qu'attends-tu pour mûrir?... — Il répondit : Aspetto il sole, j'attends le soleil! » A ce mot, le peuple transporté, applaudit pendant une demi-heure... Le soir Polichinelle fut arrêté, et passa la nuit à Château Neuf.

BAMBOLINI.

C'était juste!...

LAURETTE.

Oui... mais le lendemain, on voulait briser les portes de la prison... Ce peuple, qui n'avait pas défendu son prince, réclamait son Polichinelle avec tant de fureur, qu'on fut obligé de lui rendre la liberté...

BAMBOLINI.

C'est une grande faiblesse!... Et l'autre trait?...

LAURETTE.

Un vieux militaire se plaignait, au café de la Comédie, de ce qu'un misérable histrion gagnait par an 20 mille ducats, tandis que lui, père de famille, ne pouvait pas en trouver trois mille, qu'il avait demandés à tout le monde... « Excepté à moi! » répondit Polichinelle, en les lui offrant... Une autre fois, enfin, deux jeunes officiers l'avaient insulté, et lui avaient ri au nez le matin; Polichinelle, qui ne leur reconnaissait ce droit-là que le soir, se battit avec eux, en blessa un, désarma l'autre... Et depuis ce temps, il est en vénération à Naples...

LOELIO, riant.

Autant que saint Janvier, patron de la ville...

LAURETTE.

Oui, monsieur...

BAMBOLINI.

Savez-vous, mes enfans, une idée qui m'arrive!...

PREMIER COUPLET.

Le talent d'un ambassadeur
Dans les moindres détails éclate.

SCÈNE IV.

On doit agir en connaisseur
Alors que l'on est diplomate!
Ne dites rien, j'ai mon projet :
Sans ébruiter la nouvelle,
Tous les trois ce soir en secret,
Nous irons voir Polichinelle!...

DEUXIÈME COUPLET

Et chez nous prenant son essor,
Quand sa gloire sera connue,
Et paré de l'Eperon-d'Or,
Quand je passerai dans la rue;
Voyez, diront-ils, me montrant,
Des diplomates le modèle;
C'est à lui, c'est à son talent,
Que nous devons Polichinelle!

LAURETTE.

Oui, mon père... mais si ce matin vous ne retenez pas une loge, nous n'entrerons pas le soir!...

BAMBOLINI.

Tu crois?... Alors, Lœlio va m'accompagner!

LŒLIO.

J'en suis désolé... mais j'ai ce matin des occupations... des affaires...

LAURETTE.

Que tu négligeras pour mon père!...

LŒLIO.

Je le voudrais!... mais c'est impossible... Vous pouvez bien sortir ensemble... ça te promènera et lui aussi!...

BAMBOLINI.

Eh bien! c'est aimable... Est-ce qu'il est toujours comme ça?...

LAURETTE.

C'est d'ordinaire la bonté, la complaisance même... il fait toujours tout ce que je veux!...

BAMBOLINI.

C'est donc pour moi qu'il fait des extraordinaires?...

LAURETTE.

Je ne le reconnais pas... mais venez... mon père... (A Lœlio.) Fi! monsieur, c'est très mal!... vous m'aviez promis d'être gentil... vous verrez à votre tour...

BAMBOLINI.

Eh bien! je t'attends... Et ta toilette?...

LAURETTE.

Me voilà, mon père... ça ne sera pas long, (A Lœlio.) Monsieur, j'ai bien l'honneur de vous saluer...

(Ils sortent.)

SCÈNE V.

LŒLIO, *seul.*

Elle m'en veut!... la voilà fâchée!... Que serait-ce donc s'il me fallait renoncer à son amour, à son estime!... s'il me fallait rougir à ses yeux... Ah! jamais! (On frappe à la porte du cabinet.) On a frappé, je crois!... Qui donc peut venir ainsi par mon escalier dérobé?... Il n'y a qu'une personne... (Il va ouvrir.) Signora Bochetta!...

SCÈNE VI.

LŒLIO, BOCHETTA.

BOCHETTA, entrant.

Moi-même, mon cher Lœlio.

LŒLIO, avec colère.

Et quelles raisons?... quels motifs si puissans?...

BOCHETTA.

Ne te mets pas en colère, et écoute-moi!... tu sais si je te suis dévouée... C'est tout naturel après ce que tu as fait pour moi!...

LŒLIO, avec impatience.

Signora!...

SCÈNE VI.

BOCHETTA, avec volubilité.

De tous les directeurs de spectacles qui ont jamais couru après la fortune, le plus gueux fut sans contredit, le seigneur Gaspardo mon mari... Que la terre lui soit légère, autant que l'était la caisse de son théâtre... Il ne gagnait rien, mangeait tout, buvait le reste, et ne m'a laissé à sa mort d'autre bien que la liberté facultative de déposer mon bilan... ce que j'allais faire sans toi, mon sauveur à qui je dois tout!...

LŒLIO.

C'est bien!...

BOCHETTA.

Je te dois tout... j'en conviens... aussi, tu es le maître, tu commandes... et quelque bizarre que soient tes volontés, on s'y conforme... Tu n'arrives au théâtre que pour les répétitions, et le soir pour jouer ton rôle... dès que la représentation est finie tu disparais, on ne te voit plus; tu as voulu que personne ne connût ton domicile, excepté moi, qui peux seule y venir... et qui n'en abuse pas... tu le sais?...

LŒLIO, avec impatience.

Qui diable alors t'y amène aujourd'hui?... Pourquoi y viens-tu?...

BOCHETTA.

Parce qu'il s'agit de mon avenir, de ma fortune... de bien plus encore... Le bruit se répand dans Naples qu'un premier gentilhomme de la cour de Palerme est venu ici pour t'enlever...

LŒLIO.

N'est-ce que cela?...

BOCHETTA.

Pour t'engager du moins... car ton traité avec

nous finit dans deux mois... et s'il fallait te céder ou te perdre... vois-tu bien, Lœlio, je crois que j'en mourrais...

LŒLIO.

Allons donc, Signora, tu es folle!...

BOCHETTA.

Que veux-tu?.. je sens vivement!... je suis Napolitaine... J'ai été obligée de quitter les amoureuses et les princesses, parce que j'y mettais trop de vérité, trop de chaleur, trop de conscience... dans un duo de jalousie, j'aurais poignardé pour de vrai... Voilà comme j'étais... Ça m'aurait tuée!...

LŒLIO, souriant.

Et d'autres aussi! mais tu peux te rassurer... je n'irai pas à Palerme!...

BOCHETTA

Tu me le promets?...

LŒLIO.

Je t'en donne ma parole, et je n'y ai jamais manqué...

BOCHETTA.

Je le sais... Et je ne vois pas alors pourquoi nous ne ferions pas tout de suite un second engagement... tu es le maître des conditions... demande ce que tu voudras...

LŒLIO.

Je te remercie!

BOCHETTA.

Le double... ou plus encore... et même, si tu voulais, Lœlio; mais tu es trop modeste... tu n'as pas d'yeux... tu ne vois pas que tu pourrais aspirer à tout ce qu'il y a de mieux et de plus élevé!...

SCÈNE VI.

LOELIO.

Je n'ai pas d'ambition... je me trouve maintenant assez riche... trop riche même... Mon désir est de me retirer, de quitter l'Italie...

BOCHETTA.

Renoncer à tes succès... à la faveur du roi... aux acclamations du public, ce n'est pas possible... J'ai remarqué d'ailleurs que toi, qui fais rire tout le monde, tu es presque toujours triste et mélancolique... Il y a quelque chose qui te tourmente, qui ne te convient pas !...

LOELIO.

Nullement !

BOCHETTA.

J'ai engagé Mathéo, un jeune arlequin que l'on dit très gentil... est-ce que ça t'inquiète ?...

LOELIO.

En aucune façon !...

BOCHETTA.

Je causais l'autre soir avec Léonardi le père noble, qui fait le galant, et qui veut toujours m'embrasser... est-ce que cela te déplaît ?...

LOELIO, vivement.

Du tout !...

BOCHETTA.

Enfin, les bourgeois, les commerçans de la ville... je dis des plus huppés... veulent tous m'épouser, parce que maintenant je suis très riche et que j'ai voiture... C'est là ce qui te tourmente...

LOELIO, impatienté.

Eh ! mon Dieu, non !...

BOCHETTA.

Je l'ai deviné... mais sois tranquille !...

PREMIER COUPLET.

On ne m'y prendra plus,
Leurs soins sont superflus.
Ils n'obtiendront, hélas!
Mon cœur ni mes ducats!
Au défunt, si mon cœur
Désire un successeur
　Pour moi-même,
　Oui, pour moi-même,
　Je veux qu'on m'aime!
Mais si leur doux transport
Est pour mon coffre-fort,
De froideur mon cœur s'enveloppe,
Et je dis, comme Pénélope :
　« Vous perdez tous, hélas!
　» Vos soupirs et vos pas!
　» Pour vous ne seront pas
　» Mon cœur ni mes ducats! »

DEUXIÈME COUPLET.

　　J'en ai vu,
　　Tout ému,
　　Palpitant
　　Et tremblant
Me tenir des discours
De délire et d'amour!
J'avais lu ça déjà
Dans nos vers d'opéra.
Peine extrême! ô peine extrême!
　J'en ai vu même,
　Qui voulaient, furieux,
　S'immoler à mes yeux!
Moi, qui sais comment on expire,
Je leur dis avec un sourire :
　« Inutile trépas :
　» Messieurs ne mourez pas,
　» Pour vous ne seront pas
　» Mon cœur ni mes ducats. »

LOELIO.

Je te remercie, Bochetta... mais je te réponds que ce n'est pas ça qui m'inquiète!...

BOCHETTA.

Alors, c'est donc autre chose que tu ne veux pas m'avouer... que tu n'oses pas me dire?...

SCÈNE VI.

LOELIO.

C'est vrai !... et si ton dévouement, ta reconnaissance sont aussi grands que tu me l'assures... tu ne refuseras pas ce que j'ai à te demander...

BOCHETTA, avec émotion.

Moi, te refuser... ce pauvre garçon... parle donc !... (Avec tendresse.) Ah ! parle !...

LOELIO.

Eh bien ! laisse-moi partir dès aujourd'hui !

BOCHETTA, stupéfaite.

Ah ! mon Dieu !...

LOELIO.

Non pas pour aller à Palerme, ni signer aucun autre engagement, je te le jure... On n'entendra plus parler de moi... je quitterai l'Italie... j'irai en France...

BOCHETTA.

Qu'est-ce que tu me dis là ?

LOELIO.

Bien entendu que je payerai l'indemnité que tu exigeras... Je suis trop riche, je te l'ai dit... et ne veux plus rien...

BOCHETTA.

Et moi, je veux te garder... je veux que tu restes... et il ose me parler de dédit encore... il croit que je le ruinerais, moi qui lui dois tout... (S'attendrissant.) Ah ! Loelio !... ah ! monsieur Loelio... c'est affreux ! c'est indigne à vous de m'avoir jugée ainsi...

LOELIO.

Allons voilà qu'elle pleure à présent !...

BOCHETTA, avec une transition brusque.

Oui, je pleure !... et puisque tu ne vois rien, que tu ne devines rien, je te déclare que je te garderai malgré toi... que je t'ai encore pour deux mois... deux mois entiers... que je ne te ferai pas grâce d'un jour, et que si tu m'en ravis un seul... ça sera autant de pris sur les miens... car je me tuerai!...

LŒLIO.

Allons donc!...

BOCHETTA.

Je te tuerai aussi... Quand ce jour-là je devrais faire relâche... ce sera comme je le dis!...

LŒLIO.

Ça ne sera pas!...

BOCHETTA.

C'est ce que nous verrons!... Oh! tu ne me connais pas...

LŒLIO.

Ni toi non plus... Et puisque tu me refuses... puisque tu m'obstines, je te déclare que je suis malade, et que je ne jouerai pas ce soir!...

BOCHETTA.

O ciel!...

LŒLIO.

Ni demain!...

BOCHETTA.

Mon cher Lœlio!...

LŒLIO.

Ni après demain!...

BOCHETTA.

Mon bon Lœlio!... une location superbe... une recette magnifique... tout est loué du haut en bas...

LŒLIO.

Ça m'est égal!...

BOCHETTA.

Trois jours de relâche!!!...

SCÈNE IV.

LOELIO, à part.

Juste le temps que restera mon beau-père... Après cela, peu m'importe!...

BOCHETTA.

Et que dirai-je à la ville de Naples?...

LOELIO.

Tu lui diras que je suis malade... car, décidément je le suis, et aucun pouvoir au monde ne me fera sortir de chez moi avant trois jours... C'est ma volonté ferme et irrévocable!...

(Il se jette sur un fauteuil et lui tourne le dos.)

BOCHETTA, à part.

Dieu! ces grands talens ont-ils des caprices et des exigences... Voilà pourtant comme j'étais quand je jouais *Rosamonde!...* (S'approchant de Lœlio, après un instant de silence.) Viendras-tu du moins à la répétition?...

LOELIO, sèchement.

Non!...

BOCHETTA.

Et notre pièce nouvelle qu'on doit donner ce soir... *Polichinelle aux Enfers.* Comment sauras-tu ton rôle!...

LOELIO.

Je l'apprendrai tout seul... là, dans mon cabinet d'étude et de travail...

BOCHETTA.

Tu me le promets?...

LOELIO, la reconduisant vers le cabinet.

Oui, sans doute... Et toi, en revanche, tu me promets que d'ici à trois jours on me laissera tranquille, et que je n'entendrai plus parler de théâtre?...

BOCHETTA, *s'éloignant.*

Oui... oui... je te le promets!... (Revenant.) Adieu, Lœlio!...

LŒLIO, *allant à elle.*

Comment, encore?...

BOCHETTA, *poussant un grand soupir.*

Ah! crudel amante!!...

(Elle sort.).

SCÈNE VII.

LOELIO, *seul, regardant sortir Bochetta.*

RÉCITATIF.

Oui, je puis y compter... Sa promesse est certaine!
Et puisque je suis seul, allons! tenons la mienne!
Etudions ce rôle, où mon jeu doit, hélas!
D'un public en délire exciter les éclats!

AIR.

Ah! quel supplice! ah! quel martyre!
La mort dans l'âme être joyeux,
Et faire naître leur sourire,
Lorsque des pleurs sont dans mes yeux!
(Esssayant de chanter.)
Tra la, la, la, la, la,
(S'arrêtant.)
Je ne peux!...
Tra la, la, la, la, la,
Un nuage est devant mes yeux!
(A lui-même, avec une colère concentrée.)
Allons donc, malheureux,
Allons donc, sois gai! sois joyeux!
Il le faut, il le faut, un public, un tyran
De toi l'exige et l'attend!
Ah! quel supplice! ah! quel martyre! etc.
(Revenant à lui et essuyant une larme.)
Du courage! essayons cette ignoble parade,
La scène de la sérénade,
Du duel et de la bastonnade!
Allons!...
(Comme s'il jouait de la mandoline. Mouvement de tarentelle.)
Tra la, la, la, la, la,
La, la, la, la, la, la,

SCÈNE VIII.

Sotto à tüa finestra,
E nella strada,
Tra la, la, la,
Crudele, per te sospira
Povero Pulcinella !
Tra, la, la, la, la, la,
La, la, la, la, la,
(Se retournant comme effrayé.)
Ah !...

(Parlant en Français.)
Seigneur Polichinelle,
Chanter la tarentelle
Au balcon de ma belle
Milady Baroco !..
(Baragouinant.)
— Signor francese,
Piu dolce piu cortese
La sua bella englese
Io non cognosco !
— J'aurai raison
De votre trahison.
— Mi sento tremare !
— Mi sento crepare !
— Allons, faquin,
L'épée en main !
— Pulcinella
Non ama la spada !
Ah ! ah ! ah !
Pulcinella
Ama troppo la vita
Per amar la spada !
(Faisant en tremblant comme s'il portait ou parait des bottes.)
Ah! ah! — Ah! ah! — Ah! ah! — Ah! ah! ah!
(Jetant avec dépit son rouleau de papier et redevenant Lœlio.)
(Avec force.)
Au diable ! au diable !
Tourment d'enfer, peine effroyable!
Je le sens-là, ce n'est pas ça !
Ah ! quel métier que celui-là !
Auteurs, acteurs ! allez au diable!
Jouera mon rôle qui voudra
Je ne suis plus Pulcinella !
(Revenant à lui.)
Si... par malheur, si ! je le suis encor...
Allons un nouvel effort !
(Reprenant la scène et le mouvement de tarentelle.)

Tra la, la, la, la, la, la,

—Si la vie a pour vous des charmes,
Tremblez, signor Pulcinella!
Car un de nous deux en mourra!
Je vous laisse le choix des armes!...
—Le fusil?
—No!
— L'espadon?
—No!
Le pistolet?
—No!
—L'arquebuse?
—No!
—Le canon?
—Non! non! non!
— Comment donc voulez-vous mourir?
—Voglio, voglio morir
Come un homo
Di gran stomaco
Isiemme veddiamo
A qui piu mangieria
Tra la, la, la, la, la, la,
Macaroni!...
—Joli duel en vérité!
—Bella morte! bella morte!
—Eh bien! poltron!
Tu vas mourir sous le baton
— La bastonnata!...
(Lazzis comme s'il recevait des coups de bâton.)
Ah! ah! ah! ah! ah!
(Avec fureur.)
Au diable! au diable!
Tourment d'enfer, peine effroyable,
Je le sens là, ce n'est pas ça!
Ah! quel métier que celui-là!
Public, théâtre, allez au diable!...
Jouera mon rôle qui voudra!
Je ne suis plus Pulcinella!...
(Il tombe dans son fauteuil accablé et anéanti.)

SCÈNE VIII.

LOELIO; LAURETTE, *entrant par le fond à gauche.*

LOELIO.

C'est ma femme!... qu'as-tu donc, chère amie? et pourquoi cet air triste?...

SCÈNE VIII.

LAURETTE.

On le serait à moins... tu sais le plaisir que je me promettais pour ce soir?

LŒLIO.

Eh bien?...

LAURETTE.

C'est comme une fatalité... il y a relâche... une bande sur l'affiche...

LŒLIO.

En vérité!... (A part.) Bochetta m'a tenu parole!...

LAURETTE.

M. Polichinelle est malade; cela lui va bien... cela lui convient bien!...

LŒLIO, d'un air railleur.

C'est en effet bien impertinent!...

LAURETTE.

Et moi qui l'aimais d'avance... je lui en veux, et ne lui pardonnerai jamais!...

LŒLIO.

Et tu auras raison!...

LAURETTE.

Et vous, je ne sais pas ce que vous avez... mais à votre petit air satisfait et railleur, on dirait que vous êtes enchanté de me voir contrariée...

LŒLIO.

Non, sans doute!...

LAURETTE.

Par malheur votre contentement ne sera peut-être pas de longue durée... car il nous reste encore un espoir...

LŒLIO.

Et lequel?...

LAURETTE.

Nous sommes passés chez le gouverneur, qui ne croit pas à cette indisposition... car il a vu ce matin M. Polichinelle très bien portant...

LŒLIO, à part.

Ah! mon Dieu!...

LAURETTE.

Vous voyez comme c'est affreux à lui... il a d'autres idées... quelque partie de plaisir... peût-être en ce moment est-il avec une femme... une femme qu'il aime!...

LŒLIO.

Laurette!...

LAURETTE.

Oui, Monsieur... il en est bien capable, d'après ce qu'on m'a dit de lui... mais le gouverneur a promis qu'il le forcerait à jouer...

LŒLIO, avec colère et entre ses dents.

C'est ce qu'on verra!...

LAURETTE.

Certainement... on le verra... et ce sera d'autant plus facile que le roi devait ce soir même venir au spectacle, et alors il n'y aura pas moyen de refuser, et je suis enchantée... eh bien! eh bien!... qu'est-ce que je disais?... vous voilà un air malheureux... une physionomie toute renversée, parce que je suis contente...

LŒLIO.

Moi?... pouvez-vous penser!...

LAURETTE.

C'est qu'il y a en vous aujourd'hui un esprit de contradiction qui fait que je n'ose plus rien vous dire

SCÈNE VIII.

de ce qui me fait plaisir... mon père a reçu une invitation de Sa Majesté... une audience du roi et de la reine!...

LOELIO.

Pour quel motif?...

LAURETTE.

Sans doute pour le sujet de son ambassade... enfin dans l'instant même il va se rendre au palais, à la cour... il me propose de m'emmener... et j'ai mis le beau collier que vous m'avez donné ce matin... vous jugez si je suis contente!...

LOELIO.

Il y a de quoi!...

LAURETTE, timidement.

Je le serais encore plus, si vous vouliez m'accompagner...

(On frappe doucement à la porte du cabinet à droite. Loelio tressaille et se met à frapper de ses doigts sur la table près de laquelle il est assis.)

LAURETTE.

Il me semble qu'on a frappé de ce côté!...

LOELIO.

Du tout... c'est moi qui de mes doigts jouais sur cette table... Mais ton père t'attend pour te conduire à la cour... il va s'impatienter...

LAURETTE.

Vous croyez?... (On frappe plus fort.) Je jurerais cependant...

UN DOMESTIQUE, entrant par le fond.

M. le marquis est très-pressé... et fait demander si madame est prête?...

LOELIO.

Tu vois!...

LAURETTE.

Je suis à lui dans l'instant... il peut bien attendre!...

LOELIO.

Ton père ! impossible !...

LE DOMESTIQUE.

Le voilà qui monte !...

LOELIO.

Il perd patience, c'est clair... et c'est moi qu'il accusera... allons, ma chère !... va donc !... va !....

LAURETTE, en s'en allant.

Et moi qui me faisais une fête d'aller à la cour... je voudrais déjà en être revenue !... Me voilà, mon père, je descends... (Elle sort avec le domestique.)

SCÈNE IX.

LOELIO, seul, puis BOCHETTA.

LOELIO, allant fermer au verrou la porte par laquelle Laurette est sortie.

Mettons-nous d'abord en garde contre toute surprise... (Écoutant.) Bien !... la voiture roule... elle s'éloigne... (Allant au cabinet où l'on frappe toujours.) Qu'est-ce que cela veut dire ?... (Ouvrant à Bochetta.) Encore toi ?...

BOCHETTA.

Comme c'est aimable !... quand on vient pour lui rendre service et lui éviter des désagrémens !...

LOELIO.

Et lesquels !...

BOCHETTA.

Je ne devrais pas même vous en parler, pour vous apprendre ?...

LOELIO, la serrant dans ses bras.

Si, ma petite Bochetta, ma chère directrice !... parle !... parle !... je t'écoute !...

SCÈNE IX.

BOCHETTA, avec émotion.

Ah ! Lœlio !...

LOELIO, brusquement.

Parle donc !...

BOCHETTA.

Eh bien ! monsieur, ainsi que nous en étions convenus... et contre mes intérêts, j'ai fait annoncer relâche, en disant que vous étiez malade... je l'ai juré à tout le monde... et peut-être est-ce vrai ?... car vous avez un air si singulier, vous n'êtes jamais à ce que vous faites !

LOELIO, avec impatience.

Signora !...

BOCHETTA.

J'aimais mieux mon mari... il me battait, c'est vrai... mais il m'écoutait et il me regardait...

LOELIO, la regardant avec colère.

Eh ! je ne fais que cela... j'attends avec une impatience et une fureur !...

BOCHETTA.

A la bonne heure ! au moins, vous vous animez !...

LOELIO, se contenant.

Eh bien ?...

BOCHETTA.

Il vient d'arriver un ordre supérieur pour maintenir le spectacle...

LOELIO.

Je sais pourquoi... le roi devait y venir... Je cours près de lui... je le prierai... je le supplierai... (A part.) Je vais tout lui écrire, puisqu'il le faut !...

BOCHETTA.

Oh ! nous savons que le roi te veut beaucoup de bien, surtout depuis le jour où tu t'es fait mettre en prison pour lui, quand il n'était que prince royal... mais il ne s'agit pas de Sa Majesté... il s'agit de l'ordre public...

LOELIO.

Et comment cela?...

BOCHETTA.

Le gouverneur lui-même m'a fait venir et m'a dit : « Le bruit court que l'on veut enlever Pulcinella et » le conduire à Palerme... »

LOELIO, à part.

Maudit marquis, mon beau-père...

BOCHETTA, continuant.

« Cela s'est répandu parmi le peuple, qui se re- » mue, s'agite et veut empêcher ce départ, auquel le » relâche d'aujourd'hui donne une nouvelle consis- » tance... J'ordonne donc... » — c'est toujours le gouverneur qui parle — « que, malade ou non, Pul- » cinella paraisse ce soir... »

LOELIO.

Par exemple!...

BOCHETTA.

« Quand on devrait le porter au théâtre et le mon- » trer, il faut qu'on le voie, ou je le rends responsa- » ble du tapage qui arrivera... »

LOELIO.

Cela m'est égal!...

BOCHETTA.

« Je le fais arrêter!... » voilà ce qu'il a dit!...

LELIO, à part.

O ciel!... et ma femme et mon beau-père... une pareille scène à leurs yeux!...

BOCHETTA.

Alors, tout effrayée, je suis accourue pour te demander : Que faut-il faire?...

SCÈNE IX.

LOELIO.

Ce qu'il faut faire!... est-ce que je le sais?...
(Bochetta va s'asseoir près de la table, à gauche.) (A part.) Après tout, et sous un prétexte quelconque, je puis bien me dispenser d'accompagner ma femme au spectacle... elle me boudera, voilà tout... et puis elle ira avec son père... et moi, pendant ce temps, avec mon masque sur la figure et la voix factice de Pulcinella, je peux jouer devant eux, à leurs yeux, sans être reconnu... cela vaudra mieux que tout cet éclat, ce tapage...
(Haut à Bochetta.) Je jouerai !

BOCHETTA, se levant vivement, et oubliant son mouchoir sur la table.

(Avec joie.) Tu joueras ce soir?...

LOELIO.

Certainement!...

BOCHETTA.

Dans la pièce nouvelle qui est annoncée... dans *Polichinelle aux Enfers?...*

LOELIO.

Impossible, sans répétition... et je ne peux pas sortir aujourd'hui avant l'heure du spectacle...

BOCHETTA.

N'est-ce que cela?... tout est prévu! Dès que j'ai eu fait part à nos camarades, qui t'aiment tous, des ordres du gouverneur et de ta maladie... « Ce pauvre Lœlio! se sont-ils écriés, qu'il ne se dérange pas ! nous irons chez lui... » Et ils sont tous venus avec moi.

LOELIO.

O ciel!...

BOCHETTA.

Pas moyen de faire autrement... ils sont là!...

LOELIO, effrayé.

Ils sont là?...

BOCHETTA.

Dans le cabinet où tu étudies toi-même... où sont tes costumes...

LOELIO, à part.

Mais mon beau-père, mais ma femme... s'ils venaient à rentrer dans ce moment...

BOCHETTA.

Tiens! les voilà qui commencent le chœur des démons...

CHOEUR, dans le cabinet.
Le fer! le feu! la mort!
Sur eux frappons fort!
Fort!
Plongeons-les dans ce gouffre
De salpêtre et de soufre.
J'en jure par le Styx!
Pour lui fût-ce un phénix
Nix!
(A la fin du chœur, on frappe à la porte du fond, à gauche.)

LOELIO, à part.

On a frappé... tais-toi!

LAURETTE, en dehors.

Mon ami, ouvrez... c'est moi!...

BOCHETTA.

Une voix de femme!...

LOELIO, à part.

C'est la mienne!...

BOCHETTA, à part.

Quel soupçon!... si c'était une rivale?...

LOELIO.

Tais-toi! va-t'en!...

BOCHETTA.

M'en aller!...

LOELIO.

Et dis-leur de se taire... je vais les rejoindre... mais pas le moindre bruit, ou je fais manquer ta recette... je me tue!...

BOCHETTA.

Est-il possible!...

LOELIO, avec force.

Je me tue!....

BOCHETTA.

Ne te fâche pas... je m'en vais... (Elle entre dans le cabinet.)

SCÈNE X.

LOELIO, LAURETTE.

LAURETTE, en entrant, avec émotion.

Pourquoi donc m'avez-vous fait attendre si long-temps?...

LOELIO, embarrassé.

J'étais dans l'autre pièce... et n'ai pas entendu...

LAURETTE.

Oui... depuis ce matin, nous ne nous entendons plus...

LOELIO, à part.

Est-ce qu'elle se douterait de quelque chose?

LAURETTE, apercevant le mouchoir que Bochetta a laissé sur la table.

O ciel!...

LOELIO.

Tu reviens donc de la cour?...

LAURETTE.

Oui, monsieur... mon père m'a présentée au roi!...

LOELIO.

Vous êtes demeurés bien peu de temps!...

LAURETTE.

Vous trouvez?... Et vous, monsieur... pendant mon absence... vous êtes resté seul?... vous n'avez pas eu de visite?...

LOELIO.

Non, certainement!...

LAURETTE.

Vous en êtes bien sûr?...

LOELIO, avec embarras.

Oui... certes!...

LAURETTE, lui montrant le mouchoir sur la table.

Démentez donc alors ce gage qui vous accuse!

LOELIO, à part.

Dieu! que lui dire!... (Haut.) Certainement... au premier coup d'œil, chère amie... et pourtant je te jure...

LAURETTE.

Vous me jurez!...

LOELIO, voyant entrer Bambolini.

Dieu! le beau-père... il ne me manquait plus que ça!...

SCÈNE XI.

LES PRÉCÉDENS; BAMBOLINI, *hors de lui.*

LAURETTE, courant à lui.

Ah! mon père... si vous saviez?...

BAMBOLINI.

Je sais tout!... (A Lœlio, avec une colère concentrée.) Oui, monsieur, je sais tout!...

LOELIO, à part.

C'est fait de moi!...

BAMBOLINI.

Je connais enfin le secret fatal... le secret de sa mystérieuse conduite... je puis le dévoiler!...

LOELIO, à demi-voix.

Ah! Monsieur! pas devant ma femme!...

BAMBOLINI.

Déshonorer mon nom et ma famille!...

LOELIO, de même.

Épargnez-moi la honte de rougir à ses yeux... je renvoie mes camarades, et je reviens m'expliquer avec vous, avec vous seul... D'ici là je vous en conjure, du silence!... (Il sort par le cabinet de droite.)

SCÈNE XII.

LAURETTE, BAMBOLINI.

LAURETTE, se jetant dans les bras de son père.

Ah! mon père, je suis bien malheureuse!... Je n'aurais jamais pu croire qu'il en aimât une autre!...

BAMBOLINI.

Bah! si ce n'était que cela?...

LAURETTE.

Et qu'y a-t-il donc de plus terrible, je vous prie?... Quand je suis sûre qu'il était ici avec une maîtresse!...

BAMBOLINI.

Si ce n'était que cela!...

LAURETTE.

Est-ce qu'il en aurait deux?...

BAMBOLINI.

C'est bien pire encore!...

LAURETTE.

Mais c'est donc effroyable!...

BAMBOLINI.

Épouvantable!... Et moi-même, malgré mon aplomb diplomatique, j'en suis resté stupide... Ça me dure encore... et ça pourrait même bien me continuer... Imagine-toi, ce beau collier dont il t'avait fait cadeau...

LAURETTE, le montrant.

Et dont je me suis parée pour vous suivre à la cour!...

BAMBOLINI.

Tu n'as pas vu comme le gouverneur qui était près de nous le regardait?...

LAURETTE, naïvement.

Le regardait!... j'ai cru que c'était moi!...

BAMBOLINI.

Du tout!... c'était le collier... Il m'a été facile de deviner d'où viennent les trésors amassés par mon gendre... Ce superbe bijou appartenait à la femme du gouverneur.

LAURETTE, lui mettant la main sur la bouche.

Ah! taisez-vous!... ce n'est pas... ce ne peut pas être!...

BAMBOLINI.

Tu te doutes bien que saisi d'effroi, je n'ai rien dit... mais j'ai compris sur-le-champ qu'il existe dans Naples une bande redoutable, dont mon gendre est le chef... C'est quelque Jean Sbogard!...

LAURETTE, avec force.

Non! cent fois non!... c'est quelque erreur!...

BAMBOLINI.

Incrédule que tu es!... Lui-même tout-à-l'heure en est convenu... Il me l'a avoué...

LAURETTE.

Ah!...

BAMBOLINI.

Mais il ne s'agit pas de ça... il s'agit de le sauver, et nous aussi... Qu'on ne se doute pas qu'il a été de notre famille... qu'ailleurs il se fasse pendre... incognito... dans le plus stricte incognito!... Songe donc que si cela se savait, il n'y aurait plus moyen de jamais obtenir l'Éperon-d'Or... Beau-père d'un pendu!... vois-tu quel désagrément pour moi!...

SCÈNE XIII,.

LAURETTE, pleurant.

Et pour lui donc!...

BAMBOLINI.

C'est son état!... il s'y attend... mais sois tranquille... j'ai un moyen de le faire évader... je viens ici le prendre avec ma voiture... la voiture d'un ambassadeur sortira de Naples sans être examinée... Allons! ma fille de la fermeté!...

LAURETTE, tremblant.

Ah! c'est que j'ai bien peur!...

BAMBOLINI.

Parbleu! si ce n'est que cela... et moi aussi... raison de plus... du courage, et surtout du silence!... (En sortant.) Beau-père d'un pendu!!!...

SCÈNE XIII.

LAURETTE, *sur le fauteuil à gauche;* **LOELIO** *entr'ouvrant la porte à droite.*

LOELIO.

Ils sont partis, à condition que je me rendrais sur-le-champ au théâtre... la salle est pleine, le public s'impatiente déjà... il est capable de tout briser... Partons!... (Apercevant Laurette.) Dieu! ma femme que j'oubliais...

LAURETTE, l'apercevant, et se cachant la tête dans son mouchoir.

C'est lui!

LOELIO, à part,

Elle sait tout!... Malgré ma prière, son père lui a tout dit... (Haut et timidement.) Laurette!... (Voyant qu'elle se tait.) Elle ne me répond pas... elle détourne de moi les yeux... elle me méprise... Ah! voilà tout ce que je craignais... (S'approchant d'elle.) Tout est fini !... vous ne m'aimez plus !...

LAURETTE, sans le regarder, et en pleurant.

Ah ! ce qui me désole, c'est que, malgré moi, je vous aime encore... mais quand je devrais en mourir... cela s'en ira, je l'espère...

LOELIO.

Et pourquoi donc ?...

LAURETTE, lui montrant le collier sans le regarder.

Tenez, monsieur... tenez !...

LOELIO.

Qu'est-ce que ça signifie ?...

LAURETTE.

Ce que ça signifie ?... mais vous voyez bien que je sais tout... que mon père m'a tout appris... que je ne voulais pas le croire... (Levant les yeux sur lui, elle pousse un cri.) Ah ! je ne le crois pas encore... ce n'est pas vrai !... n'est-ce pas ?... non ! non ne réponds pas, ce n'est pas la peine... je te crois... ce collier n'était pas à la femme du gouverneur ?...

LOELIO.

Si !... c'est elle qui l'a vendu à l'insu de son mari... Il paraît qu'elle a fait courir le bruit qu'on le lui avait...

LAURETTE, l'embrassant.

Assez ! assez !... pardonne-moi !...

LOELIO.

Quoi donc ?...

LAURETTE.

Pardonne-moi toujours, quoique je ne sois point coupable... ce n'est pas moi, c'est mon père qui croyait à ce cabinet mystérieux... à ces bandits, à Jean Sbogard...

SCÈNE XIII.

LOELIO.

Quoi! c'est cela qu'il t'a appris?...

LAURETTE.

Oui, vraiment!...

LOELIO.

Il ne t'a dit que cela?... pas autre chose?...

LAURETTE.

Il n'en savait pas davantage!...

LOELIO, avec joie.

Ah! l'excellent homme!... Ah! ma petite Laurette!...

LAURETTE.

Mais alors, vous allez me dire le reste?...

LOELIO.

Oui... oui... (Regardant la pendule.) Ciel! sept heures... (À part.) Je n'ai qu'un instant pour me rendre au théâtre et pour m'habiller... (Haut.) Ce que je puis te dire, du moins, et je l'atteste, c'est que j'ai toujours été fidèle à toi et à l'honneur!...

LAURETTE.

Et déjà me quitter!... et ainsi tous les soirs!...

LOELIO.

Il le faut!... il le faut pour notre avenir, pour notre bonheur... mais deux mois, deux mois encore, et je serai libre... et nous quitterons ces lieux, et tu diras toi-même, alors, que jamais amour n'égala le mien!...

LAURETTE.

Je vous crois, mon ami, je crois d'avance à vos paroles... et je ne vous en demande aujourd'hui qu'une preuve... une seule...

LOELIO.

Toutes celles que tu voudras...

LAURETTE.

Vous me le promettez?...

LOELIO.

Je te le jure!...

LAURETTE.

Eh bien!

DUO.

LAURETTE.

La faveur que j'implore,
Mon cœur seul la comprend.
Près de moi reste encore,
Reste encore un moment!

LOELIO.

Quoi! rester auprès d'elle!
Différer un instant...
Quand peut-être on m'appelle,
Quand déjà l'on m'attend!...

ENSEMBLE.

O jour d'ivresse!
Et de tendresse,
Tourmens passés
Sont effacés.
A toi, ma vie!
Mon cœur oublie
Tout dans ce jour,
Hors mon amour!

LOELIO, *regardant la pendule.*

O ciel! déjà l'heure est passée!...
Ah! quel dommage! il faut partir!

LAURETTE.

Aussi, bien loin de ma pensée
Le projet de vous retenir.

(*Reprise du premier motif.*)

ENSEMBLE.

LAURETTE.

La faveur que j'implore,
Mon cœur, etc., etc.

LOELIO.

Quoi! rester auprès d'elle,
Différer d'un, etc., etc.

(*La pendule sonne.*)

SCÈNE XIV.

LOELIO.

Ah! c'en est fait! je suis perdu, Laurette!...
Adieu!...

LAURETTE, apercevant Bambolini.
Mon père!
LOELIO.
Ah! fuyons!...

SCÈNE XIV.

LES PRÉCÉDENS, BAMBOLINI.

FINALE.

BAMBOLINI, le retenant.
Imprudent!
Je voulais te sauver... impossible à présent;
Le peuple furieux t'a fermé la retraite.
Il brise ma voiture... Il cerne la maison;
Entendez-vous mugir les flots de la tempête...
Ils viennent t'arrêter, te conduire en prison.

LOELIO.
Mon Dieu! que faire!...

BAMBOLINI.
Ah! j'en perdrai la tête!

ENSEMBLE.
BAMBOLINI.
Je n'entends rien, je sais, hélas!
Que l'on demande son trépas.
Ah! quel affront! ah! quelle éclat!
Surtout pour un homme d'état!

CHOEUR, en dehors.
A nous, à nous Pulcinella!
Malheur à qui nous l'enleva.
Notre courroux le châtiera,
Oui, nous voulons Pulcinella!

LAURETTE.
Pourquoi ces cris et ces éclats?
Ah! de frayeur je tremble, hélas!
Mais je ne t'abandonne pas,
Et partout je suivrai tes pas.

LOELIO, à part.
Dieu! quel tourment! quel embarras!
Que leur dire! que faire hélas!

Ah! malheureux Pulcinella;
Ah! voilà qui le trahira!

SCÈNE XV.

Les précédens; BOCHETTA.

BOCHETTA, courant à Lœlio.
Malheureux! qu'as-tu fait... ton retard, ton absence
Ont confirmé le bruit qu'on t'avait enlevé...
Ils veulent tout briser... montre-toi, ta présence
Pourra seule calmer ce peuple soulevé!
(Elle va ouvrir le balcon.)

LOELIO, s'avançant.
Allons donc!

BAMBOLINI, se mettant devant lui.
Téméraire!
Contre eux que veux-tu faire!
C'est courir au trépas...

LAURETTE.
Ils te tueront!...

LOELIO.
Non pas!... non pas!...
(Il se montre au balcon.)

ENSEMBLE.

CHOEUR, applaudissemens au dehors.
Viva, viva Pulcinella,
On nous le rend... oui, le voilà,
Et parmi nous il restera.
Viva, viva Pulcinella!

BAMBOLINI.
Je n'entends rien, je sais, hélas!
Que l'on demande, etc., etc.

LAURETTE.
Pourquoi ces cris et ces éclats?
Ah! de frayeur, etc., etc.

(A la fin de cet ensemble, Laurette aperçoit la porte du cabinet ouvert, elle s'y élance pendant que Lœlio répond aux acclamations du peuple par des salutations.)

BAMBOLINI.
Comment on l'applaudit pendant qu'il les salue.

(Après les salutations de Lœlio, on lance sur le balcon et dans l'appartement des couronnes et des bouquets.)

SCÈNE XV.

BAMBOLINI, stupéfait.

Un Jean Sbogard, à qui l'on jette de la rue
Des couronnes et des bouquets!
Je m'y perds, et de tels secrets
Qui me dira le mot?

LAURETTE, sortant du cabinet avec un habit de Polichinelle qu'elle jette sur un fauteuil à droite.

Le voici!...

BAMBOLINI.

Sort funeste;
Malheur nouveau! mon nom perdu, déshonoré.
(A Lœlio qui s'approche de lui.)
Va-t'en! va-t'en!

LAURETTE.

Et moi, je te suivrai!

LOELIO, avec transport.

Quoi! tu m'aimes encor? que m'importe le reste!...
Ma femme!...

BOCHETTA, à part, avec exaltation.

Ah! ciel! sa femme! ah! les fureurs d'Oreste
Ne sont rien...

LOELIO.

Qu'est-ce donc?

BOCHETTA, tranquillement et lui présentant une lettre.

La réponse du roi!
(Elle sort.)

LOELIO, à Bambolini.

Lisez et vous verrez, qu'en tout temps, je l'atteste,
Votre honneur, votre nom seront sacrés pour moi!

BAMBOLINI, qui a lu la lettre.

O surprise nouvelle!
Quoi! par égard pour mon gendre, le roi
Donne l'Épéron-d'Or à moi!...
Moi, chevalier!...

LOELIO, à part.

De par Polichinelle!...

LAURETTE, à son père.

Vous le voyez? pour nous quel heureux sort!

LOELIO.

Honneur, fortune!

LAURETTE, montrant Lœlio.

Amour fidèle!

LOBLIO.

Profond secret !

LAURETTE.

Et mieux encor
Chevalier de l'Éperon-d'Or !

BAMBOLINI, soupirant.

Beau-père d'un Polichinelle !...

LAURETTE.

Allons ! allons !... n'y pensez plus !

BAMBOLINI.

Beau-père d'un Polichinelle !...
Ah ! je crains pour ma race et si noble et si belle !
Que mes petits-enfans ne soient un jour bossus !

CHŒUR GÉNÉRAL, en dehors.

Viva ! viva Pulcinella !
On nous le rend, oui, le voilà !
Et parmi nous il restera,
Viva ! viva Pulcinella !

FIN DE POLICHINELLE.

LA REINE D'UN JOUR,

OPÉRA-COMIQUE EN TROIS ACTES,

Représenté pour la première fois, à Paris, sur le théâtre royal de l'Opéra-Comique, le 19 septembre 1839.

En société avec M. de Saint-Georges.

MUSIQUE DE M. ADOLPHE ADAM.

PERSONNAGES.

Le comte D'ELVAS, seigneur portugais.
MARCEL, matelot de marine marchande.
TRIM TRUMBELL, tavernier à Brighton, oncle de Simon
Lady PEKINBROOK, noble dame de Brighton, atachée aux Stuarts.
FRANCINE, marchande de modes française.
SIMONNE, cabaretière.
Un SHÉRIF.
Soldats de Cromwell, Soldats royalistes, Matelots, Marchandes de modes, un Constable, Seigneurs et Dames du comté.

La scène se passe au mois de mai 1660. Le premier acte, à Calais; le deuxième et le troisième, à Brighton.

LA REINE D'UN JOUR.

Le théâtre représente un quai de la ville de Calais. A droite du spectateur, la boutique d'une marchande de modes. A gauche, celle d'un cabaretier.

ACTE PREMIER.

SCÈNE PREMIÈRE

FRANCINE, *en habit de voyage*, D'ELVAS, *costume d'officier de marine.*

D'ELVAS, donnant le bras à Francine.

Sur la place, m'avez-vous dit?... Nous y voilà... D'ici vous apercevez le port et la jetée.

FRANCINE.

Mon Dieu, monsieur, je ne sais comment vous remercier de votre galanterie.. moi qui suis étrangère qui ne connais personne en ce pays... et qui arrive en tremblant...

D'ELVAS.

Ah! vous n'êtes jamais venue dans la ville de Calais?

FRANCINE.

Je descends à l'instant de la voiture publique... et j'ignore qui a pu m'attirer vos regards et vos offres de service...

D'ELVAS.

Vous êtes trop modeste... D'autres vous diraient qu'il a suffi de vous voir... moi, qui suis marin et la franchise même, je vous avouerai que, dans la cour où j'étais à me promener, la seule chose qui ait fixé mon attention, c'est votre nom... On a appelé parmi les voyageuses Francine Camusat!... A cette dénomination j'ai levé les yeux, et j'ai vu sortir de la voiture un pied charmant, une jambe fine et gracieuse!...

FRANCINE.

Monsieur!...

D'ELVAS.

Appartenant à une fort jolie personne qui, d'un air timide, demandait aux habitans de Calais : Pourriez-vous m'indiquer madame Benjamin, marchande de modes, sur la place... Je me suis avancé, j'ai offert mon bras, que vous avez accepté... Et vous voici à votre destination, car j'ai cru distinguer sur cette enseigne : Madame Benjamin, marchande de modes, *Aux Nœuds Galans.*

FRANCINE.

Aux Nœuds Galans... c'est bien cela!... Je vais occuper chez elle la place de première demoiselle de boutique. Francine Camusat!...

D'ELVAS.

Je connais!...

FRANCINE.

Marchande de modes, qui a fait ses études à Paris et à Rouen...

D'ELVAS.

Et qui ne peut manquer de briller au premier rang dans la ville de Calais.

FRANCINE.

La boutique est encore fermée... Il est de si bon matin!... Mais je vais frapper...

D'EVLAS.

Je vous éviterai cette peine.

(Il frappe plusieurs fois.)

ACTE I, SCÈNE II.

FRANCINE.

On ne répond pas; c'est étonnant!... On pourrait s'adresser, pour savoir, à quelque voisin ou à quelque voisine... ce serait plus sûr... En voici justement une qui rentre dans sa boutique... Je vais lui demander... (Appelant Simonne qui traverse le théâtre.) Mademoiselle!...

SCÈNE II.

Les Précédens, SIMONNE.

SIMONNE, prête à rentrer chez elle et s'arrêtant.

Ah! des étrangers à la porte de madame Benjamin... (S'avançant.) Monsieur et madame voudraient entrer?... Monsieur désirerait quelque parure pour madame?... C'est d'un bon mari...

FRANCINE.

Monsieur n'est pas mon mari!...

SIMONNE, vivement.

Vous n'êtes pas mariés?... C'est égal... cela n'empêche pas...

FRANCINE, avec impatience.

Eh! non, ma chère... Première demoiselle de boutique chez madame Benjamin...

SIMONNE.

C'est vrai!... ces dames en attendaient une... et vous serez la bien reçue.

FRANCINE.

Ça n'en a pas trop l'air, puisqu'on nous laisse à la porte!

SIMONNE.

C'est juste!... La boutique n'ouvre jamais avant neuf heures... c'est grand genre... Vous y serez à merveille... Les marchandes comme il faut se lèvent tard, comme les grandes dames leurs pratiques... Ce n'est pas comme chez nous... Simonne, la servante de ce cabaret, *à la Grande Pinte*, où l'on reçoit la meilleure société de Calais, en matelots et soldats de marine... Je n'ose pas vous proposer d'entrer...

FRANCINE.

Vous êtes trop bonne.

SIMONNE.

Vous ne feriez peut-être pas mal... car ici vous risquez d'attendre... Il y avait bal hier soir... ces demoiselles dansent beaucoup!...

FRANCINE, vivement.

Il y avait bal?

SIMONNE.

Et ce soir encore... trois jours de suite; c'est fête en mémoire du siége de Calais... par Eustache de Saint-Pierre... non, à cause de saint Eustache... Vous devez connaître cette histoire-là?... une histoire nationale, comme ils disent... Tant il y a que madame Benjamin et ses demoiselles ont dansé hier, par esprit national, une partie de la nuit, et qu'elles se lèveront encore plus tard que d'ordinaire, pour se reposer et recommencer ce soir... Mais pardon!... je rentre du marché... et on m'attend chez nous...

FRANCINE.

Que nous ne vous retenions pas!

SIMONNE.

J'ai bien l'honneur de saluer monsieur et mademoiselle... (A part.) Elle est gentille la petite marchande de modes!... Et puis, cet officier-là n'est pas un Français, c'est quelque étranger... Je comprends!...

Du reste, ça ne me regarde pas! (Haut.) Monsieur et mademoiselle...

(Elle salue encore et rentre dans sa boutique.)

SCÈNE III.

D'ELVAS, FRANCINE.

FRANCINE.

Eh bien! je vais demeurer en face d'une fameuse bavarde!... Je ne conçois pas qu'il y ait des femmes qui causent ainsi de leurs affaires avec le premier venu... et si je l'en crois, j'ai encore une bonne heure à attendre... C'est gai!... à huit heures du matin au milieu de la rue!...

D'ELVAS.

Heureusement il ne passe encore personne!...

FRANCINE, allant s'asseoir sur une chaise près du cabaret.

C'est égal!... une femme seule... car je n'ose retenir monsieur plus longtemps!...

D'ELVAS, à part.

C'est-à-dire qu'il faut que je reste... (S'asseyant auprès d'elle; haut.) Ne suis-je pas votre chevalier reconnu?... ne suis-je pas à vos ordres?... Et à moins que mon bonheur n'excite quelque jalousie...

FRANCINE.

En aucune façon, monsieur; je n'ai de compte à rendre à personne... je suis libre, ou à peu près.

D'ELVAS.

A peu près?

FRANCINE.

Oui, monsieur. C'est une existence si singulière que la mienne!... Je n'ai jamais connu les auteurs de mes jours; ce qui fait qu'à Rouen, parmi ces demoiselles de comptoir, on s'est permis de présumer que j'étais bâtarde... (vivement.) orpheline, monsieur, je vous prie de le croire... Donc, j'étais à Rouen, ville marchande, capitale de la Normandie, élevée dans le commerce, dans la rue Grand-Pont, un magasin qui fait le coin, où j'avais des amoureux, je puis le dire, distingués et nombreux... mais des principes plus nombreux encore; car j'ai refusé toutes les propositions.

D'ELVAS.

Même de mariage?

FRANCINE.

Oui, monsieur; non par fierté, par indifférence... mais par raison. Celui que j'aimais, ou que j'aurais aimé, n'avait rien... ni moi non plus...

D'ELVAS.

Je comprends.

FRANCINE.

Moi, j'ai des idées de grandeur et d'ambition; je rêvais encore cette nuit, en voiture, que j'étais grande dame et millionnaire... pour lui, monsieur, toujours pour lui; car nous nous sommes promis mutuellement de faire fortune... et moi, j'ai l'habitude de tenir toutes mes promesses...

D'ELVAS.

C'est admirable!

FRANCINE.

Pour lors, et dans ce moment-là, vint un jour au magasin une milady, une Anglaise, la duchesse de Salisbury...

D'ELVAS.

De Salisbury?

FRANCINE.

Vous la connaissez?

D'ELVAS.
Fort peu.
FRANCINE.
Qui, charmée de mon goût, de mon intelligence dans la manière de composer les nœuds et les poufs, me dit : « Petite, je t'emmène avec moi en Hollande. » J'acceptai dans l'espoir d'une fortune et me croyant déjà dame de compagnie de la duchesse... Point du tout, monsieur, femme de chambre, pas davantage ; et de plus une maîtresse si bizarre ! toujours des secrets, des mystères... pas pour des amoureux : madame n'en avait pas ; mais de vieux seigneurs, des Anglais qui arrivaient en cachette et repartaient de même ; et il ne fallait rien dire !

D'ELVAS, souriant.
On devait alors vous payer double.
FRANCINE.
Non, monsieur ; et ce qu'il y a de bien plus terrible, madame défendait qu'on écrivît, et j'ai appris plus tard qu'elle avait supprimé toutes mes lettres...
D'ELVAS.
Pour être plus sûre de votre discrétion.
FRANCINE.
Probablement !... Mais moi qui avais, comme je vous l'ai dit, une inclination, qu'aura-t-il pensé de ma constance ?... C'est très désagréable ! Aussi je n'ai pas voulu rester plus longtemps dans une pareille maison ; j'ai demandé à retourner en France, et milady, qui me voyait partir avec regret, me dit : « Allez à Calais, chez madame Benjamin, marchande de modes, qui à ma recommandation vous donnera une place chez elle ; vous y resterez jusqu'à ce que

se présente à vous un monsieur de mes amis intimes, en qui vous pourrez avoir toute confiance ; vous le reconnaîtrez à ce florin de Hollande brisé par la moitié... en voici l'une et il vous montrera l'autre. » Je l'ai pris, j'arrive et j'attends... C'est bien étonnant, n'est-ce pas?... Aussi je ne crois pas que ce monsieur se présente.

D'ELVAS, lui présentant le florin brisé.

Si vraiment ; car voici l'autre moitié.

FRANCINE, stupéfaite.

Ah! mon Dieu! l'autre moitié!... Qu'est-ce que cela veut dire?

D'ELVAS.

Que la voisine Simonne aura en face d'elle une jeune personne qui cause avec une grande facilité et un charme extrême.

FRANCINE.

Quoi! Monsieur, c'est vous?

D'ELVAS.

Heureusement! car ce que vous m'avez dit, à moi qui le savais, vous pouviez également l'apppendre à tout autre... Cela ne vous arrivera plus, j'en suis persuadé. Mais vous pensez bien que nous aurons à parler ensemble...

FRANCINE, voyant une modiste ouvrir les volets de madame Benjamin.

Pardon, monsieur ; la boutique s'ouvre.

D'ELVAS.

Je ne veux pas vous empêcher de vous présenter à madame Benjamin... A quelle heure oserai-je aujourd'hui vous demander un instant d'entretien?

FRANCINE.

Mais, à deux heures, après le dîner ; c'est d'ordinaire, dans le commerce, le moment où l'on est libre.

D'ELVAS.

Je serai exact au rendez-vous.
(Il salue Francine respectueusement.)

FRANCINE, à part.

Par exemple ! voilà une aventure ! et à moins que ce ne soit... Mais non !... ce n'est pas possible ! (Haut) Monsieur, je suis bien votre servante.
(Elle entre dans la boutique.)

SCÈNE IV.

D'ELVAS, seul.

C'est bien cela ; jeune, gentille, agréable... de plus belle parleuse, un amour au cœur... et des idées de fortunes en tête, le désir de parvenir. C'est justement ce qu'il nous faut, et nous ne pouvions mieux trouver... Reste à savoir maintenant si je pourrai... (Regardant au fond, à gauche.) Mais qui vient de ce côté ?... des matelots... Laissons-leur la place, et retournons vers les miens pour tout disposer.
(Il sort.)

SCÈNE V.

MARCEL ET LES MATELOTS.

LE CHŒUR.

Au cabaret, marins joyeux,
Allons, allons choquer le verre ;
C'est bien assez de l'onde amère
Quand on est entre elle et les cieux !
   Mais sur la terre
   Le matelot
   Toujours préfère
   Un autre flot.
C'est celui qui coule,
   Qui roule
   Et s'écoule,
C'est celui qui coule
Dans le gobelet
Du cabaret !

MARCEL, *aux matelots.*
Compagnons, avec vous de nouveau je m'engage !
Et, quoique mon temps soit fini,
Je redeviens marin, et dans votre équipage
Vous comptez de plus un ami !

TOUS.
Vive Marcel !... notre nouvel ami !
Il va payer sa bienvenue.

MARCEL, *leur montrant le cabaret.*
Allez, allez... c'est chose convenue !

TOUS.
Nous boirons tous en ton honneur
Et du plus vieux et du meilleur !...
Reprise, à Marcel.)
A la santé !... Marins joyeux,
Allons, allons choquer le verre ;
C'est bien assez de l'onde amère, etc.
(Ils entrent dans le cabaret de Simonne.)

SCÈNE VI.

MARCEL, *seul.*

AIR.

Les braves gens, qu'ils sont heureux ?
Le bon vin est leur bien suprême,
Que je voudrais l'aimer de même
Et tout oublier avec eux !
Mais, hélas ! et malgré mes vœux...

CABALETTA.

Une douce image
Toujours me poursuit,
Et comme un nuage
M'approche et me fuit !
Et pourtant la belle
Que j'adore ainsi
N'est qu'une infidèle
Par qui je suis trahi !
On m'avait dit : C'est dans l'ivresse
Qu'on peut oublier tous ses maux !
La bouteille est une maîtresse
Qui ne trouble pas le repos !
A ce remède un jour fidèle,
Je fis un repas merveilleux ;
Puis je dormis et rêvai d'elle

ACTE I, SCÈNE III.

Pour m'éveiller plus amoureux!
Mais c'en est fait, puisque dans cette vie
D'un tel amour rien ne me guérira,
Peut-être une balle ennemie
Me rendra ce service-là!...
Ouvrons la voile;
Courons en mer,
Comme une étoile
Traversant l'air.
Mais le flot s'ouvre,
Et tout d'abord
Mon œil découvre
Un sombre bord.
A l'abordage!
C'est l'ennemi!
Sang et carnage!
Tout a frémi!
L'airain résonne,
Le tambour bat,
Le canon tonne!
C'est le combat!
C'est le combat, terme de ma souffrance.
Je l'attends... Grâce à lui tous mes maux vont finir.
Pourquoi vivre sans espérance
Quand avec gloire on peut mourir?

SCÈNE VII.

MARCEL, SIMONNE, sortant du cabaret.

SIMONNE, à part.

Qu'est-ce que je viens d'apprendre, monsieur Marcel?... qu'est-ce que ça signifie? Ces matelots, qui sont là à boire, prétendent que vous allez vous engager de nouveau et partir avec eux comme militaire.

MARCEL.

Eh bien! quand ça serait?

SIMONNE.

Vous qui depuis dix ans servez dans la marine marchande, vous qui vouliez vous retirer... aller se battre... s'exposer à être tué!

MARCEL.

Je ne suis bon qu'à ça.

SIMONNE.

Pas du tout! Vous êtes très aimable et très gentil!

MARCEL.

Non, Mam'selle... Je me connais... je suis gauche, embarrassé et ne sachant rien à terre... Sur mon bord, c'est autre chose... Mais sorti de là, je ne suis plus à mon aise ni avec vous, ni avec personne... C'est-à-dire... si!... il y en avait une...

SIMONNE, vivement.

Il y avait une personne?

MARCEL.

Qui n'était que trop jolie... et que j'ai connue...

SIMONNE, de même.

Ici?

MARCEL.

Non... à Rouen, où j'allais tous les mois sur nos vaisseaux marchands porter ou prendre des chargemens.

SIMONNE.

Et vous l'aimiez?

MARCEL.

Solidement! j'avais là sur le cœur un poids...

SIMONNE.

Et elle?

MARCEL.

Légère comme le vent!

SIMONNE.

Elle ne vous aimait pas?

MARCEL.

Si fait!... elle le disait... mais pendant que je lui parlais de mon amour, je la voyais souvent qui ne m'écoutait plus... elle suivait des yeux un bel équipage qui venait de passer... ou bien quand je lui demandais : Quand donc que nous nous marierons?... elle s'écriait : « Ah! le joli collier, les belles boucles d'oreilles! » Et elle était devant la boutique d'un joaillier à admirer des bijoux avec lesquels, par malheur, je n'avais aucun rapport.

SIMONNE.

Pauvre garçon!

MARCEL.

Ah! ce n'est rien encore... Un jour nous venions de Bordeaux à Rouen avec *le Roi d'Yvetot*, un vaisseau chargé de vin de Médoc... A peine débarqué, je cours rue Grand-Pont, au magasin ou d'ordinaire elle était contre les carreaux à contempler les passans plutôt que son ouvrage... Je ne la vois plus... Partie!... disparue en mon absence!

SIMONNE.

Ah! mon Dieu!

MARCEL.

Pour la Hollande, à ce qu'on m'a dit.

SIMONNE.

Voyez-vous ça!

MARCEL.

Avec quelque séducteur, sans doute.

SIMONNE.

C'est affreux!

MARCEL.

Car depuis elle ne m'a pas écrit une seule fois... Un oubli total.

SIMONNE.

Tant mieux! une pareille femme n'était pas digne de vous... et c'est ce qui pouvait vous arriver de plus heureux.

MARCEL,

C'est vrai... et pourtant rien ne peut me consoler de ce bonheur-là... je suis venu ici, avec *la Ville de Rouen*, un trois-mats chargé de mercerie, rouennerie et bonnets de coton pour les bourgeois de Calais.

SIMONNE.

Qui en usent beaucoup.

MARCEL.

C'est ce qu'il m'a semblé... La ville me paraissait bonne; on y dort tranquille... et je voulais m'y fixer...

SIMONNE.

Et renoncer décidément à l'eau,

MARCEL.

Aussi je venais tous les jours dans votre cabaret.

SIMONNE.

Depuis quinze jours, avec une assiduité qui m'avait donné des idées.

MARCEL.

C'était pour tâcher d'oublier l'autre.

SIMONNE.

J'ai cru que c'était pour penser à une nouvelle?

MARCEL, vivement.

Ah! je le voudrais!... je voudrais rencontrer quelqu'un qui fît seulement attention à moi; mais de ce côté-là il n'y a pas de chance, et se faire tuer, voyez-vous, est encore le meilleur moyen de se consoler!

SIMONNE.

Il y en a un autre.

MARCEL.

Vraiment?... Contez-moi donc ça?

SIMONNE.

Tenez, monsieur Marcel, moi, je suis franche. Lisez cette lettre, elle vous dira tout!

MARCEL.

Une lettre!

SIMONNE.

De Trim Trumbell, un oncle que j'ai en Angleterre; il a été autrefois dans les têtes rondes, dans les soldats de Cromwell, mais maintenant il est honnête homme et tient une taverne à Brighton... Lisez ce qu'il m'a écrit... une lettre bien singulière, qui vous étonnera d'abord...

MARCEL, tenant la lettre à la main, regarde du côté de la maison à droite et voit Francine qui ouvre un volet. Il pousse un cri.

Ah! mon Dieu!

SIMONNE, le regardant.

Eh bien! ça commence déjà?... et vous n'avez lu que l'adresse?... Achevez, achevez; je reviendrai tout à l'heure savoir votre réponse... (Le regardant.) Pauvre garçon! il faut qu'il se doute de quelque chose, car il a déjà un air tout ému et tout bouleversé... Adieu, monsieur Marcel; je vous laisse le temps... Lisez, et réfléchissez!

(Elle entre dans le cabaret.)

SCÈNE VIII.

MARCEL, seul; puis FRANCINE.

MARCEL, serrant la lettre dans sa poche sans la lire.

Ce n'est pas possible!... c'est une vision qui m'est apparue à cette fenêtre!... Allons!... allons! je perds la tête... (Voyant sortir Francine de la maison.) Non!... non!

LA REINE D'UN JOUR.
RÉCITATIF.

MARCEL.

Je ne m'abuse pas... C'est elle, je la voi,
Cette infidèle !...

FRANCINE, surprise.

Infidèle !... qui ?... moi ?...

DUO.

MARCEL.

J'avais juré de la maudire,
De l'accabler à son retour.
Je la vois... ma colère expire...
Et tout s'oublie, hors mon amour !
Dis-moi, pourquoi donc cette absence ?...

FRANCINE.

Pour assurer notre bonheur
On m'offrait de quitter la France...

MARCEL.

Ah ! c'était quelque séducteur !...

FRANCINE.

Une dame... une grande dame !...

MARCEL.

Ce n'était pas un amoureux !...

FRANCINE.

Non vraiment ! foi d'honnête femme !...

MARCEL.

J'en crois ton cœur, j'en crois tes yeux !
Nos cœurs pensent toujours de même,
Nous pouvons nous unir tous deux !

FRANCINE.

Un instant... car j'ai mon système
Qui fait les ménages heureux !
Avant de parler mariage,
Dis-moi, ton sort a-t-il changé ?...

MARCEL.

Je n'ai rien !...

FRANCINE.

Moi, pas davantage !

MARCEL.

Qu'importe ? avec l'amour que j'ai !...
Pour moi le luxe et la parure
Ne valent pas franche amitié...

ACTE I, SCÈNE VIII.

Souvent l'ennui roule en voiture
Et les amours s'en vont à pié !

FRANCINE.

Crois-moi, le luxe et la parure
Ne nuisent pas à l'amitié ;
On peut bien s'aimer en voiture,
Souvent l'on se dispute à pié !

MARCEL.

Eh ! quoi, l'amour et son ivresse...

FRANCINE.

Ne durent, dit-on, qu'un matin.

MARCEL.

Et lorsque l'on vit de tendresse...

FRANCINE.

On peut souvent mourir de faim !

ENSEMBLE.
FRANCINE.

L'amour et la richesse
Donnent seuls de beaux jours !
Quand paraît la détresse,
S'envolent les amours !

MARCEL.

C'est la seule tendresse
Qui donne les beaux jours !
Pour braver la détresse,
Il suffit des amours !

FRANCINE.

Toujours fidèle et vertueuse,
Je n'aime et n'aimerai que toi !...
Mais ici-bas, pour être heureuse...

MARCEL.

Que te faut-il ?...

FRANCINE.

Écoute-moi.

CAVATINE.

PREMIER COUPLET.

Il me faut les chevaux,
Les jockeis les plus beaux !
Des bijoux, des dentelles
Et des robes nouvelles !
C'est l'éclat, c'est le bruit,
Qui me plaît, me séduit,

« Faites donc approcher
Mes laquais, mon cocher ! »
Oui, voilà pour mon cœur,
Voilà le vrai bonheur !

DEUXIÈME COUPLET.

La gêne et la détresse
D'effroi me font pâlir !
Il faut vivre en duchesse
Ou bien il faut mourir !...
J'ai l'âme ambitieuse
Pour toi, mon seul amant !
Car, si j'étais heureuse,
Ah ! je t'aimerais tant !
Oui, l'éclat, l'opulence,
Redoublent ma constance...
Mais sans ça, vois-tu bien,
Je ne réponds de rien !...
Il me faut les chevaux,
Les jockeis les plus beaux !
Des bijoux, des dentelles, etc.

MARCEL, tristement.

Mais moi qui n'ai ni chevaux ni cocher,
Cela me dit assez...

FRANCINE.

Qu'il faut te dépêcher.
Le premier de nous deux qui fera sa fortune
Préviendra l'autre, et puis l'épousera.

MARCEL.

Non pas.
Je vois la vérité ! dites plutôt, hélas!
Que mon amour vous importune.

FRANCINE.

Qui ? moi !

MARCEL.

Vous préférez quelque grand seigneur.

FRANCINE.

Moi !

MARCEL.

Vous l'aimez.

FRANCINE.

Quelle horreur !

MARCEL.

Vous l'aimez, je le vois.

FRANCINE.

Vous le mériteriez, vous.

ACTE I, SCÈNE VIII.

MARCEL.
Moi!
FRANCINE.
Vous.
MARCEL.
Moi?

ENSEMBLE.

MARCEL, avec colère.

J'apprends à connaître
Ce cœur faux et traître
Qui rêve peut-être
A d'autres amours.
Parjure! traîtresse!
C'est trop de faiblesse;
Non, plus de tendresse.
Adieu, pour toujours!

FRANCINE, avec dépit.

Vous êtes le maître!
Et pour moi, peut-être,
Bientôt vont renaître
De plus heureux jours.
C'est trop de faiblesse;
Non, plus de tendresse;
Puisqu'il me délaisse,
Adieu, pour toujours!

FRANCINE.

Qu'ai-je dit?... Vous le voyez bien,
Ni vous ni moi nous n'avons rien,
Et déjà, dans notre ménage,
Voyez quel bruit et quel tapage!
Des richards ne feraient pas mieux.

MARCEL.

J'ai le droit d'être furieux!

REPRISE DE L'ENSEMBLE.

MARCEL.

J'apprends à connaître, etc.

FRANCINE.

Vous êtes le maître, etc.

SCÈNE IX.

Les précédens, SIMONNE, *sortant du cabaret.*

SIMONNE, *s'approchant de Marcel.*

Eh bien!... (Apercevant Francine.) Êtes-vous installée? êtes-vous contente?

MARCEL, *bas à Simonne.*

Vous la connaissez?

SIMONNE.

Beaucoup!... une marchande de modes... ici en face... arrivée avec un officier de marine qui ne la quitte pas!

MARCEL, *à part, avec dépit.*

Là!... quand je le disais!

SIMONNE.

Un officier étranger, écharpe blanche et verte. (A Marcel.) Avez-vous lu?

MARCEL.

Quoi donc?

SIMONNE.

Cette lettre.

MARCEL.

La lettre de votre oncle?

SIMONNE.

Et qu'est-ce que vous en dites?

MARCEL.

Que c'est très bien!... très bien à votre oncle.

SIMONNE.

J'étais sûre que ça vous conviendrait... et je cours l'en prévenir; car, ainsi qu'il l'annonçait dans sa lettre, il vient d'arriver par le paquebot d'aujourd'hui!

MARCEL.

Votre oncle?

SIMONNE.

Oui; il vient nous chercher, et je vais au-devant de lui!

(Elle sort en courant.)

SCÈNE X.

FRANCINE, MARCEL.

MARCEL, stupéfait.

Comment! il vient nous chercher! Qu'est que ça veut dire?

FRANCINE.

Je vois que monsieur est admis dans les secrets de cette jeune fille!

MARCEL.

J'ai là une lettre que son oncle lui écrit.

FRANCINE.

Monsieur connaît la famille?

MARCEL.

Certainement!... (A part.) Je vais me dépêcher de faire connaissance... (Il lit.) « Ma chère Simonne, j'ai l'agrément d'être veuf et le chagrin de ne pas avoir d'enfans... J'ai la plus belle taverne de Brighton, et personne pour la tenir, ce qui me cause un notable dommage. Et alors, dans ma tendresse, j'ai pensé à toi.

FRANCINE, d'un ton railleur.

C'est d'un bon oncle!

MARCEL, continuant.

« Quoique ta mère Brigitte Trumbel ait épousé un Français, tu n'en és pas moins de mon sang, et mon intention est de te donner ma fortune après moi, et un mari sur-le-champ... vu que ça me sera très utile dans mon commerce.

FRANCINE, de même.

C'est touchant !

MARCEL, continuant.

« Je vais donc t'en chercher de mon côté, mais je ne t'empêche pas d'en choisir un du tien... Fût-ce même en France, si tu crois que dans ce pays-là ils soient d'une meilleure qualité qu'en Angleterre... Tu me parles dans ta dernière d'un marin nommé Marcel... » (A part, regardant Francine qui affecte d'être tranquille.) Ça ne lui fait rien !... (Continuant.) « Si ça te convient et à lui aussi, j'ai un petit voyage à faire à Calais... J'y serai par le paquebot de samedi... » (Regardant Francine.) Aujourd'hui ! (A part.) Elle ne dit mot !... (Lisant.) « J'irai vous chercher, toi et ton prétendu...

FRANCINE, vivement et à part.

Ton prétendu !

MARCEL, continuant.

« Et vous ramènerai avec moi à Brighton, avec le paquebot de retour... » (A Francine, lui montrant la lettre.) Vous voyez, mam'selle, que si on voulait...

FRANCINE, avec dépit.

On ne vous en empêche pas !

MARCEL.

Ah ! vous m'y engagez ?

FRANCINE, avec ironie.

Certainement !... neveu d'un cabaretier à Brighton ?... c'est beau, c'est enivrant !... et je vais tâcher de mon côté de trouver quelque parti aussi élevé !

MARCEL.

Ça n'est pas ça qui vous embarrasse ! et votre choix est déjà fait !

FRANCINE.

Pas encore!... mais, ne fût-ce que par vengeance...

MARCEL, apercevant d'Elvas, à part.

C'est lui!... le voilà... Un officier... un seigneur portugais!

SCÈNE XI.

Les Précédens, D'ELVAS.

D'ELVAS, à Francine.

Me voici exact au rendez-vous!...

MARCEL, avec colère.

Au rendez-vous!... Et j'hésiterais encore!... Adieu, mams'elle... mon parti est pris... je vais où l'on m'attend!

FRANCINE, vivement.

Si vous vous en avisez... si vous sortez...

MARCEL.

A l'instant même, car je ne veux pas vous gêner... Adieu, mam'selle!

(Il sort.)

SCÈNE XII.

D'ELVAS, FRANCINE.

D'ELVAS, étonné

Eh! mais, qu'y a-t-il donc?

FRANCINE.

Ce qu'il y a, monsieur?... celui dont je vous parlais ce matin, que j'ai retrouvé ici à Calais!

D'ELVAS.

Cet amoureux que vous ne vouliez pas épouser par excès d'amour et par manque de fortune?

FRANCINE.

Lui-même! Et je ne vous cache pas qu'il est furieux, qu'il a des idées contre vous!...

D'ELVAS, froidement.

Contre moi?... il a grand tort.

FRANCINE.

Comment! il a grand tort?...

D'ELVAS.

Et la preuve, c'est que je suis enchanté qu'il vous aime et que vous l'aimiez... Cela ne s'oppose nullement à mes vues...

FRANCINE, vivement.

Vous aviez donc des vues?...

D'ELVAS, froidement.

Oui, mademoiselle, j'en ai.

FRANCINE.

Et lesquelles?

D'ELVAS.

De vous marier avec lui... J'ignore son nom, ce qui n'est pas nécessaire... du moins pour moi!...

FRANCINE.

Et comment cela, s'il vous plaît?

D'ELVAS.

En vous donnant une dot de soixante mille livres tournois.

FRANCINE, avec étonnement.

A moi? Francine Camusat!...

D'ELVAS.

Même plus... c'est possible!...

FRANCINE.

O Ciel!... Achevez, monsieur... expliquez-vous... car je crains de vous entendre... et les vues dont vous parliez tout à l'heure...

D'ELVAS.
Sont les plus innocentes du monde.
FRANCINE.
Mais cette dot?
D'ELVAS.
Sera le prix de la discrétion et de la vertu.
FRANCINE.
Est-il possible!... il s'agit donc?...
D'ELVAS.
De vous embarquer aujourd'hui avec moi sans en rien dire à personne.
FRANCINE, vivement.
Eh bien! par exemple... et mes principes?
D'ELVAS.
Vos principes?... Je les embarque avec vous! Je suis le comte d'Elvas, seigneur portugais, commandant le vaisseau de guerre le *San-Carlos*, que d'ici vous voyez en rade.
FRANCINE, avec frayeur.
Un grand seigneur! Raison de plus, monsieur; cela ressemble tout à fait à un enlèvement.
D'ELVAS, gravement.
Un enlèvement de confiance, et vous pourrez en avoir en moi!

COUPLETS.

PREMIER COUPLET.

Que d'autres, vous rendant les armes,
Brûlent pour vous de mille feux,
Moi je promets à tant de charmes
De fermer mon cœur et mes yeux.
Oui, d'une âme décente et pure,
Contemplant vos chastes appas,
    (Avec une expression très tendre.)
Par l'amour, par vos yeux, je jure
    Que... je ne vous aime pas!

DEUXIÈME COUPLET.

En sentinelle, la sagesse
Sur mon bord viendra vous garder;
S'il le faut, je fais la promesse
De ne jamais vous regarder.
Oui, quand je devrais faire injure
Aux amours qui suivent vos pas...
(La regardant avec tendresse.)
Même en ce moment je vous jure
Que je ne vous aime pas.

Et il en sera de même pendant les cinq ou six heures que durera notre voyage... c'est-à-dire jusqu'à ce soir, où nous toucherons la côte d'Angleterre.

FRANCINE.

Ah! nous allons en Angleterre?

D'ELVAS.

Oui, mademoiselle.

FRANCINE.

Et dans quel endroit débarquons-nous? C'est important...

D'ELVAS.

Où vous voudrez...

FRANCINE, étonnée.

Comment! où je voudrai?

D'ELVAS.

Cela m'est tout-à-fait indifférent... Douvres, Brighton, Portsmouth...

FRANCINE, vivement.

Brighton, justement!... (A part.) C'est ce nom-là!... (Haut.) Je préfère Brighton.

D'ELVAS.

A vos ordres!... vous voyez qu'il est impossible...

FRANCINE.

D'être plus galant... et je ne vous adresserai plus qu'une demande : qu'allons-nous faire, vous et moi, en Angleterre?

D'ELVAS.
Je ne puis vous le dire en France.
FRANCINE.
Et pourquoi?
D'ELVAS.
Je croyais vous avoir confié qu'il y avait dans cette affaire deux points indispensables.
FRANCINE, vivement.
La vertu?...
D'ELVAS.
Et la discrétion.
FRANCINE, finement.
C'est par là que je brille!... et la mienne...
D'ELVAS, froidement.
Pourrait s'estimer, à un florin près... ou à un demi-florin... (En tirant un de sa poche et le lui montrant.) Et cette confidence que vous m'avez faite ici, ce matin, à moi que vous voyez pour la première fois!
FRANCINE, avec embarras.
Il y a comme çà des jours... c'est dans le temps... c'est dans l'air.
D'ELVAS.
Oui... l'air de France est mauvais pour les secrets... Il est trop vif, trop léger... voilà pourquoi je préfère celui d'Angleterre, qui est plus épais, plus sombre... Ainsi, mademoiselle, voyez et réfléchissez!... Confiance et silence absolus jusqu'à demain, si cela est possible... Si vous acceptez, je reviens vous prendre dans ma chaloupe et vous mener au *San-Carlos*, qui va mettre à la voile... Dans une demi-heure le départ, ce soir en Angleterre... demain les soixante mille livres tournois!

FRANCINE.

Et le respect ?...

D'ELVAS.

Toujours... cela va sans dire.

(Il salue et sort. Francine le suit quelque temps des yeux, puis revient au bord du théâtre, pouvant à peine contenir sa joie.)

SCÈNE XIII.

FRANCINE, *seule, avec joie.*

FINALE.

Il l'a dit ! il l'a dit ! soixante mille livres !
A chaque instant ma surprise s'accroit.
De tes faveurs, fortune, tu m'enivres.
Et tu fais bien, c'est à bon droit ;
Car la fortune est femme ; entre femmes l'on doit
S'entraider, et je puis, écoutant ma tendresse,
De Marcel à présent récompenser l'amour ;
Je prétends l'épouser aussitôt mon retour.
Et je veux qu'ici même il en ait la promesse
Avant que je m'éloigne...

(Écoutant.)

Car
J'entends les matelots et le chant du départ.

(Francine va prendre chez maître Benjamin tout ce qu'il faut pour écrire, et vient faire sa lettre sur la table qui est près du cabaret, pendant qu'on entend en dehors, en venant du port, des chants lointains.)

CHŒUR.

La voile est préparée ;
La brise désirée
Vient sillonner les flots.
O la belle soirée !
Sur la plaine azurée
Voguons, bons matelots !

(Francine pendant ce temps a écrit sa lettre ; elle se lève au moment où entrent en dansant des grisettes et de jeunes ouvrières, puis après entrent des hommes leurs cavaliers.)

CHŒUR.

Que la soirée est belle !
Le plaisir nous appelle ;
Ouvrière fidèle,
Voici la fin du jour.

ACTE I, SCÈNE XIII.

Là-bas, sous le feuillage,
Le soir après l'ouvrage,
Nous attendent l'ombrage,
Et la danse et l'amour.

UNE JEUNE FILLE, *s'avançant vers Francine.*

Venez-vous, la belle étrangère?
Nous avons, si ça peut vous plaire,
Non loin du port un bal charmant,
De très bon ton et très décent.

FRANCINE.

Je ne puis, mes chères amies.

LA JEUNE FILLE.

Madame est faite, apparemment,
A de plus hautes compagnies.

FRANCINE.

Non pas; mais je pars à l'instant.
Daignez remettre, je vous prie,
Ce billet...

LA JEUNE FILLE.

A qui donc, s'il vous plaît?

FRANCINE.

A Marcel.

LA JEUNE FILLE.

Celui qui se marie
A l'hôtesse du cabaret?

TOUTES.

C'est très-bien, c'est charmant!
Comptez sur notre dévouement.

ENSEMBLE.

LES JEUNES FILLES, *à part.*

L'aventure est nouvelle,
L'occasion est belle,
(*Montrant le cabaret de Simonne.*)
Et l'on pourra sur elle
S'égayer en ce jour!
(*Haut.*)
Le plaisir nous engage;
Là-bas, après l'ouvrage,
On trouve sous l'ombrage
Et la danse et l'amour.

FRANCINE, *à part.*

Hélas! l'heure m'appelle;
Au rendez-vous fidèle,
Il faut montrer du zèle,

Voici la fin du jour.
Mais, vertueuse et sage,
A rien je ne m'engage;
Et pour ce mariage
Je serai de retour.

(A la fin de ce chœur Francine dit adieu à ses compagnes, et sort par la droite, au moment où Marcel paraît de l'autre côté.)

SCÈNE XIV.

Les Précédens; MARCEL, *entrant et rêvant.*

TOUS, à demi-voix.
Silence! c'est Marcel. Ah! pour un fiancé
Quel air mélancolique et quel maintien glacé!

MARCEL, à part et sans voir personne.
Ah! la coquette! ah! l'infidèle!
Malgré moi j'y pense toujours;
Et je soupire encor pour elle
Même en formant d'autres amours.

LA JEUNE FILLE, s'approchant.
Monsieur Marcel.

MARCEL, brusquement.
Ah! laissez-moi.

LA JEUNE FILLE.
Une lettre...

MARCEL, avec humeur.
C'est bien.

LA JEUNE FILLE, la lui montrant.
Une lettre...

MARCEL, la prenant vivement.
Ah! c'est d'elle.
Et ma main tremble et d'amour et d'effroi.

(Il lit la lettre tout bas, et pendant ce temps les jeunes filles le montrent du doigt, et causent entre elles à demi-voix, en l'observant.)

PREMIÈRE PARTIE DU CHŒUR.
Regarde donc! Vois-tu? vois-tu?...

DEUXIÈME PARTIE.
Comme il a l'air troublé!

PREMIÈRE PARTIE.
Joyeux!

ACTE I, SCÈNE XIV.

DEUXIÈME PARTIE.

Emu!

TOUS, entre eux.

Vois-tu? vois-tu?

ENSEMBLE.

MARCEL, après avoir lu.

Ah! quelle ivresse!
De sa tendresse
J'ai la promesse!
Plus de frayeur!
De sa constance
J'ai l'assurance,
Et l'espérance
Rentre en mon cœur.

LE CHŒUR.

Son chagrin cesse!
Oui, de maîtresse
Et de tendresse
Change son cœur.
Plus de souffrance!
Par l'inconstance,
Pour lui commence
Le vrai bonheur.

(Marcel, dans son transport, relit encore la lettre à demi-voix, et toutes les jeunes filles s'approchent pour écouter par derrière lui.)

MARCEL, lisant.

« J'ai dit que je t'épouserais
» Dès que j'aurais de la fortune;
» Je suis sur le point d'en faire une;
» Romps l'hymen que tu projetais.
» Attends-moi; fidèle et sensible,
» Je reviens le plus tôt possible
» Avec mon amour, mes vertus,
    » Et, de plus,
» Une dot de vingt mille écus. »
Son amour!

TOUTES.

Et vingt mille écus!

REPRISE DE L'ENSEMBLE.

MARCEL, avec transport.

Ah! quelle ivresse, etc.

LE CHŒUR.

Son chagrin cesse, etc.

SCÈNE XV.

Les Précédens, SIMONNE.

SIMONNE.
Ah! quelle horreur! quelle infamie!
Pour elle j'en rougis, hélas!

LES OUVRIÈRES.
Qui donc?

SIMONNE.
Votre nouvelle amie;
Je l'ai vue, et je n'y crois pas.

MARCEL, à Simonne avec émotion.
Cette étrangère si jolie?

SIMONNE.
A l'instant le comte d'Elvas
L'enlève.

MARCEL, vivement.
De force?

SIMONNE.
Non pas!
Tous deux, gaiment, le vent en poupe,
S'éloignent dans une chaloupe
Vers un brick portugais... D'ici voyez plutôt!
De loin entendez-vous le chant du matelot?

(Tous rangés sur une seule ligne regardent vers la gauche. On entend dans le lointain le chœur des matelots, accompagné par les chœurs qui sont en scène.)

ENSEMBLE.

MARCEL, à demi-voix.
Ah! mon âme à sa vue
De fureur est émue!
Renfermons en mon cœur
Mon dépit, ma douleur.
(Avec force.)
Plus de tendresse!
Mon amour cesse,
Ame traîtresse,
Cœur imposteur!
L'indifférence
Venge d'avance
Ton inconstance
Et mon malheur.

CHOEUR, dans le lointain.

La voile est préparée;
La brise désirée
A sillonné les flots.
O la belle soirée !
Sur la plaine azurée
Voguons, bons matelots !

CHŒUR DES GRISETTES, à demi-voix, regardant Marcel.

Pour la belle inconnue,
Oui, son âme est émue;
Il renferme en son cœur
Son dépit, sa fureur.
 Ah ! quelle ivresse !
 D'une maîtresse
 Fausse et traîtresse,
 Il perd le cœur ?
 Plus de souffrance !
 Vivent d'avance
 Et l'inconstance
 Et le bonheur !

SIMONNE, à Marcel.

Que vous fait ce départ ?

MARCEL, prenant un air indifférent.
  Moi ? rien.

(A part.)
Que rien à ses yeux ne m'accuse !

SIMONNE, à Marcel.

C'est amusant !

MARCEL, s'efforçant de rire.
  Sans doute ; ça m'amuse.

SIMONNE.

Allons au bal !...

MARCEL, de même.
  Je le veux bien !

SIMONNE.

Et demain...

MARCEL.

Volontiers !

SIMONNE.
  Dès demain nous partons
Avec mon oncle en Angleterre !...

MARCEL.

Trés-volontiers !

SIMONNE, gaiement.
Nous nous y marierons!
MARCEL.
Sur-le-champ!
SIMONNE.
Quel sort prospère!
MARCEL, répétant.
Quel sort prospère!
SIMONNE, riant.
Lorsque nous serons mariés!..
MARCEL, froidement.
Lorsque nous serons mariés...
SIMONNE.
Mais vous ne riez pas!...
MARCEL, s'efforçant de rire.
Si vraiment!... voyez!... voyez!...
CHŒUR GÉNÉRAL.
Le plaisir nous appelle!
Que la soirée est belle!
A la danse fidèle,
Guettons la fin du jour!
Là-bas, sous le feuillage.
Quoique discrète et sage,
On trouve sous l'ombrage
Et la danse et l'amour!

MARCEL, à part, pleurant.
O contrainte cruelle!
Francine! ah! l'infidèle!
Ah! je n'aimerai qu'elle!
Je l'aimerai toujours!
Oui, dans ce mariage,
Il le faut, je m'engage;
Mais, après cet outrage,
Je renonce aux amours!

(Ils sortent tous en dansant, et entraînent malgré lui Marcel.)

FIN DU PREMIER ACTE.

ACTE DEUXIÈME.

Le théâtre représente la taverne de Trim Trumbell. Portes à droite et à gauche; trois portes au fond donnant dans une grande salle.

SCÈNE PREMIÈRE.

MARINS ANGLAIS, *buvant et entourant* MARCEL *qui les salue;* SIMONNE *leur verse à boire.*

INTRODUCTION.

LE CHŒUR.

Honneur aux taverniers fameux
Qui nous apportent de la France
Gaîté, plaisirs, fête, bombance,
Bon visage et vin savoureux!

SIMONNE, aux marins.

Mon oncle Trim nous cède sa taverne.

CHŒUR.

Il n'a jamais rien fait de mieux!
Notre hôtesse a de si beaux yeux!

SIMONNE, à Marcel.

Mais soyez donc gentil!

MARCEL.

C'est toi que ça concerne!
Chez un futur mari, c'est du luxe!

SIMONNE.

C'est bon!
L'on usera, Monsieur, de la leçon!

CHŒUR.

Voyons, Marcel, dis-nous, chacun t'en prie,
Quelque chanson de ta patrie!

MARCEL, à part.

Chanter! quand j'ai la mort au cœur!

SIMONNE, à Marcel.

Chantez donc! ça fait trouver le vin meilleur!
C'est tout profit!...

LE CHŒUR.

Buvons, et répétons en chœur.

MARCEL.
RONDEAU.

PREMIER COUPLET.

Tra, la, tra, la, tra, la, la, la.
Tra, la, tra, la, tra, la, la, la.
Pour chercher la richesse
Antonin s'embarquait.
Et Mina, sa maîtresse,
Au matelot disait :
Que le flot qui t'entraîne
Veille bien sur ton sort,
Et que Dieu me ramène
Mes amours à bon port !
Puis, sa voix au lointain
Confiait son refrain...
Tra, la, tra, la, tra, la, la, la.
Tra, la, tra, la, tra, la, la, la.

DEUXIÈME COUPLET.

Mais un jour se balance,
Au milieu des flots bleus,
Un vaisseau qui s'élance
Comme venant des cieux !
Pour Mina plus de peine,
Car, veillant sur son sort,
Le bon Dieu lui ramène
Ses amours à bon port !
Et sa voix au lointain
Répétait son refrain...
Tra, la, tra, la, tra, la, la, la.
Tra, la, tra, la, tra, la, la, la.

LE CHŒUR.

Bravo ! bravo !... c'est ravissant !..
Vraiment Marcel est un garçon charmant !
Grâce à son chant, grâce à son vin,
Auprès de lui point de chagrin !...

(Marcel sort avec le chœur.)

SCÈNE II.

SIMONNE, TRUMBELL, *entrant mystérieusement par la porte de côté.*

TRUMBELL, à part.

Grâce au Ciel !... les voilà partis !... (A Simonne.
Viens ici, mon enfant, m'aider à avoir une idée.

ACTE II, SCÈNE II.

SIMONNE.

Ah! mon Dieu! comme vous êtes pâle!

TRUMBELL.

C'est ce qui m'arrive assez volontiers quand j'ai peur.

SIMONNE.

Vous! un ancien cromwelliste, une tête-ronde, un enragé puritain!...

TRUMBELL.

C'est pour cela.

SIMONNE.

Qui autrefois, dit-on, ne respiriez que la guerre et le pillage...

TRUMBELL.

Parce qu'alors je n'avais rien; mais aujourd'hui que j'ai du vin dans ma cave et des guinées dans ma poche, je suis pour l'ordre établi... Et voilà ce dont il s'agit : hier, dans la nuit, deux voyageurs sont arrivés dans cette taverne avec une suite nombreuse... tu étais déjà endormie... c'est moi qui les ai reçus. Ils ont demandé deux chambres séparées, les meilleures, qu'ils ont payées d'avance...

SIMONNE.

Jusqu'ici, je ne vois rien d'effrayant.

TRUMBELL.

Attends donc!... Ce matin, je buvais avec un de leurs domestiques, parce que, moi, je ne suis pas fier. je bois avec tout le monde; et ce garçon qui n'est pas habitué à notre porter, s'est mis à jaser... à jaser sur ses maîtres, comme de juste, et m'a avoué à l'oreille que la personne, la jeune dame logée là, était la femme du prétendant, du roi Charles II.

SIMONNE.

Une reine!

TRUMBELL.

Une reine... si on veut... mais nous ne voulons pas!... Il n'y a plus de Stuarts... J'ai juré fidélité à Cromwel, mon général, et à son fils Richard, qui lui succède ; et Trim Trumbell n'a jamais manqué à ses sermens ni à ses principes!

SIMONNE.

Eh bien! alors que voulez-vous faire?

TRUMBELL.

Ce que je veux faire? Par la mordieu! c'est déjà fait!... Il y a un ancien bill qui condamne à mort les Stuarts et tous ceux qui leur donneraient asile...

SIMONNE.

Eh bien! cet asile, vous ne le donnez pas... vous le faites payer.

TRUMBELL.

Je le sais bien... et c'est ce qui me sauve... Mais c'est égal; j'ai voulu, malgré cela, me mettre en règle, et s'il est vrai que j'ai chez moi quelque personne de la famille royale...

SIMONNE.

Ici, dans une taverne! ce n'est guère probable.

TRUMBELL.

Tu crois!

SIMONNE.

Et sur le rapport d'un domestique ivre, vous allez vous effrayer!...

TRUMBELL, à part.

C'est vrai! j'ai peut-être eu tort.

SCÈNE III.

Les Précédens, LADY PEKINBROOK.

TRUMBELL, allant au devant d'elle.

Que vois-je ?... Lady Pekinbrook, la plus grande dame du comté... le plus beau château du pays, dans mon auberge.

LADY PEKINBROOK.

Tu dis vrai ; cette obscure taverne ne devait pas s'attendre à un pareil honneur ni à un autre plus grand encore.

TRUMBELL.

Que dites-vous ?

LADY PEKINBROOK.

Silence, Trim Trumbell. Il y va de l'illustration de ta maison, de son anoblissement peut-être, et à coup sûr de ta fortune...

TRUMBELL.

Serait-ce possible ?

LADY PEKINBROOK.

C'est moi qui te le garantis... moi, Arabelle Pekinbrook, ancienne dame d'atours de la feue reine... moi qui, depuis onze ans, privée de mes honneurs et prérogatives, suis obligée, du fond de cette province, de dévorer en silence mes humiliations et les vingt mille livres sterling de rente qui me sont restées. Mais l'heure approche où le malheur et la fidélité vont enfin recevoir leur juste récompense !... N'est-il pas arrivé cette nuit, mystérieusement, dans ton auberge, une jeune dame et sa suite ?

TRUMBELL.

Oui, milady !

LADY PEKINBROOK, à Trumbell et à Simonne.

Ah! soutenez-moi!... (Vivement.) Non! ne me soutenez pas! conduisez-moi à ses pieds.

TRUMBELL.

Elle n'est pas levée.

LADY PEKINBROOK.

C'est différent... je ne puis, je n'oserai... l'étiquette avant tout... et ce n'est pas moi qui voudrais y manquer... s'agît-il du salut de la monarchie!... Mais dès qu'on aura paru, dès qu'on aura sonné, que quelqu'un vienne me prévenir, m'avertir, dans mon château ici près.

TRUMBELL, montrant Simonne.

Ma nièce.

LADY PEKINBROOK.

Ah! cette jeune fille, c'est ta nièce?... Bien... que cela ne sorte pas de la famille... Et toi, Trim, tu remettras cette lettre à Sa Majes... non, au chambellan, au maréchal, à la première dame d'honneur.

TRUMBELL.

Comment! est-ce que vraiment ce serait?...

LADY PEKINBROOK.

Tais-toi, tais toi! Puisqu'elle a choisi ta maison, je ne doute pas de la pureté de tes sentimens... malgré ta mauvaise réputation de cromwelliste.

TRUMBELL.

Moi!

LADY PEKINBROOK, vivement.

Tant mieux... c'est ce qu'il faut... On dit d'une manière et l'on pense d'une autre; c'est le seul moyen à présent d'être fidèle... Je n'ai pas besoin de vous recommander les soins, le dévouement, le respect...

Voici d'abord une centaine de guinées, sans compter le reste.

SIMONNE ET TRUMBELL.

C'est donc vrai? c'est donc la reine?

LADY PEKINBROOK, à demi-voix.

Oui, mes amis... oui, la princesse de Portugal, la jeune épouse de Charles II, qui vient à travers les périls rejoindre son royal époux.

TRUMBELL, avec embarras et hésitation.

Ah! çà, vous croyez donc que tout ça réussira?

LADY PEKINBROOK.

Il n'y a pas de doute... L'Angleterre est lasse du protectorat... il lui faut une cour, une famille royale, des levers, des réceptions, des plaques et cordons... c'est indispensable à son bonheur!... La mort de Cromwell laisse le pouvoir aux mains de Richard, son fils, dont on ne se soucie guère... et l'on dit de plus que le chef de l'armée, que Monk est pour nous et qu'il trahit par dévouement.

TRUMBELL, avec hésitation.

Ça se peut donc? Et il ne lui arrivera rien, il ne lui sera rien fait?

LADY PEKINBROOK.

Il sera fait duc et pair!

TRUMBELL, à part.

Ah! mon Dieu!

LADY PEKINBROOK.

Ce que je vous recommande, c'est de ne laisser parler la reine, avant moi, à aucun noble du pays... Ils ont tous des prétentions si exagérées, si ridicules... Ce n'est pas comme moi... le cœur, le dévouement, le royalisme purs.

COUPLETS.

PREMIER COUPLET.

Nos destins vont changer, et sous ce règne auguste
Nous serons tous placés, nous serons tous heureux ;
Je fais d'abord nommer mon époux c'est trop juste,
Mes trois fils, mes cousins, mes oncles, mes neveux.
On rétablit pour nous et la glèbe et la dime...
Quel profit nos malheurs nous auront rapporté !
    Ah! qu'il est doux d'être victime,
      De la fidélité !...

DEUXIÈME COUPLET.

Oui, la loi, qui punit la révolte illégale,
De ceux qui n'ont rien fait doit payer les travaux !
Hélas ! sur les Stuarts et la race royale
Nous avons tant pleuré... cachés dans nos châteaux !
Sans avoir rien perdu, ce dévoûment sublime
Doit nous rendre richesse, honneurs et dignité !...
    Ah ! qu'il est doux d'être victime
      De la fidélité !

(A Simonne et à Trumbell.) Silence dévouement, et votre fortune est faite !

                    (Elle sort par la droite.)

SCÈNE IV.

TRUMBELL, SIMONNE, *puis* MARCEL.

TRUMBELL, se frottant le front.

Diable ! diable ! il paraît que c'est la reine et que son parti va réussir.

SIMONNE.

Tant mieux, mon oncle, parce qu'alors, comme disait cette grande dame, notre fortune est assurée.

TRUMBELL.

J'entends bien... mais alors, par fidélité à mes principes, à mes anciens principes... je crains bien d'avoir fait une fameuse bêtise.

SIMONNE.

Comment ? Qu'avez-vous donc ? quel air soucieux !

ACTE, II SCÈNE IV.

TRUMBELL.

Rien! rien! (Appelant.) Marcel! Marcel!

MARCEL, accourant.

Eh bien! quoi que vous me voulez?

TRUMBELL.

Écoute, mon garçon. Tu vas courir chez le shérif, qui demeure à deux milles d'ici... Tu entends?

MARCEL.

Très bien!

TRUMBELL.

Magistrat du pays et médecin de campagne, il est possible qu'il ne soit pas rentré et qu'on ne lui ait pas remis une lettre apporté par maître Trim Trumbell... Alors tu la redemanderas... Tu comprends?

MARCEL.

Très bien!

TRUMBELL.

Peut-être même est-elle encore sur la table où je l'ai mise... Rapporte-la-moi sur-le-champ, et nous sommes sauvés.

MARCEL, étonné.

Comment cela?

TRUMBELL.

Cours, et ne réfléchis pas. Allons! allons! de la vivacité... (Marcel sort.) Toi, ma nièce... (Voyant la première porte à droite s'ouvrir.) La porte s'ouvre! Sa majesté est levée... la reine va paraître.

SIMONNE, avec joie.

Quel plaisir!

TRUMBELL.

Ah bien! oui, il ne s'agit pas de s'amuser... mais d'aller avertir lady Pekinbrook... Dis-lui que sa seigneurerie peut se présenter.

SIMONNE.

Oui, mon oncle.

TRUMBELL, la mettant à la porte.

Eh! va donc!... On ne dirait jamais que ces gens-là arrivent de France... ils ne savent pas se remuer... tandis que moi... Dieu! voici déjà le maréchal, le chambellan, le chevalier d'honneur, et la reine... la reine elle-même... Moi qui sous Cromwel n'avais pas l'habitude d'en voir...

(Il se tient courbé respectueusement.)

SCÈNE V.

D'ELVAS, FRANCINE, TRUMBELL.

D'ELVAS, *s'avançant en donnant la main à Francine et apercevant Trumbell à moitié prosterné.*

Qu'est-ce donc, maître Trumbell? et que veut dire cette posture?

TRUMBELL.

C'est la seule qui me convienne... Je sais, Monseigneur, je sais tout.

D'ELVAS.

Alors, du silence!

TRUMBELL.

Aussi, je me tais... Mais ma maison, ma famille, mes gens, je viens tout offrir à madame.

FRANCINE, étonnée.

A moi?

D'ELVAS, bas à Francine.

Acceptez sans parler!... (Francine fait un geste.) C'est bien!

TRUMBELL.

De plus, une lettre de la comtesse Pekinbrook,

ACTE II, SCÈNE V.

la plus noble dame du pays, qui est déjà venue attendre le lever de...

D'ELVAS.

Il suffit, remettez cette lettre.

(Trumbel passe près de Francine, met un genou en terre et lui présente la lettre.)

D'ELVAS, bas à Francine, qui reste stupéfaite.

Prenez et lisez.

FRANCINE, lisant.

« On ne paraît pas de peur de vous compromettre, mais vous êtes reconnue ; un signe, et l'on est à vos pieds ; un mot, et vingt mille, trente mille guinées sont à votre disposition ; on sollicite l'honneur de vous les apporter... » (Bas à d'Elvas.) Je déclare que si j'y comprends quelque chose...

D'ELVAS, bas.

Ce n'est pas nécessaire... (Haut à Trumbell.) Madame recevra milady... Laissez-nous.

TRUMBELL.

Encore une faveur !... la plus grande de toutes, la permission de baiser le bas de votre robe.

D'ELVAS.

Mieux que cela !... La main que madame vous offre... (Bas à Francine.) Offrez-la-donc !... (Francine la présente à Trumbell, qui l'embrasse.) Quiconque a touché cette main est annobli... Relève-toi, premier maître d'hôtel du palais, baron de Bérigoul !

TRUMBELL, à part.

Moi !... baron !... O Cromwell !... si tu me voyais !... (A haute voix.) Vive la reine !

D'ELVAS.

Tais-toi, tais-toi, et laisse-nous.

(Trumbell sort après avoir salué respectueusement.)

SCÈNE VI.

FRANCINE, D'ELVAS.

FRANCINE, regardant avec étonnement autour d'elle.

Qu'est-ce que tout ça signifie?

D'ELVAS.

J'ai tenu mes promesses, et depuis le moment où nous sommes embarqués, j'espère que mon respect...

FRANCINE.

C'est juste!... deux chambres séparées, et pas un mot d'amour ou de galanterie. Je ne le croyais pas... Mais vous m'avez promis de tout me dire en Angleterre, et nous y sommes.

D'ELVAS.

Tu as raison; écoute-moi donc et tâche de ne rien oublier... (Voyant qu'elle est debout près de lui.) Ah! assieds-toi; c'est plus convenable, si quelqu'un venait... (Francine va s'asseoir.) Sais-tu, d'abord, qu'il y a quelques années l'Angleterre avait un roi qu'on appelait Charles Ier?

FRANCINE.

Ma foi, non! mais il avait là un beau pays, et il devait être bien heureux!

D'ELVAS.

Au contraire; il fut condamné à mort, et sa famille est exilée depuis onze ans.

FRANCINE, étonnée.

Ah! bah! vous en êtes bien sûr!

D'ELVAS.

Tellement sûr que son fils, qu'on nomme Charles II, est débarqué depuis un mois en Angleterre, pour reconquérir son royaume.

ACTE II, SCÈNE VI.

FRANCINE, naïvement.

Je ne demande pas mieux... Mais qu'est-ce que ça peut me faire à moi?

D'ELVAS.

Tu vas le savoir... Il y a une jeune femme, une princesse de Portugal, ma souveraine, à moi!

FRANCINE.

C'est vrai! vous m'avez dit que vous étiez un seigneur portugais.

D'ELVAS.

Cette reine ne veut pas rester plus longtemps séparée de son mari... Malgré nos conseils, qui lui prescrivaient d'attendre en France ou en Hollande, elle a voulu absolument rejoindre le roi et partager son sort et ses dangers.

FRANCINE.

C'est bien à elle... c'est une brave femme!... Mais moi, en quoi ça me regarde-t-il?

D'ELVAS.

Nous y voici... Il fallait tromper la surveillance des croisières anglaises, et, une fois débarqués, donner le change aux espions de Richard et du parlement... Alors, et sur un bâtiment français, un modeste bateau pêcheur, la reine aborde en Écosse, pendant que toi, sur un superbe vaisseau portugais, tu descends sur les côtes d'Angleterre avec assez d'adresse pour que la ville de Brighton et tous les environs sachent déjà que la princesse de Portugal, la femme de Charles II, est cachée dans une taverne de cette ville.

FRANCINE, après un moment de silence.

Eh bien?...

D'ELVAS.

Eh bien !... toutes les forces, tous les constables, toute la police du royaume se concentrent de ce côté... ce qui assure le voyage de la vraie reine et lui permet de rejoindre son époux.

FRANCINE.

Et si pendant ce temps on nous arrête !

D'ELVAS.

Je l'espère bien... et je m'arrange pour cela !

FRANCINE, d'un air inquiet.

Oui, mais moi, ça ne m'arrange pas, et je voudrais savoir ce qui m'arrivera.

D'ELVAS.

Il t'arrivera d'être conduite à Londres, à petites journées... avec les plus grands égards... dans une belle voiture à quatre chevaux... Toi qui aimes à aller en voiture...

FRANCINE, avec joie.

Quatre chevaux !..

D'ELVAS.

Peut-être huit... avec de belles glaces et de beaux cavaliers à chaque portière...

FRANCINE.

Et puis ?...

D'ELVAS.

Et puis, quand nous aurons gagné par là le temps nécessaire, ou même plus tôt, si les événemens le permettent... je dirai la vérité... La reine d'Angleterre redeviendra Francine Camusat... Et comme on n'a jamais été au pouvoir sans qu'il en reste quelque chose... sa royauté lui vaudra, ainsi que je lui ai promis, une soixantaine de mille livres pour sa cassette !

FRANCINE, avec joie.

Vraiment?

D'ELVAS.

Toutes les reines ont une cassette.

FRANCINE.

C'est gentil!... Et qu'est-ce que j'aurai à faire?

D'ELVAS.

Tu l'as déjà vu... être encensée, adorée, recevoir des hommages... et prodiguer en échange des éloges et des remercîmens... donner libéralement sa main à baiser... distribuer, sans les compter, les sourires à ceux qui regardent... les promesses à ceux qui demandent, et les cordons à tout le monde!... Dans les restaurations ça ne coûte rien et ça rapporte... Surtout, silence absolu, même avec nos plus zélés partisans... Ces nobles familles, dont les prétentions, l'indiscrétion et les exigences ont toujours compromis la cause qu'ils voulaient servir... (Voyant entrer lady Pekinbrook.) On vient!... ça commence déjà!... (Haut.) Milady, comtesse de Pekinbrook, que j'ai l'honneur de présenter à Sa Majesté. (A Francine.) Un sourire gracieux!...

(Francine fait un sourire à lady Pekinbrook.)

SCÈNE VII.

LES PRÉCÉDENS, LADY PEKINBROOK.

LADY PEKINBROOK, très émue.

Ah! Madame! ah! Votre Majesté!... La surprise, la joie, l'attendrissement... J'avais là-dessus trois ou quatre phrases qu'il m'est impossible d'achever... L'émotion m'a rendue muette!...

D'ELVAS.

C'est un genre d'éloquence qui a bien son prix...

et que Sa Majesté préfère... (A lady Pekinbrook qui est prête à se trouver mal.) Eh bien! que faites-vous donc, Milady?... Vous trouver mal devant la reine!...

LADY PEKINBROOK, avec une transition brusque.

C'est juste!... l'étiquette!... C'est, je crois, monsieur le comte d'Elvas que j'ai l'honneur de revoir... marquis de Villareal et parent de la nouvelle reine?

D'ELVAS.

Moi-même, qui l'année dernière, ai vu à Bréda, près du roi Charles II, monsieur le comte et madame la comtesse de Pekinbrook!...

LADY PEKINBROOK, à Francine.

Sa majesté n'avait pas encore quitté le Portugal.

D'ELVAS.

A peine mariée... c'est la première fois qu'elle daigne se montrer à ses fidèles sujets d'Angleterre!...

LADY PEKINBROOK.

Aussi je tenais ardemment à lui jurer la première serment de fidélité... car tous les nobles des environs étaient aux aguets pour me ravir cet honneur... et ils sécheraient de jalousie s'ils savaient seulement toutes les choses aimables et gracieuses que Sa Majesté a daigné m'adresser!...

FRANCINE, bas à d'Elvas.

Je n'ai encore rien dit!

D'ELVAS, bas.

C'est ce qu'il faut... Continuez de même!

LADY PEKINBROOK.

Ah! j'en garderai un éternel souvenir!... Nous le méritons, j'ose le dire, par l'inébranlable attachement que nous avons montré à la dynastie déchue... Lord Pekinbrook, mon époux, a toujours gardé sous l'usurpateur un silence obstiné et séditieux... Il est toujours resté dans ses terres et ne s'est jamais montré. Aussi, j'ose espérer que ces onze ans de dévouement et de services ne seront pas stériles... et que Sa Majesté daignera se le rappeler pour le premier gouvernement vacant! Moi, autrefois dame d'atours, je ne demande rien pour moi... rien que mon rang, avec les droits attachés à l'ancienneté...

D'ELVAS, avec un signe abbrobatif.

Comment donc!...

LADY PEKINBROOK, continuent.

Mais je demanderai, en revanche, un régiment pour mon fils aîné, l'ordre de Saint-André pour les deux autres... Et quant à mes trois derniers, dont je garantis le jeune dévouement, je les présente avec confiance comme pages de Votre Majesté!

FRANCINE, à lady Pekinbrook.

Vous n'avez pas d'autres parens?

LADY PEKINBROOK, avec effusion.

Ah! Madame! je sens tout ce que cette demande a de gracieux, de généreux, de vraiment royal!...

SCÈNE VIII.

Les Précédens, TRUMBELL, puis SIMONNE.

TRUMBELL, accourant.

Madame!... Madame!...

LADY PEKINBROOK.

Qu'est-ce donc?

D'ELVAS, à part, avec joie.

Viendrait-on nous arrêter!

TRUMBELL.

Tous les nobles du pays qui arrivent!...

D'ELVAS, tristement, à part.

Ah! que cela...

TRUMBELL.

Je les ai tous reconnus!... ils sont là dans le salon de cent couverts à attendre Sa Majesté.

LADY PEKINBROOK, bas à Trumbell.

Maladroit!... Vous les avez donc prévenus?

TRUMLELL, de même.

Eh! non... ils sont venus tout seuls!...

LADY PEKINBROOK.

Preuve, comme je le disais, que nos affaires vont à merveille!... Aussi Sa Majesté va être accablée de harangues et de demandes auxquelles je voudrais la soustraire.

D'ELVAS.

Impossible!... Il faut que la reine reçoive.

FRANCINE, à demi-voix.

Vous croyez?... Et que leur dire?

D'ELVAS, de même.

Toujours la même chose.

FRANCINE, de même.

Ça n'est pas difficile... (Haut. Mais recevoir ainsi, en costume de voyage... l'on dirait plutôt d'une grisette que d'une majesté, tant la mienne est chiffonnée... (D'elvas lui fait un signe; elle lui dit à demi-voix.) Chiffonnée... ça se dit!...

LADY PEKINBROOK.

N'est-ce que cela?... J'ai tout prévu... j'avais chargé la jeune fille qui est venue m'annoncer votre arrivée...

TRUMBELL, avec fierté.

Ma nièce!

LADY PEKINBROOK, continuant.

D'apporter à Votre Majesté quelque robe de cour...
(A Simonne, qui vient de la droite portant plusieurs cartons.) Déposez
cela dans l'appartement de la reine... (A Francine) J'y
ai joint quelques coiffures à moi...

FRANCINE, à part.

Qui ne m'iront jamais!

LADY PEKINBROOK, à Simonne qui est au fond du théâtre.

Laissez ce carton... (Simonne laisse un carton et porte les autres dans l'appartement à droite, et rentre un instant après.) C'est ce
qu'il y a de plus nouveau... cela vient de France.

FRANCINE, vivement.

Ah! voyons!... Je vous dirai tout de suite si c'est
d'un bon genre... s'il y a du style... Il faudrait d'a-
bord savoir de quel magasin... (Un regard de d'Elvas l'arrête.)
De quel magasin ça vient?
(Pendant ce temps Simonne est rentrée, a ouvert le carton et présente une
toque à lady Pekinbrook.)

QUINTETTE.

LADY PEKIMBROOK, à Francine, lui montrant sa coiffure.
Cette toque plaît-elle à Votre Majesté?

FRANCINE, l'examinant.

Mais oui, c'est fort gentil...

(A part, regardant lady Pekimbrook.)
Pour une tête anglaise.
Ce n'est pas trop mal ajusté.

LADY PEKIMBROOK, à Simonne.

Approchez, mon enfant!... Cette jeune Française
Va m'aider à vous la poser!

FRANCINE.

Je la mettrai mieux seule...

D'ELVAS, arrêtant Francine.
On ne peut refuser
Des services offerts avec autant de grâce.

FRANCINE, bas à d'Elvas.
Elles vont me coiffer de travers!

D'ELVAS, bas.

> Dans ta place
On est toujours fort bien !

LADY PEKINBROOK, plaçant la toque sur la tête de Francine.

> C'est cela, m'y voici...

(A Simonne.)

> Mets des épingles par ici !...

SIMONNE, s'approchant.

> Quel bonheur ! coiffer une reine !

FRANCINE, sans la regarder.

> Tâchez au moins que cela tienne !

(Jetant un cri.)

> Maladroite !... vous me piquez !...

SIMONNE, confuse.

> C'est le trouble...

LADY PEKINBROOK.

> Vous répliquez !...

TRUMBELL, à Simonne.

> Vous osez repliquer à votre souveraine !

SIMONNE, levant les yeux et reconnaissant Francine.

> Pardon !... Dieu ! qu'ai-je vu ?... Non ! non !... j'y crois à peine ?
> C'est vous, qui... c'est vous, que...

D'ELVAS ET FRANCINE, la reconnaissant.

> Simonne !... quel malheur !

FRANCINE, à part.

> Elle va renverser mon trône et ma grandeur !

ENSEMBLE.

SIMONNE.

> Étrange surprise !
> Et que croire ici ?
> C'est une méprise
> Qui m'abuse ainsi.
> Je la quitte à peine
> Dans son magasin !
> Et la voici reine !
> Dieu ! quel beau chemin !

LADY PEKINBROOK ET TRUMBELL.

> D'où vient ta surprise ?
> Qui t'agite ici ?
> C'est quelque méprise
> Qui la trouble ainsi.

ACTE II, SCÈNE VIII.

Je respire à peine !
Cela peut enfin
Offenser la reine !
Pour nous quel chagrin !

FRANCINE ET D'ELVAS, à part.

Fatale surprise !
Elle peut ainsi,
D'un mot, à sa guise,
Tout changer ici !...
Et, quoi qu'il advienne,
Renvoyer soudain
Une noble reine
Dans son magasin !

TRUMBELL, à Simonne.

Allons, qu'as-tu ?... réponds !

LADY PEKINBROOK.

Connais-tu la princesse ?...

SIMONNE, troublée.

Moi ! non !... oui !... non !...

LADY PEKINBROOK.

Où l'as-tu vue, enfin ?
A sa cour ?...

SIMONNE.

Ah ! bien, oui !...

LADY PEKINBROOK.

Voyez que.le hardiesse !

SIMONNE.

Je la vis !...

LADY PEKINBROOK.

Où cela ?...

SIMONNE.

Mais dans un magasin
De modes...

LADY PEKINBROOK.

Quelle fable !...
Une reine modiste !

TRUMBELL.

Ah ! c'est invraisemblable !...

LADY PEKINBROOK.

Pis que cela !... c'est une indignité !...

D'ELVAS.

Vous vous trompez... car c'est la vérité !

TOUS.

Que dit-il?... quel mystère!
Est-ce la vérité?

FRANCINE, à part.

Ciel! que dire!... et que faire!..
Adieu ma majesté!..

D'ELVAS.

Sachez ici tout le mystère!

TOUS.

Voyons, écoutons le mystère!

D'ELVAS.

Dans les murs de Calais, cachant son noble rang,
Sous le modeste habit d'une simple ouvrière,
Ma noble souveraine attendait le moment
De s'embarquer pour l'Angleterre!

FRANCINE, à part.

Le comte ment fort gentiment!

LADY PEKINBROOK.

J'en étais sûre... une simple ouvrière
N'aurait pas cet air imposant!...

FRANCINE, à part.

La vieille s'y connaît vraiment!...

TRUMBELL, à Francine.

Daignez lui pardonner ce tort!

FRANCINE, avec dignité.

Je lui pardonne... Et d'ailleurs j'aime fort
Les modistes... Aussi, je veux en souveraine
Encourager cet art, où brillent de tous temps
La constance, les mœurs, les vertus, les talents!

ENSEMBLE.

FRANCINE, à part.

Je l'échappe belle
Pour ma dignité!
Le sort est fidèle
A Ma Majesté!
Mais de la grisette,
Avec vérité,
Combien je regrette
La franche gaîté!

D'ELVAS, à part.

Nous l'échappons belle
Pour sa dignité!

ACTE II, SCÈNE VIII.

Le sort m'est fidèle.
Mais, en vérité,
De notre grisette
La vive gaîté
Perce sous l'aigrette
De Sa Majesté.

LES AUTRES.

Mon Dieu ! qu'elle est belle !
Quel air de fierté !
Ah ! quel cœur rebelle
Aurait résisté ?
Quelle erreur complète,
D'avoir hésité
Entre une grisette
Et Sa Majesté !

D'ELVAS, à Simonne après avoir parlé bas à Francine.

Pour vous prouver sa royale indulgence,
Sa Majesté vous fait une faveur !

SIMONNE ET TRUMBELL.

Une faveur !... Quelle douce espérance !

D'ELVAS.

On daigne vous nommer demoiselle d'honneur.

LADY PEKIMBROOK, stupéfaite.

Demoiselle d'honneur !...

SIMONNE.

    Cet état-là, je pense,
N'est pas aisé à...

TRUMBELL.

    Quelle reconnaissance !

FRANCINE, bas à d'Elvas.

Mais ça ne lui va pas du tout !

TRUMBELL.

Vous verrez son futur... c'est un garçon de goût !
Nous vous l'amènerons...

FRANCINE.

   Son futur !
(A part.)
      Je n'ose
Lui demander son nom... Si c'était...

SIMONNE, à Francine.

      C'est Marcel
Que vous connaissez bien !...

FRANCINE, vivement.

Marcel!... Ah! je m'oppose
A cet hymen!... Je le défends!...

TRUMBELL ET SIMONNE.

O Ciel!

D'ELVAS, surpris.

Pourquoi cela?...

FRANCINE, bas à d'Elvas.

Mais c'est celui que j'aime...
Et, je vous le déclare ici,
Trône, faveurs, richesse, honneur suprême,
Je vous rends tout... je ne garde que lui!

D'ELVAS, bas à Francine.

Mais tais-toi donc!
(Haut à Trumbell.)
La reine pense
Qu'il faut à votre nièce une noble alliance,
Un duc, un comte, un grand seigneur!

TRUMBELL.

Cela me semble juste, avec notre grandeur!
(A Simonne.)
Qu'en dis-tu?...

SIMONNE.

S'il faut être sincère,
Je dis qu'un grand seigneur serait assez l'affaire
D'une demoiselle d'honneur!

FRANCINE, à part.

Pauvre Marcel!... va! l'on ne t'aime guère!

D'ELVAS, bas à Francine.

Tu vois que, grâce à moi, tu gardes en ce jour
Et ta couronne et ton amour!...
(Haut et montrant la porte du fond.)
Mais la noblesse attend...

LADY PEKINBROOK.

La royale toilette
De Sa Majesté n'est pas faite!

FRANCINE.

Simonne, suivez-moi... car dès ce moment-ci
Je vous attache à moi...
(A part.)
Pour l'éloigner de lui!...

ENSEMBLE.

FRANCINE, à part.

Je l'échappe belle, etc.

D'ELVAS.

Nous l'échappous belle, etc.

LES AUTRES.

Mon Dieu ! qu'elle est belle, etc.

(D'Elvas, comme chevalier d'honneur, présente l'avant-bras à Francine, qui sort en s'appuyant sur lui et en faisant de l'autre main un salut de protection à Trumbell. Elle donne quelques ordres à lady Pekinbrook, qui répond par une révérence; puis elle entre avec d'Elvas dans les appartemens à droite. Simonne les suit.)

SCÈNE IX.

TRUMBELL, LADY PEKINBROOK.

TRUMBELL, avec enthousiasme.

Sa Majesté est charmante !... nommer ma nièce demoiselle d'honneur !

LADY PEKINBROOK, à part.

Nomination que nous rectifierons !... (Haut) Je vais, de la part de la reine, près de la noblesse qui est là, dis-tu...

TRUMBELL, montrant la porte du fond.

Dans le salon de cent couverts.

LADY PEKINBROOK.

Les prévenir que Sa Majesté va recevoir leurs hommages... Mais pendant qu'ils sont tous à attendre la réussite, sans rien oser, sans rien hasarder... si à nous deux nous devancions les événemens...

TRUMBELL.

Comment cela ?

LADY PEKINBROOK.

Dans cette petite ville, qui est toute royaliste et où il n'y a pas un soldat presbytérien, nous pouvons, sans rien craindre, risquer une manifestation courageuse qui nous fera un honneur infini... Fais sonner les cloches de la paroisse.

TRUMBELL.

Moi!

LADY PEKINBROOK.

Et, par ordre du comte d'Elvas, je vais faire tirer l'artillerie du vaisseau *le San Carlos.*

TRUMBELL.

Prenez garde!... prenez garde!... Ne nous pressons pas! Il peut y avoir du danger.

LADY PEKINBROOK.

Aucun!... un seul shérif à deux milles d'ici... Comme médecin, il est toujours en route... Il faudrait donc que quelqu'un se fût chargé exprès de l'avertir chez lui...

TRUMBELL, à part.

Ah! mon Dieu!

LADY PEKINBROOK.

Pour qu'il allât lui-même au cantonnement voisin requérir des soldats... Et qui nous aurait dénoncés?

TRUMBELL, tremblant.

Qui?

LADY PEKINBROOK.

Ce n'est pas moi!

TRUMBELL, de même.

Ni moi non plus!... (A part.) Mais cette maudite lettre... si je pouvais la ravoir!

SCÈNE X.

Les Précédens, MARCEL, *accourant*.

MARCEL.

Mon oncle, mon oncle! me v'là!... J'ai joliment couru... Votre lettre que je vous rapporte!

TRUMBELL, la saisissant vivement et la cachant dans sa poche.

Vive le roi!... ou plutôt, vive la reine!... (A Marcel qui veut parler.) Tais-toi!

LADY PEKINBROOK.

Qu'est-ce donc?

TRUMBELL.

Rien!... c'est-à-dire rien... d'excellentes nouvelles... Le ciel se déclare pour la bonne cause... Faisons tirer le canon! faisons sonner les cloches! rendons à notre souveraine tous les honneurs dus à son rang... De plus je veux et j'entends qu'ici, dans ma maison, tout mon monde soit sous les armes!

LADY PEKINBROOK.

C'est juste!... c'est juste! il faut à Sa Majesté une garde d'honneur!

TRUMBELL, à Marcel, lui donnant une carabine.

Prends ma carabine!

MARCEL, étonné.

Moi!

TRUMBELL.

N'aie pas peur... Elle n'est pas chargée... elle ne l'est jamais.

LADY PEKINBROOK, à Marcel.

Toi... en faction à cette porte!... Ta consigne est de rester ici... de présenter les armes à Sa Majesté... de ne laisser entrer personne sans son ordre ou le mien... et surtout de ne pas quitter ton poste... ou sinon passé au conseil de guerre... Présentez armes!... c'est bien !

(Marcel porte les armes à lady Pekinbrook, qui sort par le fond.)

SCÈNE XI.

MARCEL, *en faction;* TRUMBELL, *causant avec lui.*

TRUMBELL.

Eh bien ! mon garçon !... voilà de fameux événemens !

MARCEL, s'avançant vers lui.

Bien vrai ?

TRUMBELL.

Reste donc à ton poste !... (Marcel se remet en faction.) Oui, mon enfant : je l'ai vue, cette grande reine, qui s'asseyait elle-même ici, sur cette chaise !

MARCEL.

Diable ! je voudrais bien la voir aussi !

TRUMBELL.

Ça ne tardera pas ! car elle est là, dans cet appartement, à sa toilette, avec ma nièce qu'elle a nommée demoiselle d'honneur.

MARCEL, s'avançant.

Pas possible !...

TRUMBELL.

Reste donc à ton poste ! (Même jeu.) Et moi, maître d'hôtel du palais, baron de Bérigoul !

MARCEL, étonné.

Vous.

TRUMBELL.

Comme tu vois ! et je n'en suis pas plus fier !... A

ACTE II, SCÈNE XI.

propos de ça, mon pauvre garçon, j'ai une mauvaise nouvelle à t'annoncer : tu ne peux plus épouser ma nièce!

MARCEL.

Pour quelles raisons?

TRUMBELL.

La reine ne le veut pas, ni nous non plus.

MARCEL.

A cause?...

TRUMBELL.

A cause de l'élévation de notre rang et de la bassesse du tien!...

MARCEL.

Vous!... un partisan de Cromwell... un puritain qui voulez l'égalité!

TRUMBELL.

C'est vrai! je veux que tout le monde soit riche et grand seigneur!... voilà comme j'entends l'égalité, et comme tu n'as pas de celles-là...

MARCEL, avec colère.

Eh bien! par exemple!... (Se reprenant.) Ce n'est pas tant pour la chose... car ça m'est égal d'être marié ou garçon... mais dire qu'en France et en Angleterre personne ne veut de moi à cause de ma fortune... il y a de quoi la prendre en haine!...

TRUMBELL.

Et elle est capable de te le rendre... Mais console-toi ; la reine est excellente, et si tu lui demandes quelque chose, la moindre chose... d'être chevalier ou marquis, je suis sûr qu'elle te l'accordera!

MARCEL.

Je verrai.

TRUMBELL.

Et alors, sur le champ nous consentirons.

MARCEL.

Vous êtes bien bon... je vous remercie...

TRUMBELL.

C'est moi qui te remercie de la course de tout à l'heure, et de la lettre que tu m'as apportée.

MARCEL.

Il n'y a pas de quoi... La vieille gouvernante du shérif ne voulait pas me la rendre... mais moi j'ai dit : Il me la faut ! mon oncle Trim Trumbell veut la ravoir... ou sinon !

TRUMBEL.

C'est bien !

MARCEL.

Ne vous fâchez pas, qu'elle m'a alors répondu... j'ai vu monsieur le shérif la mettre là, dans son tiroir... Elle l'en a retirée et me l'a donnée !

TRUMBELL, avec effroi.

Comment !... le shérif était donc rentré ?...

MARCEL.

Oui, sans doute !

TRUMBELL.

Il l'aura lue ?...

MARCEL.

Apparemment !...

TRUMBELL, fouillant dans sa poche, et en retirant la lettre.

En effet !... elle a été décachetée !... elle a été ouverte !...

MARCEL.

Qu'est-ce que ça vous fait ?... puisque vous l'avez.

TRUMBELL.

Ce qu'il m'importe !... ah ! mon Dieu !... que devenir ?... Dis-moi, mon garçon...

MARCEL.

Je ne peux pas... je vais à mon poste... N'entendez-vous pas ?...

TRUMBELL, avec frayeur.

Miséricorde !... Qu'est-ce qu'il va arriver ?

(On entend sonner les cloches. On tire le canon. On bat le tambour. Les portes de l'appartement de droite s'ouvrent, ainsi que celles du fond. Marcel, qui s'est remis en faction, présente les armes à Francine, qui paraît en grande toilette de cour, se dirigeant vers la salle du fond en donnant la main à d'Elvas; Lady Pekinbrook vient d'ouvrir les portes du fond et paraît en tête de la noblesse. Tout cela sur une ritournelle très brillante.)

SCÈNE XII.

LADY PEKINBROOK, annonçant.

La reine, Mesdames !...

(Au moment où Francine passe devant Marcel, il jette un cri, et son arme lui tombe des mains. Il fait un mouvement pour courir vers elle; mais d'Elvas, qui s'en aperçoit, entraîne Francine, et les portes du fond se referment sur eux et sur leur suite.)

SCÈNE XIII.

MARCEL, seul, vivement ému.

Ah ! qu'ai-je vu, grands dieux !
En croirai-je mon cœur? en croirai-je mes yeux !

ROMANCE.

PREMIER COUPLET.

Est-ce elle ?... est-ce un songe, un prodige
Qui vient de m'apparaître ici?
Elle en ces lieux ! ô doux prestige !
Ah ! pourquoi si vite as-tu fui !...
Mais cette parure si belle,
Cette pompe, cette grandeur,
Et puis cet air plein de froideur...
(Avec tristesse.)
Je me trompais, ce n'est pas elle !
C'était un rêve de mon cœur!

DEUXIÈME COUPLET

Est-ce elle qui, superbe et fière,
Passerait devant son ami,

Lorsque mon âme tout entière
Rien qu'à son aspect a frémi !
Pourtant j'ai vu sous la dentelle
Son trouble, et, je crois, sa rougeur...
Et puis son regard enchanteur !
(Avec passion.)
Ah ! jamais pour une autre qu'elle
N'aurait ainsi battu mon cœur !...

(Voyant la porte du fond s'ouvrir.) On approche... la porte du fond s'ouvre... Ah ! mon Dieu !...

(Il se remet vivement à son poste.)

SCÈNE XIV.

MARCEL, *en faction*; FRANCINE, *parlant au fond aux nobles dames qui sont entrées avec elle.*

Je demande quelques instans de repos... Lady Pekinbrook voudra bien me remplacer... (A part, et redescendant la scène.) Enfin, j'ai pu me soustraire à la surveillance de M. le comte qui ne me quittait pas des yeux... et pendant qu'il allait donner des ordres pour le banquet... C'est très fatigant, mon état, surtout quand on n'en a pas l'habitude !... Ils sont tous à me demander des audiences particulières... (Apercevant Marcel qui lui présente les armes.) en voilà un qui n'en demande pas et qui en a peut-être grande envie !

DUO.

MARCEL, *en faction.*
Je n'ose !

FRANCINE, *à part.*
Il hésite !...

MARCEL.
Ah ! je tremble !

FRANCINE, *de même.*
Il a peur !

MARCEL.
Quel tourment !

ACTE II, SCÈNE XIV.

FRANCINE.
Il s'approche !

MARCEL, inquiet, s'arrêtant.
Halte-là !

FRANCINE.
Quel malheur !

ENSEMBLE.
Comme mon cœur palpite !
Serait-ce la frayeur !
Non... non... ce qui l'agite
Est plutôt du bonheur !

MARCEL, à part.
Quitter le poste que l'on garde,
Je le sais est fort dangereux.

FRANCINE, à part.
Il ne vient pas...
(Se détournant.)
Mais il regarde...

MARCEL, courant à elle.
O ciel ! voilà ses jolis yeux !

FRANCINE, d'un ton de princesse.
Que me veut cette sentinelle ?...

MARCEL, stupéfait.
Je me trompais... ce n'est pas elle !
Francine m'aurait reconnu !

FRANCINE, à part.
Pauvre Marcel ! qu'il est ému !
Eh bien ! il retourne à sa place !
(Avec dignité.)
Approchez, mon garçon... Peut-être voulez-vous
Obtenir de moi quelque grâce !

MARCEL, à part, avec joie.
Ah ! voilà ses accens si doux !

FRANCINE, avec coquetterie.
Vous ferais-je peur ?...

MARCEL, venant à elle.
Au contraire...
C'est que... c'est que... malgré votre air sévère...

FRANCINE.
Eh bien !...

MARCEL.
Je crois voir !...

FRANCINE.
Quoi donc?...
MARCEL, vivement.
Une coquette!... une ingrate!...
(S'arrêtant.
Ah! pardon!
Mais Votre Majesté possède sa figure!
FRANCINE, feignant la surprise.
Moi!..
MARCEL.
Ses regards et sa tournure!
FRANCINE.
Vraiment!
MARCEL.
Sa taille et ses attraits!
FRANCINE.
Vous riez?
MARCEL.
Enfin dans vos traits
Chacun reconnaîtrait l'image...
FRANCINE.
De quoi?...
MARCEL.
De son doux et charmant visage!
FRANCINE, avec coquetterie.
Ah! vous croyez?...
MARCEL, avec passion.
Eh! tenez, maintenant,
Je trouve qu'en vous regardant...
C'est toi!... c'est vous!...
FRANCINE, sévèrement.
Arrêtez, insolent!...

ENSEMBLE.

MARCEL, à part.
Ah! je respire à peine!
Est-on plus fou que moi?
Aller prendre une reine
Pour l'objet de sa foi!
FRANCINE, à part.
Je gémis de sa peine!
Qu'il a d'amour pour moi!

Ah! que l'état de reine
Est un pénible emploi!

MARCEL, avec expression.

Pardonnez-moi, pardonnez-moi, Madame;
J'ai grand tort... mais à votre aspect
Malgré moi j'éprouve en mon âme
Bien plus d'amour que de respect!
A vos genoux chacun implore
Votre rang votre dignité!
Moi, c'est une autre que j'adore
Aux pieds de Votre Majesté.

ENSEMBLE.

MARCEL.

Ah! je respire à peine, etc.

FRANCINE.

Je gémis de sa peine, etc.

FRANCINE, s'oubliant peu à peu.

Vous l'aimez donc bien?

MARCEL, avec chaleur.

Si je l'aime!...
Ah! comme l'on n'aima jamais!

FRANCINE.

Mais qui sait... peut-être elle même
Partage-t-elle vos regrets?

MARCEL.

Oh! non, non, c'est une volage!

FRANCINE.

Qui vous l'a dit?

MARCEL.

Hélas! mon cœur.

FRANCINE, vivement.

Vous vous trompez!

MARCEL.

Elle a, je gage,
D'autres amans!

FRANCINE.

C'est une horreur!...

ENSEMBLE.

MARCEL, surpris, à part.

Mon Dieu! quel délire
Agite son cœur!

Le mien y croit lire
Son ancien bonheur!
Chaque mot m'enflamme;
Quel doux souvenir!
Et je sens mon âme
Renaître et mourir.

FRANCINE, à part.
Que viens-je de dire?
Quel trouble en son cœur!
Le mien y croit lire
Notre ancien bonheur!
Chaque mot m'enflamme;
Quel doux souvenir!
Ah! je sens mon âme
Renaître et mourir.

FRANCINE, à part, avec agitation.
Je n'y tiens plus!... Quand il m'accuse,
Adieu le trône et la grandeur.

MARCEL, de même.
Est-ce mon amour qui m'abuse?
Est-ce encore une triste erreur?

FRANCINE, s'oubliant.
Marcel! pauvre Marcel!..
(S'arrêtant.)
Ciel! que viens-je de faire?

MARCEL, hors de lui.
Ah! voilà sa voix d'autrefois.

FRANCINE, à part.
Ici, tout est perdu!... ma dot et le mystère!

MARCEL, avec agitation.
Vous m'avez appelé?

FRANCINE, hésitant.
Tout à l'heure, je crois,
Le maître de ces lieux te nomma.

MARCEL, avec transport, tombant à ses genoux.
Cette fois,
Non, je ne rêve plus! c'est toi que je revois!

ENSEMBLE.

MARCEL.
Mon Dieu! quel délire, etc.

FRANCINE.
Que viens-je de dire? etc.

ACTE II, SCÈNE XV.

(Au moment où Marcel tombe aux pieds de Francine et lui prend la main, les portes du fond s'ouvrent, et d'Elvas, lady Pekinbrook, Simonne, Trumbell, les seigneurs et les dames de Brighton, les gens de la taverne, entrent à la fois, et tous s'arrêtent stupéfaits à cette vue.)

SCÈNE XV.

LES PRÉCÉDENS, D'ELVAS, LADY PEKINBROOK, SIMONNE, TRUMBELL, Seigneurs, Dames, Valets et Gens de la taverne.

FINALE.

TOUS, avec surprise.

Ciel! un homme aux pieds de la reine!

SIMONNE ET TRUMBELL.

C'est Marcel!

D'ELVAS, courant à Francine et bas.

Qu'as-tu fait?

(Haut.)

Je devine sans peine,
Cet homme de quelque faveur
Rendait grâce à sa souveraine.

FRANCINE, souriant.

Oui, sans doute...

(A part.)

D'une faveur
Que j'allais faire de bon cœur.

D'ELVAS, bas à Francine.

Songe à la dot... sois plus fière.

TRUMBELL.

Attendez! attendez! j'y suis...
Peut-être on le nommait marquis?

D'ELVAS.

C'est cela!

FRANCINE.

Laissez donc... marquis! la belle affaire!
Je veux le nommer duc!

TOUS.

Ah! pour lui quel bonheur

MARCEL, tristement et la regardant.

Mon Dieu! c'était donc une erreur!

TRUMBELL, à Marcel,

Ah! puisqu'ainsi que nous te voilà grand seigneur,
Plus d'obstacle à ton mariage.

FRANCINE, à d'Elvas.

Comment! que dit-il donc?

TRUMBELL, a Marcel.

Ma nièce est à toi.

FRANCINE, avec un dépit concentré.

Mais du tout!

TRUMBELL.

Leur bonheur est ici votre ouvrage.

FRANCINE, a part.

Qu'entends-je?...
(A d'Elvas.)
De colère j'enrage.
A moi seul il promit sa foi.

LE CHŒUR, montrant Francine.

Ah! qu'elle est bonne! ah! qu'elle est belle!
A chaque instant un doux bienfait
Récompense un ami fidèle
Et lui gagne un nouveau sujet!

SCÈNE XVI.

LES précédens, un SHERIF, *suivi* de Soldats.

LE SHÉRIF, aux soldats.

Emparez-vous de cette porte!
Au nom du parlement
Que personne ne sorte!

TOUS, avec effroi.

Ah! grand Dieu! quel événement!

D'ELVAS, a part, avec joie.

A la bonne heure donc!... il s'est bien fait attendre!
Mais il vient à propos.

LE SHÉRIF a Francine.

Que Votre Majesté
Ici daigne m'entendre...

D'ELVAS, avec dignité.

Non, monsieur!... pas un mot!... à votre autorité
Il faut malgré nous satisfaire!
Qu'exigez-vous de nous?

ACTE I, SCÈNE XVI.

LE SHÉRIF.
Au château de Brighton
Vous nous suivrez tous deux.

TOUS, consternés.
Notre reine en prison !...

FRANCINE, avec fermeté.
Je n'obéirai pas à cet ordre sévère !

TOUS, avec chaleur.
Comptez sur nous !... nous vous protégerons !
Pour vous défendre nous mourrons !
Justice ! vengeance
Contre nos tyrans !
C'est trop de souffrance !
C'est trop de tourmens !
Pour notre princesse,
Fidèles sujets,
Tous nos bras sans cesse
Ici seront prêts !

FRANCINE, d'un mouvement spontané.
C'en est trop !... calmez votre peine ;
Apprenez tout... je ne suis pas la reine !...

TOUS, avec étonnement.
Que dit-elle ?...

FRANCINE, montrant d'Elvas.
Et monsieur le comte d'Elvas
Vous le certifiera !...

D'ELVAS, avec hypocrisie.
Certes ! je n'ose pas
Vous démentir, Madame... Ordonnez... je vais dire
Tout ce que vous voudrez !...

FRANCINE, à d'Elvas, avec colère.
Mais c'est mille fois pire !...

TOUS, montrant d'Elvas.
Le maladroit !...

LE SHÉRIF, à Francine.
Pour cacher votre rang
Il est trop tard !

FRANCINE, à part.
Dieu ! que faire à présent !
(Regardant Marcel et Simonne.)
En prison !... et l'on va les marier peut-être !

LE SHÉRIF, à Francine.

Daignez me suivre!...
(Aux seigneurs.)
Et pas de violence!...

D'ELVAS, de même.

La reine vous défend de faire résistance!
Mais vous la vengerez plus tard!...

TOUS.

Nous le jurons!

D'ELVAS, à Francine.

Allons, madame... obéissons!...

CHŒUR GÉNÉRAL.

Ah! quel désespoir!... notre reine
Est ainsi ravie à nos yeux!...
Mais pour vous, noble souveraine,
Nos cœurs feront plus que des vœux!

FRANCINE, à d'Elvas, à part, avec colère.

En prison!... c'est une infamie!
Me laisser reine malgré moi!

D'ELVAS, bas à Francine.

Tu dois avoir, ma chère amie,
Toutes les charges de l'emploi!

ENSEMBLE.

LE CHŒUR.

Ah! quel désespoir! notre reine
Est ainsi ravie à nos yeux!
Mais pour vous, noble souveraine,
Nos cœurs feront plus que des vœux!

FRANCINE, à part, regardant Marcel.

Que je suis lasse d'être reine!
Et que je voudrais, à ses yeux,
Cesser l'état de souveraine,
Et combler ici tous ses vœux!

MARCEL, à part.

Je doute encor si c'est la reine!
Car, hélas! mon cœur amoureux
Ne sait plus, dans sa vive peine,
A qui son cœur offre ses vœux!

(D'Elvas donne la main à Francine, qui précède le shérif et qu'entourent les soldats. Lady Pekinbrook se précipite vers Francine, et baise avec transport le bas de sa robe. Francine jette un regard d'adieu à Marcel. Tous agitent leurs chapeaux en l'air, en s'écriant ;)

Vive la reine!...

ACTE TROISIÈME.

Un appartement royal. Alcôve au fond, avec rideaux de velours : porte à droite et fenêtre à gauche, avec des rideaux pareils ; portes à droite et à gauche de l'alcôve.

SCÈNE PREMIÈRE.
FRANCINE, seule.
AIR.

Captive en ce palais !
Ah ! quels ennuis ! ah ! quels regrets !...
Mon doux pays, ma belle France !
Toujours vers toi vole mon cœur !
Je t'ai laissé mon espérance,
Et mon repos et mon bonheur !
Pauvre reine de circonstance,
Je n'ai ni grandeur ni puissance,
Et ne connais que la douleur !

Mais quand ici tout m'abandonne,
Quand je gémis du poids d'une couronne
Dont le fardeau pèse sur moi,
Un seul ami me reste encore !
Et dans ton tendre cœur qui pour toujours m'adore,
Mon bon Marcel, le mien a foi !

Ami doux et tendre,
Qui fus tout pour moi,
Si tu peux m'entendre,
Et jusques à toi
Si ma voix s'élance,
Elle te dira
Que ta souvenance
Reste toujours là !

SCÈNE II.
FRANCINE, D'ELVAS.

D'ELVAS, *entrant par la gauche.*

Eh bien ! tu dois être contente !... Te voilà traitée avec tous les égards dus à ton rang... te voilà installée dans le château royal de Brighton...

FRANCINE.

D'où nous ne pouvons pas sortir...

D'ELVAS.

Qu'importe?... tu as de beaux meubles et des appartemens dorés.

FRANCINE.

La belle avance, quand on est en prison !

D'ELVAS.

Plus ou moins toutes les reines en sont là... et tu as comme elles un entourage, une cour, des gens pour te servir... Tu vas t'asseoir à une table royale qui ne te déplaît pas... car tu es gourmande... j'ai vu ça!...

FRANCINE.

La première fois, je ne dis pas!... mais dîner seule... c'est ennuyeux... ça ôterait l'appétit.

D'ELVAS.

Ta dignité royale le veut.

FRANCINE, avec impatience

Est-ce que cette dignité-là ne va pas bientôt finir?

D'ELVAS.

Je l'ignore... Enfermé comme toi, je n'ai pas de nouvelles... Tout ce que je sais... c'est que les autorités de Brighton sont plus embarrassées que nous... elles ne savent que faire de nos personnes et attendent des ordres supérieurs qui n'arrivent pas.

FRANCINE, d'un ton décidé.

Qu'ils s'arrangent... je n'attends pas davantage... et aujourd'hui même j'abdique!...

D'ELVAS.

Tu crois ça?... Tu aurais beau dire maintenant, tu

ACTE 1, SCÈNE III.

ne persuaderais personne... et que tu le veuilles ou non, il faut que tu sois reine.

FRANCINE, avec colère.

C'est une indignité!... c'est une trahison!... car enfin, si pendant ce temps-là Marcel se marie... qu'est-ce que je ferai de ma fortune?

D'ELVAS.

Silence!... Voici peut-être des nouvelles qui nous arrivent.

SCÈNE III.

Les Précédens, TRUMBELL.

D'ELVAS, voyant entrer Trumbell.

Eh! c'est notre fidèle serviteur!... notre ami, notre allié, le baron Trumbell de Berigoul!

TRUMBELL.

Taisez-vous donc!... je ne suis plus noble!...

D'ELVAS, riant.

Déjà?

TRUMBELL.

Je suis presbytérien, puritain, tête ronde, tout ce qu'on voudra, pour vous sauver et moi aussi.

D'ELVAS.

Comment cela?

TRUMBELL.

Vu mon dévouement reconnu, il m'ont nommé, président du conseil qui se tient tous les jours...

D'ELVAS.

Et qu'avez-vous décidé?

TRUMBELL.

Rien encore... ils font tous des motions... c'est à

ne s'y pas reconnaître... Ces gaillards-là, mes anciens compagnons, tous soldats de Cromwel, ont si mauvais ton, de si mauvaises manières!... pour moi surtout, qui suis fait maintenant à celles de la cour... ils ne parlent que de piller et de tuer!...

FRANCINE, effrayée.

Ah! mon Dieu!

TRUMBELL.

Comme autrefois... mais ils ont beau crier : « Mort aux tyrans! et vivent nous!... » personne ne leur dit le contraire... personne ne répond... et ça leur fait peur... Aussi, en attendant qu'il leur arrive de Londres un parti à prendre, ils ont décidé que nous vous ferions subir un interrogatoire.

D'ELVAS.

Ça ne peut faire de mal!

TRUMBELL.

Oui, mais, comme président du conseil, c'est moi qui dois vous interroger... et, je vous le demande, qu'est-ce que je vais vous demander? et qu'est-ce que vous allez me répondre?...

D'ELVAS.

Nous verrons, quand nous y serons, à faire de notre mieux.

TRUMBELL.

On va venir vous chercher pour vous traîner devant le grand conseil, et je suis accouru vous prévenir.

D'ELVAS.

Je te remercie.

TRUMBELL.

Pour que vous ne disiez rien qui puisse me compromettre.

D'ELVAS.

Et que peux-tu craindre... toi qui as toujours été dans les puritains et les têtes-rondes?

TRUMBELL, tremblant.

J'ai été dans les têtes-rondes, c'est vrai... mais je n'ai jamais été dans les têtes fortes... (A voix basse lui montrant les soldats qui paraissent.) Les voici... prenez garde!... (Haut aux soldats.) Qu'on emmène ce traître!... (Bas à d'Elvas.) Je vous demande bien pardon!..

D'ELVAS, riant

Il n'y a pas de quoi!... (Aux soldats.) Je suis à vous.
(Il sort par le fond, à gauche, avec les soldats.)

SCÈNE IV.

TRUMBELL, FRANCINE.

TRUMBELL, respectueusement.

En attendant, et comme mes fonctions de magistrat n'empêchent point celles de maître d'hôtel, je viens savoir si Votre Majesté veut dîner.

FRANCINE.

Moi?

TRUMBELL.

Ça occupe toujours quelques instans de la royauté, et je vais...

FRANCINE.

Un moment.

TRUMBELL.

Comme Votre Majesté voudra; mais le pudding sera froid, et cela fait du tort à un cuisinier.

FRANCINE, avec impatience.

Eh! qu'importe!... (avec embarras.) Dites-moi, depuis

que je suis dans cette belle prison, Marcel, ce Français, a-t-il épousé votre nièce?

TRUMBELL.

Pas encore!... (Francine fait un geste de joie.) Les événemens politiques ont suspendu ce mariage, dont le prétendu ne veut plus entendre parler en ce moment.

FRANCINE.

C'est bien!... Et votre nièce?

TRUMBELL.

Est décidée à se marier avec lui ou avec d'autres; car les partis ne manquent pas. Par ma position dans les deux opinions... il m'en arrive de toutes les couleurs.

FRANCINE.

Et Simonne, pourrais-je au moins la voir?

TRUMBELL.

Je le voudrais de grand cœur; mais ça n'est pas permis.

FRANCINE.

Je ne peux donc voir personne?

TRUMBELL.

Si vraiment!... Le conseil a décidé que les premières dames de la ville feraient le service auprès de Votre Majesté : les comtesses d'Ethel et de Winchester, et lady Pekinbrook.

FRANCINE.

Dieu! que celle-là m'ennuie!

TRUMBELL.

On a décidé aussi que jusqu'à votre départ pour Londres...

FRANCINE, vivement.

Nous partons donc?... Et quel jour?

TRUMBELL.

On l'ignore; mais jusque-là Votre Majesté ne sortira pas de cet appartement.

FRANCINE, à part.

Mais c'est pire que la mort!... et au prix de ma fortune je renonce à la royauté.

TRUMBELL, à voix haute. à la cantonnade.

Le dîner de Sa Majesté!

FRANCINE.

Eh! non; ce n'est pas cela dont il s'agit! Trumbell, vous êtes un dévoué et fidèle serviteur.

TRUMBELL.

Tout le monde vous le dira.

FRANCINE.

Eh bien!... allez déclarer au conseil la vérité tout entière.

TRUMBELL.

Parlez!... Quelle est-elle!

FRANCINE.

Je vous jure, je vous atteste que je ne suis pas la reine.

TRUMBELL, secouant la tête.

Mauvais moyen, madame... que je n'oserais même conseiller à Votre Majesté.

FRANCINE.

Quand je vous répète...

TRUMBELL.

Je le dirai si vous voulez; mais ça ne réussira pas... Le comte d'Elvas a tout avoué; la ville entière vous a reconnue... D'ailleurs, tout vous trahit : ces airs de noblesse et de grandeur... (Voyant les portes s'ouvrir.) Voici le dîner de Sa Majesté.

SCÈNE V.

Les précédens, LADY PEKINBROOK, plusieurs Dames nobles *de Brighton*, Valets, *apportant une grande table au milieu de laquelle est placé un seul couvert.*

(Lady Pekinbrook et les dames sont debout près d'elle. Des soldats puritains ont escorté le déjeûner et restent au fond. Trumbell prend les plats des mains des valets qui les apportent, et comme maître d'hôtel, les met sur table.)

FRANCINE, à elle-même, sur le devant du théâtre.

Quel ennui ! seule à cette grande table, et tout le monde qui vous regarde. Moi, d'abord, je ne peux rien faire quand on me regarde... (La symphonie qu'on exécute à l'orchestre depuis le commencement de cette scène se termine quelques instans après que Francine a été s'asseoir à la table.) Et la musique maintenant !... Toujours des dîners en musique !

(Francine va prendre place à table.)

LADY PEKINBROOK, s'apprêtant à servir Francine.

Servirai-je à Votre Majesté de cette gelée ?

FRANCINE.

Non.

LADY PEKINBROOK.

De ce faisant doré ?

FRANCINE.

Non.

TRUMBELL.

Ou de ces puddings ? car je me flatte que rien n'y manque !

FRANCINE.

Rien que l'appétit !... (A part. Ah ! quand j'étais grisette, que je n'avais pas de quoi déjeûner... pas même pour un... et que nous étions deux... Quel plaisir !... c'était là le bon temps !... Et ce pauvre Marcel... (Elle l'aperçoit qui apporte un plat qu'il pose sur la table.) Dieu ! c'est lui !

(Elle se lève vivement.)

TRUMBELL.

Votre Majesté a fini?

FRANCINE, avec humeur.

Eh! non; je n'ai pas commencé... (Elle se rasseoit et regarde Marcel. A part.) Comme ils l'ont affublé! Le voilà en écuyer tranchant, et c'est lui qui met sur table... (A Trumbell, lui désignant quelques plats qu'on vient d'apporter.) Qu'est-ce que c'est que ça?...

TRUMBELL.

Le second service.

FRANCINE.

Faites-moi le plaisir de me laisser tranquille! (Trumbell s'incline.) Qu'il a l'air malheureux!... et ne pouvoir seulement ouvrir la bouche pour lui parler!

(Elle se met à manger vivement et avec dépit.)

MARCEL, bas, à lady Pekinbrook.

Un homme déguisé vient d'arriver, apportant pour le comte d'Elvas un message important qui concerne sans doute la reine... Il ne savait comment le lui faire parvenir; je m'en suis chargé... et le voici.

(Il le lui glisse dans la main.)

LADY PEKINBROOK, bas, à Marcel.

C'est bien!... va-t'en.

FRANCINE, se levant vivement.

Il s'en va!

TRUMBELL.

Qu'est-ce donc?

FRANCINE.

Je n'ai plus faim.

TRUMBELL, faisant signe aux valets de desservir.

Sa Majesté n'a plus faim.

FRANCINE, vivement.

Je veux dîner seule.

LADY PEKINBROOK.

Que tout le monde se retire !...
(Tout le monde s'éloigne et l'on referme les portes.)

FRANCINE, à part, regardant lady Pekinbrook qui lui fait des signes d'intelligence.

Qu'est-ce quelle me veut donc avec ses signes ?

SCÈNE VI.

FRANCINE, LADY PEKINBROOK.

LADY PEKINBROOK, avec mystère.

Madame !... Madame !

FRANCINE.

Qu'est-ce donc ?...

LADY PEKINBROOK.

Une lettre de Marcel !

FRANCINE, vivement.

De Marcel !... donnez vite.

LADY PEKINBROOK.

Une lettre pour le comte d'Elvas et Votre Majesté, un message des plus importans !

FRANCINE, froidement.

Ah ! c'est bien !... Lisez !... lisez !... Que me disiez-vous donc de Marcel ?

LADY PEKINBROOK.

Qu'il s'est exposé pour vous la faire parvenir.

FRANCINE, à part.

Ce pauvre garçon !... Ah ! si j'étais reine pour de vrai !... (Haut.) Eh bien Milady... avez-vous lu ?...

LADY PEKINBROOK.

Je n'oserais... une lettre particulière et secrète qui ne regarde sans doute que Votre Majesté...

ACTE III, SCÈNE VII.

FRANCINE.

N'importe!... lisez.

LADY PEKINRBOOK.

Confiance honorable dont je sens tout le prix; mais je voudrais en profiter que je ne le pourrais pas.

FRANCINE.

Et pourquoi?

LADY PEKINBROCK, avec embarras.

Votre Majesté doit le deviner.

FRANCINE, à part.

Non, ma foi!... et à moins que ce soit une duchesse qui ne sache pas lire... ça serait drôle!... (Haut.) Donnez donc, Milady.

SCÈNE VII.

Les Précédens, LE SHÉRIF, TRUMBELL, *et plusieurs soldats puritains qui sont entrés pendant la fin de la scène précédente. Le shérif s'est avancé doucement entre les deux femmes qui ne l'ont pas vu, malgré les gestes que faisait Trumbell pour les prévenir.*

LE SHÉRIF, s'avançant et prenant la lettre.

Non, madame.

LADY PEKINBROOK ET FRANCINE, stupéfaites.

O Ciel!...

LE SHÉRIF.

J'en demande pardon à Votre Majesté... mais je dois avant tout prendre connaissance des complots qui se tramént contre nous.

LADY PEKINBROOK, à part.

Il va tout savoir!...

TRUMBELL, à part.

Tout est perdu!

LE SHÉRIF, jetant les yeux sur la lettre.

O Ciel!... impossible d'y rien reconnnaître... c'est en espagnol ou en portugais.

LADY PEKINBROOK.

C'est ce que je me disais!

FRANCINE, à part.

C'est donc cela!

LE SHÉRIF.

Nous espérons, madame, que Votre Majesté daignera nous expliquer elle-même ce que contient cette lettre.

FRANCINE, avec dignité.

Moi, monsieur? vous ne me connaissez pas... je n'en dirai pas un mot, pas un seul.

LADY PEKINBROOK, avec enthousiasme.

Noble fermeté, noble courage!

LE SHÉRIF.

C'est nous avouer alors que ce complot menace la sûreté de la nation... qu'ici peut-être l'on va tout mettre à feu et à sang!... que c'est sans doute contre nous tous un arrêt de proscription!... Songez-y bien, madame; votre obstination à vous taire peut compromettre votre sûreté et celle de tous les vôtres.

LADY PEKINBROOK, avec instance à Francine.

Parlez, madame, parlez! de pareilles brutes sont capables de tout.

FRANCINE, avec fermeté.

J'ai dit que je ne lirais pas cette lettre pour des raisons qui subsistent toujours... mais je permets au comte d'Elvas de vous en donner connaissance... (A part.) Par ce moyen, du moins, il saura ce qu'elle renferme, et moi aussi... (D'un ton d'autorité.) Allez!

LE SHÉRIF.

J'y vais moi-même... (Montrant lady Pekinbrook aux soldats.) Qu'on éloigne cette femme... (Mouvement d'effroi de lady Pekinbrook ; à Francine.) Et vous, madame, veuillez rentrer dans votre appartement.

FRANCINE, bas et vivement à Trumbell.

Je serai là... l'oreille au guet...

(Francine rentre dans son appartement, à droite.)

LE SHÉRIF, à Trumbell.

Trumbell!... veillez sur elle!... (Aux soldats.) Vous autres, attendez-moi... je reviens.

(Le shérif sort emportant la lettre. On emmène lady Pekinbrook par le fond à gauche.)

SCÈNE VIII.

TRUMBELL ET LES SOLDATS, *se regardant entre eux et se consultant à demi-voix.*

LES SOLDATS.

Attendre en ces lieux, nous !
Amis, qu'en dites-vous ?

(Apercevant la table qui est restée dressée et s'y précipitant avec explosion.)

CHOEUR.

Ma foi ! le verre en main,
Asseyons-nous soudain
A ce royal festin ;
Amis, c'est notre vie !
Nos sabres sont nos lois.
Moi, je connais mes droits ;
Sans façon je m'asseois
A la table des rois.

TOUS.

C'est à Richard qu'il nous faut boire...

TRUMBELL.

Je n'ai pas soif.

TOUS.

Au Protecteur ;

TRUMBELL, *voulant les calmer.*

Messieurs, Messieurs!

TOUS.

A sa victoire, à sa grandeur!

TRUMBELL, *de même.*

Messieurs, Messieurs!

(*A part.*)
Je meurs de peur.

TOUS, *à Trumbell.*

Tu ne bois pas?

TRUMBELL.

Je n'ai pas soif.

(*A part.*)
Je tremble, hélas!
Que sa majesté ne m'entende!

TOUS.

Alors, pour toi nous boirons tous.

TRUMBELL.

Grand merci!

TOUS.

Chante alors pour nous.

TRUMBELL, *tremblant.*

Qui? moi! Messieurs?

TOUS.

L'on te demande
Une chanson... ce chant qui courut le pays,
Quand Cromwell eut chassé tous ces Stuarts maudits.

TRUMBELL, *hésitant.*

Le vaillant Puritain?

TOUS.

Chante, c'est cela même.

TRUMBELL, *tremblant.*

Avec plaisir.

(*A part.*)
O trouble extrême!
La république et le trône en ces lieux...
Comment rester l'ami de tous les deux?

CHANT NATIONAL.

PREMIER COUPLET.

Le vaillant puritain,
Défenseur de l'Église,

ACTE III, SCÈNE VIII.

Ne connaît qu'un refrain,
Quand son fer il aiguise,
Pour combattre soudain :
      (Baissant la voix.)
Enfans de l'Angleterre,
Chassons les grands et les puissans !
Le peuple est roi sur terre...
Vivent les saints ! mort aux tyrans !

CHŒUR, à Trumbell, avec colère.

Chanter si mal un chant si beau !
Ah ! certes, voilà du nouveau !
      ENSEMBLE.

LE CHŒUR, avec force.

Enfans de l'Angleterre,
Chassons les grands et les puissans !
Le peuple est roi sur terre !
Vivent les saints ! mort aux tyrans !

TRUMBELL, à part.

Je tremble... leur colère
Me compromet... Quels maudits chants !
Je voudrais à cent pieds sous terre
Me cacher à ces mécréans.

UN SOLDAT, à Trumbell.

Voyons l'autre couplet... Mais surtout celui-là,
Qu'on l'entende de loin !

TRUMBELL, à part.
      C'est justement cela
Que je veux éviter.

CHŒUR, remplissant leurs verres.
    Chante donc !

TRUMBELL.
      M'y voilà.

DEUXIÈME COUPLET.

Le vaillant puritain
Peut pécher à son aise ;
Car du bon Dieu soudain
Tout le courroux s'apaise
Au chant de son refrain :
      (Baissant la voix.)
Enfans de l'Angleterre...

CHŒUR.

Plus fort !

TRUMBELL, de même.

Chassons les grands et les puissans...

CHŒUR.

Plus fort !

TRUMBELL, un peu plus haut.
Le peuple est roi sur terre...

CHŒUR, avec colère.

Plus fort ! plus fort !

TRUMBELL, à tue-tête, en tremblant.
Vivent les saints !
(A part.)
Mort aux tyrans !...

ENSEMBLE.

LE CHŒUR.
Enfans de l'Angleterre, etc.

TRUMBELL.
Je tremble ! Leur colère, etc.

CHŒUR.
Chanter si mal un chant si beau !
Ah ! certes, voilà du nouveau !

ENSEMBLE.

CHŒUR, avec force.
Enfans de l'Angleterre, etc.

TRUMBELL, à part.
Je tremble ! Leur colère, etc.

UN SOLDAT, aux autres.
A Londres, et sous bonne escorte,
Nous conduirons la reine, et voilà le danger ;
Si sa cause triomphe et devient la plus forte,
Elle pourra de nous tous se venger...
Il vaudrait mieux...

CHŒUR.
Quoi donc?

UN SOLDAT.
Qu'elle fût morte !

CHŒUR, avec force ; TRUMBELL, à part, tremblant.
Morte !
(Ils boivent.)

LE SOLDAT, à demi-voix.
Ce soir, à la nuit,
Sans bruit...

CHŒUR, répétant.
Ce soir, à la nuit,
Sans bruit...

ACTE III, SCÈNE VIII.

LE SOLDAT.
Lorsque viendra l'ombre
Sombre...

CHŒUR.
Lorsque viendra l'ombre
Sombre...

LE SOLDAT.
Et l'heure du couvre-feu.
Morbleu!

CHŒUR.
Et l'heure du couvre-feu.
Morbleu!

LE SOLDAT.
Nous introduisant sans peine
Ici!

CHŒUR.
Nous introduisant sans peine
Ici!

LE SOLDAT, avec force.
Saisissons la reine!
Et pas de merci!...

CHŒUR, de même.
Saisissons la reine!
Et pas de merci!

TRUMBELL, à part, pendant qu'ils boivent.
Je tremble, je tremble!
Je suis mort de peur!
Tout cela me semble
Un rêve d'horreur!

CHŒUR, trinquant.
A Richard! à tous nos projets!
A la patrie! aux vrais Anglais!

ENSEMBLE.

CHŒUR, reprenant le chant national.
Enfans de l'Angleterre,
Chassons les grands, etc.

TRUMBELL, à part.
Grand Dieu! quel projet sanguinaire!
Les scélérats! quels maudits chants!

(Un peu avant la fin de cette scène, des valets sont entrés et ont emporté la table par le fond à gauche; ils sortent tous, en emmenant Trumbell et en adressant des gestes de menaces vers l'appartement occupé par Francine. La nuit commence à venir.)

SCÈNE IX.

FRANCINE, *seule, sortant de sa chambre, pâle et tremblante.*

Je suis morte de peur !... A peine si j'ai eu la force de les écouter jusqu'au bout... Quelle horreur et quel affreux complot !... C'est qu'il ne s'agit pas moins que de me tuer !... Me tuer !!! Régner pour une autre, passe encore !... quoique ça ne soit guère amusant... mais mourir pour elle... Il faut me sauver !... mais par où... Ce vilain château dont je connais à peine les êtres !... (On entend fermer les verrous des portes. Francine avec un cri d'effroi.) Ah ! mon Dieu !... ils m'enferment à présent... C'en est fait !... ils ne veulent pas que j'en réchappe !... Bientôt ils vont revenir à l'heure du couvre-feu. C'est leur signal... Ils l'ont dit... (Avec un trouble croissant) Et je suis seule !... Personne pour me défendre !... Et cette affreuse obscurité qui augmente encore ma terreur !... Je crois à chaque instant les voir paraître. (On entend frapper aux carreaux de la croisée.) O Ciel !... les voilà... je suis perdue !!!

SCÈNE X.

FRANCINE, MARCEL.

MARCEL, *en dehors.*

C'est moi, Marcel !...

FRANCINE, *avec agitation, courant ouvrir la fenêtre.*

Marcel !... lui !... mon seul ami.. qui vient à mon secours !...

MARCEL, *avec chaleur, et jetant par terre un paquet qu'il tient à la main.*

Oui... oui... je viens pour te sauver !...

ACTE III, SCÈNE X.

FRANCINE, avec une vive expression.
Ah! mon ami! que je te remercie!

MARCEL, avec âme.
Quand je devrais donner ma vie,
Je saurai t'arracher à cet horrible sort!

FRANCINE.
Sais-tu qu'il s'agit de la mort?

MARCEL.
Raison de plus... Allons! courage!

FRANCINE.
Je n'en ai plus!

MARCEL.
Moi, guère davantage!
Mais voilà les moyens de fuir!
(Montrant le paquet qu'il a jeté près de la croisée.)
Je vous apporte une toilette!

FRANCINE, vivement.
Une toilette!

MARCEL.
De grisette...
Avec ces beaux atours, impossible de fuir!

FRANCINE.
Puisse le Ciel en ce jour te bénir!

ENSEMBLE.

MARCEL.
Écoute, ô ma reine chérie,
Ce que me dicte mon effroi...
Dépêchons-nous, je t'en supplie!
Si tu m'aimes, viens avec moi!

FRANCINE.
Ah! combien je te remercie!
Je sens calmer tout mon effroi...
Lui seul songeait à son amie!
Lui seul est fidèle à sa foi!

FRANCINE.
Il faut donc, pour cacher ma fuite...

MARCEL.
Quitter d'abord ces beaux habits!...

FRANCINE, avec embarras.
Mais devant toi je ne le puis...
Je n'ose pas...

MARCEL, avec anxiété.

Dieux!... elle hésite!
Quand il s'agit de son trépas!

FRANCINE, vivement.

Non... non... mais ne regardez pas!
(Elle va prendre le paquet contre la croisée et s'élance vers l'alcôve, dont elle ferme les rideaux.)

Bien sûr! vous ne regardez pas!...

(Elle disparait.

MARCEL, avec impatience.

Eh! non... je ne regarde pas!
(S'avançant au bord du théâtre.)
Pour sauver ma gentille amie.
Je voudrais donner mes jours!
Ou reine, ou grisette jolie,
A toi seule mes amours,

   La couronne
   Qu'on te donne
   Est pour moi
  Bien moins que toi!
Pour sauver ma gentille amie
Je voudrais donner mes jours!
Ou reine, ou grisette jolie,
A toi seule mes amours!

(S'avançant près de l'alcôve.)
Eh bien! enfin cette toilette?...

FRANCINE, derrière les rideaux.

Ah? monsieur, ne regardez pas...
Dans un instant je serai prête!

MARCEL, écoutant près de la porte,
Je croyais entendre leurs pas!

FRANCINE, sortant de l'alcôve habillée en grisette.
Eh bien! me voici!...

MARCEL, étonné.

C'est bien elle...
Comme autrefois... ah! qu'elle est belle!..

FRANCINE, à Marcel qui l'admire.
Eh? monsieur, ne regardez pas!
Et partons!

MARCEL.

Partons!.. oui, sans doute...
Par ce balcon...
(Montrant la fenêtre par laquelle il est venu.)

FRANCINE, avec crainte.
Par cette route ?...
MARCEL.
Il le faut bien !
FRANCINE.
Je ne pourrai jamais !
Trente pieds, pour le moins !
MARCEL.
Oui, mais cet arbre, auprès...
(Montrant l'arbre qui étend ses branches sur le balcon.)
En se laissant glisser...
FRANCINE.
Vous... un marin peut-être !
Mais moi, mais une femme !...
MARCEL.
Ah ! de cette fenêtre...
En ôtant les rideaux !...
FRANCINE, effrayée
Oh ! non pas !
J'aurais trop peur !...
MARCEL, écoutant.
Tais-toi ! silence !
Sur l'escalier j'entends leurs pas !
(On entend sonner le couvre-feu.)
Le couvre-feu... plus d'espérance !
FRANCINE, au comble de la frayeur.
Ils nous apportent le trépas !

ENSEMBLE.

MARCEL, avec expression.
Viens sur mon cœur, ô mon amie !
Malgré leurs sinistres desseins !
Mon bras saura sauver ta vie
Et t'arracher aux assassins !
FRANCINE, avec abandon.
De ton amour dépend ma vie !
Toi seul peux braver leurs desseins !
Préserve-moi de leur furie
Et sauve-moi des assassins !

Marcel et Francine, dans le dernier trouble, cherchent à se sauver par la porte à droite, des soldats puritains leur barrent le passage avec des gestes menaçans ; ils vont pour se réfugier vers la croisée à gauche, quand paraissent également de ce côté des soldats dans la même attitude. Au même instant les portes du fond s'ouvrent tout à coup; des flots de lumière éclairent le théâtre devenu sombre pendant la scène précédente, et l'on voit paraître d'Elvas entouré de puritains chapeaux bas, et suivi de lady Pekinbrook, des seigneurs et dames nobles de Brighton, de Trumbell, du shérif et des valets.)

SCÈNE XI.

Les Précédens, D'ELVAS, LADY PEKINBROOK, Seigneurs et Dames nobles *de Brighton*, TRUMBELL, LE SHÉRIF, valets et soldats puritains.

D'ELVAS, aux soldats puritains.

Arrêtez tous!... que faites-vous?...

(Au shérif.)
La dépêche importante
Que vous m'avez forcé de vous lire à l'instant
M'annonce que du roi la cause est triomphante!
Ses droits sont reconnus par votre parlement!
Charles Deux, entouré de sa cour souveraine,
Entre à Londre à l'instant avec la jeune reine
Son épouse!

TOUS, supéfaits, montrant Francine.
Comment, la reine?... la voici!...

D'ELVAS, riant.
Chacun reprend son rang, et cette reine-ci,
Francine Camusat, la reine des modistes!

TOUS, avec étonnement.
Est-il vrai?...

FRANCINE, riant.
J'abdique! Dieu merci!

MARCEL, la pressant sur son cœur.
Et nous n'en sommes pas plus tristes!...

LADY PEKINBROOK, furieuse.
Quel affront pour ma dignité!

D'ELVAS, à lady Pekinbrook.
Vous n'en avez pas moins servi sa Majesté
Sans le savoir... Et je vais le lui dire...

ACTE III, SCÈNE XI.

FRANCINE.

Je ne suis plus rien... je respire !...

D'ELVAS, *lui remettant un portefeuille.*

Si fait !... tu seras riche... et ta dot, la voilà !...

FRANCINE, *avec transport, montrant sa dot.*

Ah ! quel plaisir !... avec cela,
Pour jamais consacrant un règne
A qui je dois le bonheur et l'amour,
J'achète un magasin... et je prends pour enseigne
A la Reine d'un jour !

CHŒUR GÉNÉRAL.

Vive à jamais ce joli règne
Qui finit par un doux amour !
Puisse chacun, attiré par l'enseigne,
Aller voir la reine d'un jour !

FIN DE LA REINE D'UN JOUR.

ZANETTA,

ou

JOUER AVEC LE FEU,

OPÉRA-COMIQUE EN TROIS ACTES,

Représenté, pour la première fois, à Paris, sur le théâtre royal de l'Opéra-Comique, le 18 mai 1840.

En société avec M. de Saint-Georges.

MUSIQUE DE M. AUBER.

PERSONNAGES.

CHARLES VI, roi des Deux-Siciles.
NISIDA, princesse de Tarente.
Rodolphe de MONTEMAR, favori du roi.
Le baron MATHANASIUS de WARENDORF, médecin et conseiller de l'électeur de Bavière.
ZANETTA, jardinière du château royal de Palerme.
DIONIGI, } Seigneurs de la cour.
RUGGIERI,
TCHIRCOSSHIRE, heiduque du baron.
Dames de la cour.

La scène se passe en Sicile, à Palerme, de 1740 à 1744.

ZANETTA.

Le théâtre représente des jardins élégans dans le château royal de Palerme. — A droite du spectateur, un bosquet; à gauche, une table richement servie.

ACTE PREMIER.

SCÈNE PREMIÈRE.

RODOLPHE, MATHANASIUS, DIONIGI, RUGGIERI *et plusieurs* JEUNES SEIGNEURS *achèvent de déjeuner au moment où finit l'ouverture.* TCHIRCOSSHIRE *est debout derrière Mathanasius et lui sert à boire.*

CHŒUR.

A quoi bon s'attrister sur les maux de la vie ?
A table, mes amis, gaîment on les oublie...
Et jusqu'au bord quand ma coupe est remplie
Je respire, je bois, et je nargue soudain
Le chagrin !

DIONIGI.

Bravo !... mais assez de musique.

RUGGIERI.

C'est juste, on ne s'entend pas; et avec vos tarentelles, vous n'avez pas permis à monsieur le docteur de placer un mot...

MATHANASIUS, *gravement.*

Nous autres Allemands, nous pensons beaucoup, mais nous parlons peu, surtout à table. (Au domestique qui lui verse à boire.) N'est-ce pas, Tchircosshire ?

TCHIRCOSSHIRE.

Ia.

RODOLPHE.

Et moi, au risque d'être indiscret, je me permettrai d'adresser une question à M. le baron Mathanasius de Warendorf, médecin et conseiller intime de l'électeur de Bavière, ou plutôt de Sa Majesté impériale Charles VII, et je lui demanderai comment il est ici, en Sicile, au moment où son maître se fait proclamer, à Francfort, empereur d'Allemagne?

MATHANASIUS, froidement.

Je vais vous le dire, Messieurs. J'ai une prétention !... c'est qu'en médecine, comme en toute autre chose, je ne me suis jamais trompé. (Tendant son verre à son domestique.) N'est-ce pas, Tchircosshire?

TCHIRCOSSHIRE.

Ia.

RODOLPHE.

Vous êtes bien heureux.

MATHANASIUS.

Or, il a paru en Espagne et en Sicile une maladie qui, selon moi, menace d'envahir l'Europe... une fièvre...

RODOLPHE.

D'ambition?

MATHANASIUS.

Non, une autre encore... une espèce de fièvre jaune!

RUGGIERI.

La maladetta qui a causé tant de ravages?

MATHANASIUS.

Fléau brutal et sans égards, qui n'épargne ni les empereurs, ni les bourgeois? aussi, par ordre supérieur, et dans l'intérêt de la science, je suis venu ici pour étudier et observer.

RODOLPHE.

S'il en était ainsi, vous n'auriez pas amené avec vous la jolie Malthide de Warendorf, votre femme, pour l'exposer de vous-même au danger! Et il faut, monsieur le docteur, que quelque autre motif vous retienne depuis un mois auprès de notre jeune roi Charles VI.

MATHANASIUS.

Un grand souverain, messieurs, jeune, brave et galant! qui a conquis avec son épée le royaume de Naples!... je bois à sa santé.

RODOLPHE.

Monsieur le baron ne répond pas.

MATHANASIUS, tenant son verre.

Impossible; je bois au roi, Messieurs.

TOUS, se levant.

Au roi!

RUGGIERI.

Et maintenant à nos dames!

MATHANASIUS.

C'est trop juste!

RUGGIERI.

Que chacun boive à celle dont il est le chevalier... moi d'abord à la comtesse Bianca!

DIONIGI.

A la belle Zagorala... la divine chanteuse!

MATHANASIUS.

Moi, Messieurs, je bois à ma femme.

TOUS.

C'est de droit.

DIONIGI.

Et toi, Rodolphe?

RODOLPHE.

Moi, Messieurs, je suis fort embarrassé.

RUGGIERI.

En effet, je ne connais à Palerme ni à Naples aucune dame qui reçoive ses hommages.

MATHANASIUS.

Me sera-t-il permis d'adresser à mon tour une question à M. le comte Rodolphe de Montemar, et de lui demander comment, lui, jeune riche, de haute naissance, favori d'un roi, il n'a pas fait un choix parmi nos jeunes Siciliennes.

RODOLPHE.

Beautés divines et piquantes... (Levant son verre.) A leurs attraits, Messieurs!

MATHANASIUS.

Monsieur le comte ne répond pas.

RODOLPHE, tenant son verre, et du même ton que le baron.

Impossible; je bois.

RUGGIERI.

Et tu nous la feras connaître?

RODOLPHE.

Dès qu'elle existera... dès que j'en aurai une.

REPRISE DU CHŒUR.

Buvons donc, mes amis, buvons à l'inconnue!
Qu'un fortuné hasard la présente à nos yeux!
Qu'elle paraisse, et peut-être à sa vue

(Montrant Rodolphe.)

Nous allons comme lui brûler des mêmes feux.

(Ils sont tous debout et trinquent près de la table. Le roi paraît au fond du théâtre; ils l'aperçoivent et quittent la table.)

SCÈNE II.

Les Précédens; LE ROI, *paraissant au fond du théâtre.*

MATHANASIUS.

Le roi, Messieurs!

LE ROI, gaiement.

Ne vous dérangez pas... nous ne sommes plus à Naples; et dans cette maison de plaisance, point de cérémonial, point d'étiquette, le roi n'est pas ici..... il n'y a que Charles, votre ami et votre camarade, qui regrette de n'être pas arrivé plus tôt pour prendre part à votre toast... Est-il temps encore?

RUGGIERI.

Toujours, Sire.

LE ROI.

Ruggieri, mon échanson, verse donc, et maintenant, Messieurs, à qui buviez-vous?

RUGGIERI.

A la passion de Rodolphe.

LE ROI, posant son verre.

Ah!

MATHANASIUS.

A sa passion à venir... à celle qu'il aura.

LE ROI, avec amertume.

Vraiment! et vous, monsieur le baron, vous avez bu à ses souhaits?

MATHANASIUS.

Certainement; oserais-je demander à Votre Majesté pourquoi elle ne nous imite pas?

LE ROI.

Cela devient inutile, puisque vous avez déjà porté

une pareille santé; je bois alors à la vôtre, M. de Warendorf.

MATHANASIUS.

C'est bien de l'honneur pour moi.

LE ROI, buvant.

Je le désire!... (S'adressant aux jeunes gens.) Messieurs, j'ai pensé à nos plaisirs de la journée. Ce soir, nous avons un bal, et ce matin une expédition navale.

MATHANASIUS.

Voilà un prince qui connaît le prix des instans...

LE ROI, à Ruggieri et aux autres seigneurs.

Je vous ai compris dans la promenade en mer, et la partie de pêche que nous devons faire aujourd'hui avec ma sœur, la princesse de Tarente, et toutes les dames de la cour... Les yachts sont commandés pour midi.

MATHANASIUS.

Votre Majesté me permettra-t-elle de l'accompagner?

LE ROI, d'un air aimable.

Certainement, ainsi que Madame la baronne, votre femme.

RODOLPHE.

Aurai-je l'honneur de suivre Votre Majesté?

LE ROI, froidement.

Rien ne vous y oblige; vous avez d'autres occupations, dont je serais désolé de vous distraire.

(Rodolphe salue profondément et sort.)

DIONIGI, pendant ce temps, et à voix basse.

Mais il est donc en disgrâce?

RUGGIERI, de même.

En disgrâce complète.

ACTE I, SCÈNE III.

DIONIGI, de même.

Lui, le favori! (Au roi, d'un air joyeux.) Ah! Sire, nous ne pouvions le croire.

RUGGIERI, au roi, du même air.

Il est donc vrai que le comte Rodolphe...

LE ROI.

Assez, assez, Messieurs!... (Avec dignité.) Voici le roi qui revient, laissez-nous!... (Tous saluent respectueusement et sortent. A Mathanasius qui veut les suivre.) Vous, M. de Warendorf, demeurez, je vous prie.

SCÈNE III.

LE ROI, MATHANASIUS.

LE ROI.

Monsieur le baron, j'ai entendu dire que vous étiez non-seulement un savant docteur, mais un homme fort plein de tact et de finesse.

MATHANASIUS.

Je l'ignore, Sire! mais j'ai la prétention de ne m'être jamais trompé.

LE ROI.

C'est ce que l'on dit. On assure même que l'électeur de Bavière, actuellement le puissant empereur Charles VII, vous emploie souvent dans des affaires importantes (Mathanasius s'incline sans répondre.) dans des négociations délicates et secrètes, où sans caractère officiel, vous lui rendez plus de services que bien des ambassadeurs reconnus et accrédités. (Mathanasius s'incline de nouveau.) J'ai cru même, je l'avouerai, qu'une mission de ce genre vous attirait à ma cour... et que la *maladetta*, cette fièvre terrible et contagieuse, que vous êtes venu observer en Sicile, n'était qu'un prétexte.

MATHANASIUS.

C'était l'exacte vérité.

LE ROI.

Eh bien! alors. (Hésitant.) Mais je crains de vous fâcher.

MATHANASIUS.

Un diplomate ne se fâche jamais.

LE ROI.

Comment vous, si fin, si adroit, n'avez-vous pas deviné ce que j'ai découvert, moi, qui par mon état de prince, ne dois jamais rien voir? Comment n'avez-vous pas compris que ce jeune imprudent... ce Rodolphe, au mépris du respect que vous deviez trouver dans ma cour, ose en secret porter ses vues sur une personne dont l'honneur est le vôtre?

MATHANASIUS, froidement.

Eh qui donc?

LE ROI, avec impatience.

Votre femme, puisqu'il faut vous avertir du danger... votre femme, la baronne Malthide, à qui il a fait, dès son arrivée, la cour la plus assidue...

MATHANASIUS.

D'accord... mais il a bien vu que cela ne me convenait pas, et il s'est bien gardé de continuer ses poursuites.

LE ROI, avec chaleur.

Parce qu'ils s'entendent, parce qu'ils sont d'intelligence... et vous n'êtes ni ému, ni troublé?

MATHANASIUS.

Un diplomate ne s'émeut jamais! et si je ne craignais à mon tour de fâcher Votre Majesté...

LE ROI.
De ce côté, vous n'avez rien à craindre...

MATHANASIUS.
Je lui dirais que je ne conçois pas qu'un prince si habile, si éclairé, n'ait pas déjà deviné ce que j'ai cru découvrir, moi, étranger à sa cour. (S'arrêtant.) Mais, pardon, si j'ose...

LE ROI, souriant.
Achevez, monsieur, achevez! je ne crains rien... pas même la vérité.

MATHANASIUS.
C'est comme moi! je la cherche toujours!... mon état est de la trouver.

LE ROI.
Et le mien de l'entendre... j'ai peu de mérite dans cette occasion... car je ne suis pas comme vous; je n'ai pas de femme!...

MATHANASIUS, lentement.
Mais vous avez une sœur?

LE ROI, vivement.
Monsieur...

MATHANASIUS.
Je puis me tromper, quoique ce ne soit pas mon habitude... mais ce Rodolphe, qui combattit à vos côtés, ce compagnon d'armes et de plaisirs, admis matin et soir dans l'intérieur du palais et de votre famille, n'aura peut-être pu voir sans danger la princesse de Tarente, dont on vante dans toute l'Europe la beauté, l'esprit, les talens?

LE ROI.
Qui vous le fait présumer?

MATHANASIUS.
Ce jeune seigneur, si aimable et si brillant, n'a-

dresse ses hommages à personne, et n'a point de passion reconnue... Votre Majesté comprend... ce qui fait supposer quelque sentiment profond et secret, qu'il a grand intérêt à cacher !

LE ROI, avec hauteur.

Et vous pourriez croire que c'est ma sœur ?

MATHANASIUS, saluant.

Votre Majesté pensait bien que c'était ma femme !

LE ROI.

La sœur de son souverain, le sang de Philippe V ! non... non... ce n'est pas possible !... une pareille ingratitude, un pareil crime, n'aurait pas de châtiment assez grand... et vous vous trompez, docteur... vous vous trompez !

MATHANASIUS.

Ce serait donc la première fois.

LE ROI.

C'est votre femme, vous dis-je ! votre femme qu'il aime et dont il est aimé... Silence !... la princesse vient de ce côté, seule et rêveuse... pas un mot devant elle, et observons...

MATHANASIUS.

Je ne demande pas mieux... comme mari et comme diplomate.

(Tous les deux s'éloignent, en se promenant, par le bosquet à droite.)

SCÈNE IV.

LA PRINCESSE, seule.

AIR.

Plus doucement l'onde fuit et murmure,
Les fleurs semblent s'épanouir !
O verts gazons, doux zéphirs, onde pure,
Sauriez-vous donc qu'il va venir ?

ACTE I, SCÈNE V.

De cette cour qui m'environne
J'ai trompé les yeux surveillans;
Libre des soins de la couronne,
Me voilà seule ! et je l'attends !...
   Je l'attends !...
Plus doucement, etc.

CAVATINE.

Pauvre princesse,
Dans la tristesse
Il faut sans cesse
Passer ses jours !
Ennui suprême !
Le diadême
Nous défend même
Pensers d'amour.
Dans ces demeures,
Royal séjour,
Toutes les heures
Sont tour à tour
A la fortune,
A la grandeur;
Et jamais une
Pour le bonheur !
Pauvre princesse, etc.

(Elle reste à gauche assise et absorbée dans ses réflexions.

SCÈNE V.

LA PRINCESSE, *à gauche*; **LE ROI, MATHANASIUS,** *sortant du bosquet à droite.*

TRIO.

MATHANASIUS, bas au roi.
Oui, si vous daignez m'approuver,
Et croire à mon expérience,
Cette ruse peut vous prouver
Leur mutuelle intelligence.

LE ROI.
Soit, essayons !

LA PRINCESSE, levant les yeux et les apercevant, à part.
   O fâcheux contre-temps !
Mon frère et ce docteur...
   (Regardant autour d'elle.)
         Lorsqu'ici je l'attends !
Puisse-t-il à présent ne pas venir !
   (Le roi salue sa sœur; et Mathanasius s'incline.)

XXIV.

MATHANASIUS, *s'inclinant.*
Madame!
(*Tous les deux s'inclinent, et tournent le dos au bosquet, sous lequel Rodolphe paraît.*)

LA PRINCESSE, *à part, avec effroi, apercevant Rodolphe qui se trouve en face d'elle.*
C'est lui!...
(*Elle lui fait signe de la main de s'éloigner. Rodolphe disparaît vivement dans le bosquet.*)
Dérobons-leur le trouble de mon âme!
(*Avec gaieté, à Mathanasius.*)
Salut à vous, savant docteur!
Pourquoi cet air mélancolique
Qui jette un voile de douleur
Sur votre front scientifique?

MATHANASIUS, *bas au roi.*
Vous allez voir à l'enjouement
Succéder la pâleur mortelle!
(*Haut.*)
Hélas! un horrible accident,
Dont on nous apprend la nouvelle.

LA PRINCESSE.
Qu'est-ce donc?

MATHANASIUS.
Un infortuné,
Victime, hélas! de son audace,
Par un cheval fougueux, renversé, puis traîné...
Il est mort, dit-on, sur la place.

LA PRINCESSE.
Mais c'est horrible!... et dites-moi, de grâce,
Qui donc?

MATHANASIUS, *bas au roi.*
Regardez bien!
(*S'adressant à la princesse.*)
Rodolphe!

LA PRINCESSE, *tressaille, puis répond froidement :*
Ah! c'est fâcheux.
(*Au roi.*)
Pour vous, Sire! un ami!... puis mourir à la chasse,
Lui! qui dansait si bien... l'accident est affreux!...

ENSEMBLE.

LE ROI.
Son maintien est le même,
Ni trouble, ni pâleur!

ACTE I, SCÈNE V.

De votre stratagème;
Que dites-vous, docteur?

MATHANASIUS.

Ma surprise est extrême,
Ni trouble, ni pâleur,
Ce n'est pas lui qu'elle aime;
Oui, j'étais dans l'erreur.

LA PRINCESSE.

Ah! c'est un stratagème,
Pour éprouver mon cœur?
Cachons-leur que je l'aime,
Conservons leur erreur.

LA PRINCESSE, à Mathanasius.

Et vous l'avez vu?

MATHANASIUS, troublé.

Non, vraiment!
On me l'a dit, et l'accident
N'est peut-être pas véritable!

LA PRINCESSE, froidement.

Il n'aurait rien d'invraisemblable;
Rodolphe était de son vivant,
Étourdi, léger, imprudent!...

LE ROI, bas à Mathanasius.

Grand diplomate... eh bien! qu'ai-je dit?

MATHANASIUS.

Quel soupçon...

LE ROI.

Vous le voyez, moi seul avais raison!

ENSEMBLE.

MATHANASIUS.

Dupe de ma ruse,
Je suis sans excuse;
Et de moi s'amuse
Un amant heureux.
Dans le fond de l'âme,
Le courroux m'enflamme;
Et c'est de ma femme
Qu'il est amoureux.

LE ROI.

Dupe de sa ruse,
Le docteur s'abuse,
Et de lui s'amuse
Un amant heureux;

Oui, ce trait infâme,
De fureur m'enflamme,
Car c'est de sa femme
Qu'on est amoureux.

LA PRINCESSE.

L'amour qui m'excuse,
Ici les abuse !
Oui, par cette ruse,
Trompons-les tous deux.
L'honneur le réclame,
Qu'au fond de mon âme,
Imprudente flamme
Se cache à leurs yeux.

LE ROI, bas à Mathanasius.

Ainsi donc, votre expérience,
Savant docteur, vous a trahi !
Cette secrète intelligence,
N'est pas entre ma sœur et lui !

LA PRINCESSE, à part.

De le revoir plus d'espérance !
Ils ne s'en iront pas d'ici.

MATHANASIUS, à part, avec douleur.

Il est donc vrai, le corps diplomatique,
Jusqu'à ce point peut s'abuser, hélas !

LA PRINCESSE, à Mathanasius.

On doit m'attendre au salon de musique,
J'y vais voir votre femme...

MATHANASIUS.

Oserais-je en ce cas,
De Votre Altesse accompagner les pas?

ENSEMBLE.

MATHANASIUS.

Dupe de ma ruse,
Je suis sans excuse, etc.

LE ROI.

Dupe de sa ruse,
Le docteur s'abuse, etc.

LA PRINCESSE.

L'amour qui m'excuse,
Ici, les abuse, etc.

(Mathanasius a offert sa main à la princesse; tous les deux sortent par la gauche.)

SCÈNE VI.

LE ROI, *seul; puis* RODOLPHE.

LE ROI.

Oui, oui, ce n'était que trop vrai ! je ne m'étais pas abusé ! et c'est ce qui double mon dépit... (Avec froideur.) Ah ! c'est vous, monsieur le comte ?...

RODOLPHE.

Moi-même, Sire, qui viens prendre congé de Votre Majesté... Votre accueil de ce matin me dit assez que j'ai perdu vos bonnes grâces...

LE ROI, froidement.

Est-ce à tort ? et m'accuserez-vous d'injustice, quand notre amitié fut trahie par vous ?

RODOLPHE, à part.

C'est fait de moi ! il sait tout !

LE ROI.

Depuis l'Espagne, où nous avons été élevés ensemble, mes projets, mes peines, mes chagrins, ne vous ai-je pas tout confié ?.. et vous...

RODOLPHE.

Grâce, Sire, grâce !... Je veux, je dois tout vous avouer...

LE ROI.

Parlez donc !... Je vous attends.

RODOLPHE, dans le plus grand trouble.

Eh bien ! oui, c'est de la folie, de la démence... une passion absurde, impossible ; mais croyez qu'au prix de ma vie... le plus grand mystère... le plus profond secret...

LE ROI.

Il est trop tard, monsieur ! J'ai tout découvert... j'ai tout dit.

RODOLPHE.

A qui donc?

LE ROI.

A son mari.

RODOLPHE, stupéfait.

Son mari!...

LE ROI.

Oui, à lui-même.

RODOLPHE, à part.

Qu'allais-je faire? nous n'y sommes plus.

LE ROI.

C'est moi... votre ami... qui vous ai dénoncé... qui ai prévenu le baron de Warendorf... qui l'ai mis en garde contre vos projets coupables!

RODOLPHE.

Mais, Sire...

LE ROI.

Que vous ayez adressé vos hommages à toute autre personne, peu m'importait!... mais séduire la femme d'un ambassadeur, sous mes yeux, à ma cour, malgré l'hospitalité, malgré le droit des gens... voilà ce que je ne pardonne pas, dans l'intérêt des mœurs et de ma couronne.

RODOLPHE.

Et Votre Majesté a raison. Aussi ne lui répondrai-je qu'un seul mot : c'est que je n'aime et n'aimerai jamais la baronne.

LE ROI.

Que dis-tu?

RODOLPHE.

Qu'elle m'est tout à fait indifférente.

LE ROI.

Tu me trompes!

RODOLPHE.

Je le jure par l'honneur... et si je connaissais un ami qui en fût épris, loin de le traiter en rival, j'offrirais de le servir.

LE ROI, avec empressement.

J'accepte.

RODOLPHE.

Vous, Sire?...

LE ROI, gaiement.

Oui, je l'aimais sans le lui dire, et, te croyant préféré, j'étais furieux contre elle, jaloux contre toi... et dans ma colère, j'ai été injuste... je t'ai trahi... Pardonne-moi, Rodolphe!

RODOLPHE.

Ah! Sire...

LE ROI.

Non, c'est mal! J'ai fait cause commune avec un mari; ça ne se doit pas, et j'en serai puni... car, maintenant, j'ai éveillé ses soupçons; le voilà sur ses gardes. Il est fin, il est adroit... et réussir sera difficile...

RODOLPHE, souriant.

Moins que vous ne croyez!...

LE ROI.

Ah! s'il était vrai... dès aujourd'hui, je me déclarerais.

RODOLPHE.

Je ne vois pas ce qui pourrait vous en empêcher... (riant.) à moins que ce ne soit le droit des gens?

LE ROI, de même.

Tais-toi! tais-toi!... je te tiendrai au courant. Tu viens d'abord avec nous à cette promenade en mer, à cette partie de pêche...

RODOLPHE.

Je n'en suis donc plus exclus?

LE ROI, avec bonté.

Est-ce que je peux te quitter et me passer de toi?... Et ta passion, nous en causerons. Un amour, disais-tu, absurde, impossible. En quoi donc?... cela dépend-il de moi?

RODOLPHE, avec émotion.

Non, non... de mon père... de ma famille.

LE ROI.

Une mésalliance?...

RODOLPHE.

Oui, justement. J'en ai honte, j'en rougis; n'en parlons jamais... je vous en prie.

LE ROI.

Au contraire... et, quels que soient les obstacles, Rodolphe, compte sur ton roi... et mieux encore, sur ton ami.

(Il sort.)

SCÈNE VII.

RODOLPHE, seul.

Ah! c'est indigne à moi! Trahir mon maître, mon bienfaiteur... Hélas j'avais perdu la raison; tout m'avait enivré : l'amour d'une princesse, l'éclat du rang suprême. Quel autre eût eu le courage de résister à tant de charmes... à tant d'illusions?... et si je suis coupable... eh bien! il y va de mes jours; le danger ennoblit tout... et quoi qu'il arrive maintenant, il n'y a plus à se repentir ; le sort en est jeté.

SCÈNE VIII.

RODOLPHE, LA PRINCESSE.

LA PRINCESSE, avec agitation.

Vous encore!... vous ici!... Dieu soit loué!... Je sors du salon de musique, où mon frère vient d'entrer... et, toujours suivie de ces dames d'honneur, qui ne me quittent jamais, je me promenais dans ces jardins, lorsque j'ai aperçu de loin des fleurs que j'ai désirées... elles sont occupées à les cueillir.

RODOLPHE.

Et je puis vous dire toutes mes craintes.

LA PRINCESSE, lui faisant signe de s'éloigner d'elle.

N'approchez pas! On a des soupçons... le roi lui-même...

RODOLPHE.

Il n'en a plus.

LA PRINCESSE.

Mais ce docteur, ce baron de Warendorf... il faut, à ses yeux, aux yeux de toute la cour, dissiper jusqu'au moindre doute.

RODOLPHE.

Et comment faire? Mon Dieu! à peine si mes regards osent de loin rencontrer les vôtres. Et, du reste, dans cette cour nombreuse qui vous entoure, je ne parle à personne.

LA PRINCESSE.

C'est là le mal. Cela est remarqué, et, dans notre intérêt même, il faudrait, avec quelque assiduité, s'occuper de toute autre.

RODOLPHE.

Que dites-vous!

LA PRINCESSE.

Oui, monsieur... c'est moi qui vous le demande.

RODOLPHE.

Jamais...

LA PRINCESSE.

Il faut que l'on puisse vous croire amoureux. (Vivement.) Qu'il n'en soit rien, je vous en prie; mais qu'on le dise, qu'on le répète, que ce soit reconnu, que ce soit le bruit général... et, alors, nous sommes sauvés !

RODOLPHE.

Moi, qui ne pense qu'à vous au monde, comment voulez-vous que j'adresse des hommages à une autre?

LA PRINCESSE.

On prend sur soi... on fait son possible.

RODOLPHE.

Et qui choisir? mon Dieu !...

LA PRINCESSE.

La baronne de Warendorf... vous aviez commencé à vous occuper d'elle.

RODOLPHE.

Par votre ordre !

LA PRINCESSE.

C'était bien.

RODOLPHE.

Vous me l'avez défendu.

LA PRINCESSE.

C'est vrai; sa coquetterie m'effrayait... mais maintenant...

RODOLPHE.

Maintenant, impossible... par ordre supérieur... Le roi...

ACTE, I SCÈNE IX.

LA PRINCESSE.

Comment ?...

RODOLPHE, gaiement.

Le roi lui-même en est épris.

LA PRINCESSE, de même.

Bien, bien ; n'en parlons plus... mais, alors, cela vous regarde... qui vous voudrez.

RODOLPHE.

La duchesse de Buttura ?...

LA PRINCESSE.

Oh ! non... elle est trop belle !... Si vous veniez à l'aimer...

RODOLPHE.

Eh bien ! la comtesse de Velletri ?... une figure si insignifiante...

LA PRINCESSE.

Oui... mais elle a tant d'esprit... Elle vous plairait... et, à la cour, il y en a tant d'autres...

RODOLPHE.

Eh ! mon Dieu ! non... je n'y pensais plus. J'ai déjà parlé au roi d'une passion romanesque et impossible... d'une mésalliance... Dans le trouble où j'étais, je ne savais que lui dire.

LA PRINCESSE.

Silence !... on vient.

SCÈNE IX.

Les Précédens, ZANETTA.

ZANETTA, tenant une corbeille de fleurs et faisant la révérence.

PREMIER COUPLET.

Voici la jardinière,
Qui choisit, pour vous plaire,

Ses plus jolis bouquets!
Ces fleurs, par moi chéries,
Que pour vous j'ai cueillies,
Madame, acceptez-les!
Prenez, noble princesse;
C'est la seule richesse
De l'humble Zanetta!
Son bouquet, le voilà,
 Le voilà,
  Là!

DEUXIÈME COUPLET.

Voyez, dans ma corbeille,
Près la rose vermeille,
Le blanc camélia!
Voyez, ces fleurs nouvelles,
Qui sont fraîches et belles
Comme vous, Signora.
Prenez noble princesse;
C'est la seule richesse
De l'humble Zanetta!
Son bouquet, le voilà,
 Le voilà,
  Là!

LA PRINCESSE.

Eh mais!... ce présent est très gracieux, très aimable... et vous aussi, ma belle enfant!... Qui êtes-vous?...

ZANETTA.

Zanetta... la jardinière du château. C'est mon père qui est le concierge... Pietro Thomassi... un ancien militaire... un brigadier... un grand seigneur lui a fait avoir cette place, à cause de ses blessures.

LA PRINCESSE.

Le grand seigneur a fort bien fait, et je l'approuve.

ZANETTA.

J'ai aperçu des dames de votre suite qui, par vos ordres, cueillaient des fleurs. J'en demande pardon à Votre Altesse, mais toutes grandes dames qu'elles sont, elles ne s'y connaissent pas du tout... tandis que moi, j'ai choisi tout de suite ce qu'il y avait de mieux.

LA PRINCESSE.

Je vous en remercie. (A Rodolphe.) Je ne l'avais pas encore vue.

RODOLPHE, la regardant à peine.

Ni moi non plus.

ZANETTA.

Je crois bien!... quand la cour vient ici, vous ne sortez pas de vos appartemens dorés, et vous ne descendez jamais dans nos jardins, qui en valent cependant la peine... je m'en vante!...

LA PRINCESSE.

C'est un tort que je réparerai... et, en attendant, ma chère Zanetta, je veux me charger de toi et de ton avenir.

ZANETTA.

Ça se pourrait bien!

LA PRINCESSE, riant.

Comment? cela se pourrait bien!... je te dis que cela est.

ZANETTA.

Eh bien! ça ne m'étonne pas, et je m'y attendais presque.

LA PRINCESSE, étonnée.

Et pour quelles raisons?

ZANETTA.

Je vais vous le dire : il y a, dans les environs de Palerme, une vieille sibylle qui pour un demi-carolus, apprend l'avenir à tout le monde.

LA PRINCESSE.

Et tu l'as consultée?

ZANETTA.

Pas plus tard qu'hier... et en regardant, avec sa lunette, dans ma main, elle m'a dit : « Voilà une ligne qui indique que vous ferez fortune... que vous aurez un ou deux seigneurs... peut-être plus, qui vous feront la cour... finalement, vous serez une grande dame... » Or, la sorcière dit toujours vrai quand on la paye comptant, et j'ai payé d'avance.

LA PRINCESSE.

Alors, il n'y a pas de doutes possibles.

ZANETTA.

Aussi, vous voyez... ça commence déjà... voilà votre protection qui arrive, et peut-être d'autres encore...

LA PRINCESSE, souriant.

En effet, cela ne m'étonnerait pas... Petite, tu viendras tous les matins renouveler les fleurs du pavillon... En attendant, arrange-moi, pour ce matin, un bouquet à la place de celui-ci (montrant celui qu'elle détache de sa ceinture.) et un autre pour le bal de ce soir.

ZANETTA.

Votre Altesse a raison, cela vaudra toujours mieux (montrant le bouquet que la princesse tient à la main.) que vos fleurs artificielles... quelque belles qu'elles soient...

(Zanetta s'approche du bosquet, à droite, où est une table sur laquelle elle a placé sa corbeille. Elle y prend des fleurs qu'elle assortit, et dont elle forme un bouquet.)

LA PRINCESSE, pendant ce temps, prenant Rodolphe à part.

Écoutez-moi, Rodolphe; vous voyez cette jeune fille... c'est d'elle dont il faut que vous soyez l'amoureux en titre.

RODOLPHE.

Votre Altesse n'y pense pas?

LA PRINCESSE.

Si vraiment!...

RODOLPHE.

Mais, c'est d'une extravagance...

ACTE I, SCÈNE IX.

LA PRINCESSE.

Tant mieux ! on s'en occupera davantage... plus ce sera absurde et bizarre et plus cela fera de bruit à la cour ; c'est justement ce qu'il faut pour détourner de nous l'attention publique.

RODOLPHE.

Permettez, cependant...

LA PRINCESSE.

N'est-ce pas d'ailleurs cette inclination romanesque et impossible, cette mésalliance que vous avez promise à mon frère ?... vous lui tenez parole.

RODOLPHE.

Mais quelque envie que j'aie de vous plaire et de vous obéir, je ne pourrai jamais...

LA PRINCESSE, souriant.

C'est ce que je veux.

RODOLPHE.

Il me sera impossible d'être galant et assidu auprès de cette paysanne... de cette petite niaise.

LA PRINCESSE.

Vous n'en aurez que plus de mérite. Tout dépend d'ailleurs de l'imagination : ce que vous lui direz, persuadez-vous que c'est à moi que vous l'adressez.

RODOLPHE.

Ah ! cruelle, vous me raillez encore ?

LA PRINCESSE.

Non ! mais je le veux... je l'exige... ou plutôt j'ai tort de parler en princesse. (Lui tendant la main.) Mon ami, je vous en prie. Et à mon tour, pour reconnaître un si beau dévouement... (lui présentant le bouquet de fleurs artificielles qu'elle tenait à la main) tenez... gardez ces fleurs, et quelque demande que vous m'adressiez un jour... je jure, ma parole royale, de vous l'accorder sur-le-champ... à la vue seule de ce bouquet!...

RODOLPHE, avec transport:

Ah! Madame!...

LA PRINCESSE, retirant sa main.

Imprudent!... (S'avançant vers Zanetta.) Eh bien! ce bouquet est-il prêt?

ZANETTA.

Oui, madame... et digne d'une reine, comme probablement vous le serez un jour!

LA PRINCESSE, vivement.

Non pas... je l'espère! (Bas à Rodolphe.) Je vous laisse... faites votre déclaration; mais hâtez-vous, car je vais m'arranger pour vous envoyer des témoins.

(Elle sort en laissant son éventail sur la table du bosquet et en faisant signe à Rodolphe de faire la cour à Zanetta.)

SCÈNE X.

RODOLPHE, ZANETTA.

DUO.

RODOLPHE, à part.

M'imposer un devoir semblable!
Ah! pour moi, quel mortel ennui!
Et dans le dépit qui m'accable,
Que faire?... et que lui dire ici?...

ZANETTA, à part.

Qu'il est gentil, qu'il est aimable!
Et qu'il me paraît bien ainsi!...
Mais, hélas! quel chagrin l'accable,
Et dans ses traits quel sombre ennui!
Qui peut donc l'attrister ainsi?

(S'approchant de lui timidement, après une révérence.)

Je voudrais bien, Monseigneur, mais je n'ose,
Vous aborder!...

RODOLPHE.

Pourquoi pas?... tu le veux?

ACTE I, SCÈNE X.

ZANETTA, avec compassion.
Vous avez l'air si malheureux!

RODOLPHE, vivement.
Tu dis vrai!

ZANETTA.
C'est bien mal!... qui donc ainsi s'expose
A vous fâcher?

RODOLPHE, à part.
La pauvre enfant
Me le demande ingénument!
Et ne sait pas, morbleu, qu'elle seule en est cause!...
(Haut.)
Mais, à mon tour, Zanetta, je voudrais...

ZANETTA, vivement.
Quoi donc?

RODOLPHE, s'approchant d'elle, avec embarras.
C'est que vois-tu...
(A part et s'éloignant d'elle.)
Je ne pourrai jamais!

ENSEMBLE.

RODOLPHE.
Vous, qui brillez par vos conquêtes,
Apprenez-moi comment vous faites,
Pour exprimer sans embarras,
L'amour que vous n'éprouvez pas?
Moi, je le veux... et ne peux pas!
J'essaye en vain, je ne peux pas;
Non, non, je ne peux pas!

ZANETTA.
Quoi! détourner ainsi la tête,
Lorsqu'à l'écouter je m'apprête!...
Mais, on ne doit peut-être pas,
Aux grands seigneurs, parler, hélas!
Je n'ose plus faire un seul pas!...
Je n'ose pas!
Non, non, je n'ose pas!

RODOLPHE, à part et cherchant à se donner du courage.
A ma promesse, allons! soyons fidèle...
Mais, avant de tomber aux genoux d'une belle,
Il faut lui dire au moins son nom!
(Haut.)
Ma belle enfant,
Savez-vous qui je suis?

ZANETTA.
Depuis long-temps!

RODOLPHE, étonné.
Comment?

ZANETTA.
Depuis plus de trois ans!... c'était lors de la guerre...
Le comte Rodolphe, autrefois,
S'arrêta dans notre chaumière !
Il l'a sans doute oublié?

RODOLPHE.
Non!...
(A part, riant.)
Je crois.
Que j'y suis enfin!
(Haut, avec chaleur.)
Non, ma chère !
J'en ai toujours gardé fidèle souvenir.

ZANETTA.
Serait-il vrai?

RODOLPHE.
Rien n'a pu le bannir !
Et s'il faut que je vous apprenne
Ces noirs chagrins, cette secrète peine,
Sur lesquels votre cœur interrogeait le mien...

ZANETTA, avec émotion
Eh bien ! Monseigneur?...

RODOLPHE, hésitant.
Eh bien ! eh bien !...

ENSEMBLE.

RODOLPHE, à part, s'éloignant d'elle.
Ah ! dites-moi comment vous faites,
Vous qui brillez par vos conquêtes ;
Comment peindre sans embarras,
L'amour que l'on n'éprouve pas?
Moi, je le veux... et ne peux pas !
J'essaye en vain , je ne peux pas,
Non, non, je ne peux pas !

ZANETTA.
Quoi ! détourner ainsi la tête,
Lorsqu'à l'écouter je m'apprête,
Mais c'est bien étonnant, hélas !
Pourquoi donc ne parle-t-il pas?
Oui... l'on dirait qu'il n'ose pas !
Il n'ose pas.

ACTE 1, SCÈNE X.

RODOLPHE, *regardant du côté du bosquet.*

Dieu! le baron qui vient de ce côté!
Et que vers nous, sans doute, envoya la princesse.
Allons! allons! il le faut... le temps presse!
Et j'ai déjà trop long-temps hésité!...

(En ce moment paraît le baron dans le bosquet. Il aperçoit et prend sur la table l'éventail que la princesse y a laissé, et qu'elle lui a envoyé chercher. Il va s'éloigner, lorsqu'il aperçoit Rodolphe en tête-à-tête avec Zanetta. Il fait un geste de surprise et de curiosité, et se retire dans l'intérieur du bosquet en faisant signe qu'il va écouter.)

RODOLPHE, *qui, pendant ce temps, a suivi de l'œil le baron, s'adresse à haute voix et avec véhémence à Zanetta.*

Eh bien! à votre cœur, il faut faire connaître,
Ce secret dont le mien, enfin n'est plus le maître...

ZANETTA, *étonnée.*

Que dit-il?...

RODOLPHE.

Je voulais et vous fuir et bannir
Un amour, dont mon nom m'oblige de rougir;
Mais malgré mes combats, malgré vous et moi-même,
Il le faut... il le faut!... Zanetta, je vous aime!

(Zanetta pousse un cri. Le baron avance sa tête dans le bosquet, fait un geste de joie et de surprise, et se retire en indiquant qu'il écoute toujours.)

STRETTE DU DUO.

ENSEMBLE.

ZANETTA.

Non... non... non, c'est un songe
Qui se prolonge!
Et plus j'y songe,
Plus j'ai frayeur.
Que soudain cesse,
Si douce ivresse,
Et disparaisse
Rêve enchanteur!

RODOLPHE, *à part, et riant.*

Ah! l'heureux songe!
L'adroit mensonge!
Qu'amour prolonge
Sa douce erreur!
Feinte tendresse
Qui l'intéresse!...
(*Montrant le bosquet.*)
Et dont l'adresse
Trompe un trompeur!

ZANETTA, vivement et avec joie.
Quoi ! dès long-temps?...
RODOLPHE.
Mon cœur soupire !

ZANETTA.
Et vous m'aimez?

RODOLPHE.
Sans te le dire !
Cherchant de loin à te revoir !

ZANETTA, ingénument.
C'est donc ça que parfois, le soir,
Sous ma fenêtre solitaire,
On s'avançait avec mystère.

RODOLPHE, souriant.
C'était moi !

ZANETTA.
Puis on fredonnait
Sur la guitare, un air discret...

RODOLPHE, de même.
C'était moi !...

ZANETTA.
Que j'entends encor !... tra, la, la, la.

RODOLPHE.
Justement ! c'est bien celui-là.

ZANETTA, redisant l'air.
Tra, la, la, la, la, la, la, la, la, la, la, la.

RODOLPHE, à part, en souriant, et pendant qu'elle chante.
D'autres, si je crois m'y connaître,
Venaient alors incognito !

ZANETTA, ingénument.
Moi, qui n'ouvrais pas ma fenêtre,
Croyant que c'était Gennalo !
Et c'était vous !

RODOLPHE.
C'était moi-même !

ZANETTA, avec expression.
Ah ! Monseigneur !... si j'avais su !...

RODOLPHE, sans l'écouter, avec passion.
Silence !... Je t'aime !... je t'aime !...
(A part, et regardant du côté du bosquet.)

ACTE I, SCÈNE XI.

J'espère au moins qu'il a tout entendu!
(A haute voix.)
Je t'aime!... je t'aime!

ENSEMBLE.

ZANETTA.

Non... non... non, c'est un songe,
Qui se prolonge,
Et plus j'y songe,
Plus j'ai frayeur!
Que soudain cesse, etc.

RODOLPHE.

Ah! l'heureux songe!
L'adroit mensonge, etc.

SCÈNE XI.

LES PRÉCÉDENS, LE BARON.

FINALE.

(A la fin de ce duo, le baron sort du bosquet et s'adresse à Zanetta qu'il salue.)

LE BARON.

A merveille, Mademoiselle!

RODOLPHE, à part.

Tout va bien!

ZANETTA, effrayée et se réfugiant près de Rodolphe.

O terreur mortelle!

ENSEMBLE.

(Mystérieusement et à demi-voix.)

O ciel! il écoutait!
Il sait notre secret!
Que vais-je devenir?
De honte, il faut mourir!

RODOLPHE, à part, gaiement.

Vivat!... il écoutait!
Il sait notre secret!
Et pour mieux nous servir
Il va tout découvrir.

MATHANASIUS, à part.

Ce bosquet indiscret
M'a livré leur secret!...
Ah! pour moi, quel plaisir!
J'ai su le découvrir.

ZANETTA, *allant au baron, d'un air suppliant.*
Monsieur, vous me promettez bien
D'être discret...

MATHANASIUS.
Ne craignez rien !

ZANETTA.
Vous le jurez ?

MATHANASIUS.
Eh ! oui ! sans doute
C'est pour me taire que j'écoute !

RODOLPHE, *bas à Zanetta.*
C'est le roi !... c'est sa sœur !

(Zanetta se retire à l'écart.)

SCÈNE XII.

Les Précédens ; LE ROI, *donnant la main à* LA PRINCESSE.

(En apercevant la princesse, le baron va au-devant d'elle et lui présente son éventail, en lui indiquant qu'il a eu beaucoup de peine à le retrouver, et qu'il était là, dans le bosquet. Pendant que la princesse et Mathanasius sont à droite du spectateur, et Zanetta un peu au fond du théâtre au milieu, le roi prend Rodolphe à part, à gauche du spectateur.)

LE ROI, *bas à Rodolphe, avec joie.*
Je me suis déclaré !

RODOLPHE, *de même.*
Fort bien !

LE ROI.
O sort prospère !
La charmante baronne a reçu sans colère
L'hommage de son prince et l'offre de son cœur !

RODOLPHE, *bas.*
Et son époux, l'habile diplomate ?

LE ROI.
Ne sait rien !

MATHANASIUS, *passant mystérieusement près du roi et à voix basse.*
Je sais tout !
(Voyant l'étonnement du roi.)
Ou du moins, je m'en flatte !
Ma femme est innocente, et votre sœur aussi !

ACTE I, SCÈNE XII.

LE ROI.

Vraiment !

MATHANASIUS, montrant Rodolphe.

Celle qu'il aime en secret... est ici !

LE ROI.

Eh ! qui donc ?

MATHANASIUS, montrant Zanetta qui se tient à l'écart.

Regardez !

LE ROI, haussant les épaules.

Allons donc !

MATHANASIUS.

Vraiment oui !

Je l'ai vu !

LE ROI.

Pas possible !

LA PRINCESSE.

Eh mais ! chacun son goût.

LE ROI, réfléchissant, et prenant à part le baron et la princesse.

C'est donc ça que tantôt...

ZANETTA, les voyant tous trois en groupe, s'approche de Rodolphe, et lui dit avec dépit, en montrant le baron :

Allons, il leur dit tout !

ENSEMBLE.

ZANETTA.

Par lui chacun connaît
Déjà notre secret !
Que vais-je devenir ?
De honte, il faut mourir !

LE ROI, à Rodolphe.

Quoi ! c'est là ton secret ?
(Regardant Zanetta.)
C'est fort bien en effet !
Et l'on peut, sans rougir,
A ton choix applaudir.

MATHANASIUS.

Ce bosquet indiscret,
M'a livré leur secret !
Ah ! pour moi, quel plaisir,
Je l'ai su découvrir !

LA PRINCESSE.

Très bien ! il écoutait !...
Il connaît leur secret,

Et pour mieux nous servir,
Il va le découvrir.

RODOLPHE, au roi.
Oui ! c'est là mon secret,
Votre cœur le connaît ;
Et dussé-je en rougir,
Je prétends la chérir.

SCÈNE XIII.

LES PRÉCÉDENS, SEIGNEURS ET DAMES *de la cour.*

CHŒUR.

Le temps est beau, la mer est belle,
Entendez-vous les matelots ?
La tartane qui nous appelle,
Est prête à sillonner les flots !

RODOLPHE, pendant ce temps, s'approche de Nisida et lui dit à demi-voix et tendrement.

A mon serment je suis fidèle !
D'un pareil dévouement vous me devez le prix !

LA PRINCESSE, à Rodolphe.
Prenez garde !
(Lui montrant Zanetta.)
Restez auprès de votre belle !
(Souriant.)
C'est le devoir d'un amant bien épris.

MATHANASIUS, à Dionigi et à Ruggiéri, avec qui il cause.
Voilà le fait ! n'en dites rien !...

RUGGIÉRI, qui a causé avec d'autres seigneurs.
Voilà le fait ! n'en dites rien !...
Du roi lui-même je le tien !
(Chacun se répète à voix basse la nouvelle qui circule dans tous les groupes en se montrant Zanetta.)

ZANETTA, à part, avec douleur, les regardant.
Encor ! encor !

LA PRINCESSE ET RODOLPHE, à part, les regardant.
Très bien !... très bien !...

ENSEMBLE.

ZANETTA
De nous ils semblent rire !
Ah ! mon cœur se déchire !

ACTE I, SCÈNE XIII.

On vient de tout leur dire,
C'est affreux! c'est bien mal!
(Montrant Rodolphe.)
Il me maudit peut-être?...
(Montrant le baron.)
Et c'est lui! c'est ce traître,
Qui leur a fait connaître
Ce mystère fatal!

CHOEUR.

C'est charmant; il faut rire
De son tendre martyre!
C'est vraiment du délire,
C'est trop original.
Daphnis va reparaître,
Et cet amour champêtre
A la cour fait renaître
Le genre pastoral!

RODOLPHE.

Oui, Messieurs, l'on peut rire
De mon tendre délire,
De l'objet qui m'inspire
Un amour sans égal!...

RODOLPHE ET LA PRINCESSE, montrant le baron.

Oui, lui-même, ce traître
Ne peut s'y reconnaître;
Le bonheur va renaître!
Je brave un sort fatal.

ZANETTA, voyant tous les regards tournés vers elle.

Sur moi s'arrêtent tous les yeux!
Pourquoi?... pour un seul amoureux!
(Pleurant.)
On croirait que les grandes dames
A la cour n'en ont jamais vu!...

RODOLPHE, allant à elle en souriant, et cherchant à la consoler.

Quoi! tu pleures vraiment?

ZANETTA.

Oui, je lis dans leurs âmes,
Ils vont tous m'accabler, et je l'ai bien prévu!
(Essuyant ses yeux.)
Avec ces dames si hautaines,
Je ne troquerais pas mon sort!

RODOLPHE.

Et pourquoi?

ZANETTA.

Leurs plaisirs sont moins doux que mes peines!

RODOLPHE, étonné.

Que dit-elle?

LE ROI, prenant amicalement le bras de Rodolphe, qu'il emmène.

Allons, viens.

RUGGIÉRI, voyant Rodolphe à qui le roi donne le bras.

Il n'est donc pas encor
En disgrâce?

LE ROI.

Partons.

CHŒUR.

C'est charmant!... il faut rire
De son tendre martyre !
C'est vraiment du délire,
C'est trop original!
L'âge d'or va paraître,
Et cet amour champêtre,
A la cour fait renaître
Le genre pastoral.

TOUS.

Le temps est beau, la mer est belle !
Voici les cris des matelots?
Partons! le plaisir nous appelle,
Partons! lançons-nous sur les flots!

(Le baron donne la main à la princesse. Le roi tient Rodolphe sous le bras, et cause avec lui. Le reste de la cour les suit. Zanetta, restée seule, les regarde s'éloigner.)

FIN DU PREMIER ACTE.

ACTE DEUXIÈME.

Un riche boudoir, dans le cabinet du roi.

SCÈNE PREMIÈRE.

MATHANASIUS, LE ROI.

(Assis l'un près de l'autre, et causant intimement.)

LE ROI, à Mathanasius.

Voilà donc enfin, monsieur le baron, le motif qui vous amenait à ma cour.

MATHANASIUS.

J'en conviens !

LE ROI.

Et la fièvre épidémique... la maladetta... ce fléau terrible.

MATHANASIUS.

Un heureux prétexte dont je me suis servi pour déguiser ma mission.

LE ROI.

Et pourquoi, depuis un mois, gardez-vous un silence absolu sur cette mission, et ne m'en parlez-vous qu'aujourd'hui ?

MATHANASIUS.

Je vais vous l'avouer avec franchise.

LE ROI.

Laquelle ?

MATHANASIUS.

Franchise définitive... la dernière... mon *ultimatum*. L'empereur, un matin que je lui tâtais le pouls, me dit : « Mathanasius, toi qui ne t'es jamais trom-

» pé... j'ai bien envie de t'envoyer à Naples. Il y a
» là une princesse belle, spirituelle, savante, distin-
» guée dans les arts... possédant plusieurs langues;
» enfin une princesse accomplie, comme toutes celles
» qui sont à marier.... mais dès qu'il s'agit de ma-
» riage, je tiens avant tout à la pureté, à la rigidité
» des principes... et ce que je ne saurais point par un
» ambassadeur officiel, je puis l'apprendre par toi...
» que je charge de tout voir et de tout observer. »

LE ROI.

A merveille! inquisition intérieure dans ma famille... espionnage!...

MATHANASIUS.

Honorable... ce que nous appelons diplomatie intime. « Si les renseignemens que tu me donnes sont
» fidèles et satisfaisans, continua l'empereur, ta for-
» tune est faite, mais si tu me trompes ou te laisses
» tromper, je te fais jeter dans une forteresse pour
» le reste de tes jours. »

LE ROI.

J'en ferais autant à sa place.

MATHANASIUS.

Vous comprenez alors avec quelles craintes, quelle circonspection je m'avançais! croyant deviner ou pressentir du côté de la princesse une nuance de préférance pour le comte Rodolphe... je me serais bien gardé d'avouer à Votre Majesté le but de ma mission!... mais aujourd'hui que j'ai reconnu mon erreur, je puis enfin, comme j'y suis autorisé, remettre à Votre Majesté cette lettre autographe de mon auguste maître... et celle-ci, pour Son Altesse Royale la princesse de Tarente.

ACTE II, SCÈNE II.

LE ROI.

Je vais lui en donner communication.

MATHANASIUS.

Dès aujourd'hui ?

LE ROI.

Dès aujourd'hui. Silence, on vient !

MATHANASIUS.

Le comte Rodolphe !... c'est encore un secret pour lui !

LE ROI.

Pour tout le monde.

SCÈNE II.

Les Précédens, RODOLPHE.

RODOLPHE, au roi.

Je viens savoir des nouvelles de Votre Majesté.

MATHANASIUS, vivement.

C'était aussi l'objet de ma visite.

RODOLPHE, au roi.

Elle ne s'est pas ressentie de l'accident de ce matin ?

LE ROI.

Pas le moins du monde.

MATHANASIUS.

C'est la faute de ma femme !

LE ROI.

C'est la mienne ; j'ai voulu retenir le bracelet que madame la baronne laissait tomber à la mer... un mouvement trop brusque m'a précipité moi-même... et sans ce pauvre Rodolphe.

MATHANASIUS.

Qui m'a prévenu et s'est élancé.

LE ROI.

Sans savoir nager plus que moi.

RODOLPHE, souriant.

Nous autres, grands seigneurs, on ne nous apprend rien. Aussi ai-je été bien heureux à mon tour de trouver ce brave marin qui m'a porté au rivage... où il est arrivé évanoui... je l'ai fait transporter dans mon palais, et si vous voulez, monsieur le docteur, me faire le plaisir de le visiter.

MATHANASIUS.

C'est un devoir! je m'y rends à l'instant... et j'irai après rassurer ma femme qui est fort inquiète de Votre Majesté?

LE ROI, avec joie.

En vérité!... j'espère que nous la verrons ce soir, au bal de la cour.

MATHANASIUS.

J'irai avec elle.

LE ROI.

Mais elle viendra auparavant au concert de ma sœur?

MATHANASIUS.

Je l'y accompagnerai.

LE ROI, à part, avec dépit.

Toujours avec elle!...

MATHANASIUS.

De cette manière, je ne quitterai pas ce soir Votre Majesté; et si elle a besoin de mon zèle et de mes talens.

LE ROI.

Mon seul vœu serait de pouvoir les utiliser, car je porte grande envie à votre souverain... qui peut à son gré... à sa volonté... vous envoyer où il lui plaît.

MATHANASIUS.

Votre Majesté est trop bonne, et je ne peux lui prouver ma reconnaissance... que par un attachement de tous les instants.

(Il sort.)

SCÈNE III.

LE ROI, RODOLPHE.

LE ROI.

PREMIER COUPLET.

C'est vraiment un homme terrible,
Il ne sait point vous laisser,
On ne peut s'en débarrasser.
Soupçonneux, susceptible,
Il tient à ses droits,
Et se montre à la cour jaloux comme un bourgeois!
C'est vraiment un mari terrible!
A qui donc nous adresser!
Qui pourra m'en débarrasser.
C'est ton seul apppui
Qui peut aujourd'hui
M'épargner l'ennui
D'un pareil mari.

RODOLPHE, riant.

Pour moi,
Si noble emploi!...
C'est trop d'honneur, mon roi!

LE ROI, gaiement.

Ton ami, ton roi
N'espère qu'en toi!
Soyons tous unis,
Contre les maris.

DEUXIÈME COUPLET.

Que ce soir ton zèle s'applique
A ne pas t'en séparer;
Dans le parc cherche à l'égarer!
Parle-lui politique
Ou bien gouvernement,
Pendant qu'à sa moitié je parle sentiment,
Oui, pendant que la politique
Du mari va s'emparer,
Les amours vont nous égarer.

REPRISE.

C'est ton seul appui
Qui peut aujourd'hui, etc.

RODOLPHE.

Mais la baronne qui la préviendra?...

LE ROI.

C'est déjà fait : une lettre que je lui ai fait remettre, dans un bouquet, par cette petite Zanetta, qui ne s'en doutait pas.

RODOLPHE.

Que dites-vous?

LE ROI.

Sais-tu, mon cher ami, qu'elle est charmante, délicieuse, originale?... Nos jeunes seigneurs, qui se moquaient d'abord de ton choix, te portent tous envie... ils en raffollent... et c'est à qui te l'enlèvera.

RODOLPHE.

En vérité!...

LE ROI.

C'est à qui lui fera les offres les plus brillantes, et je les conçois... il est certain que c'est bien plus piquant que toutes les beautés de la cour; et moi-même, je te le jure!... si pour le moment je n'en adorais pas une autre... et puis si ce n'était la maîtresse d'un ami... (Apercevant Zanetta qui passe la tête par la porte du fond.) Mais, tiens... tiens! la voici qui te cherche sans doute. (A Zanetta,) N'aie pas peur!... tu peux entrer. (A Rodolphe.) Je ne veux pas... moi, qui lui devrai un tête-à-tête, déranger les tiens... adieu! adieu!... tu vois que je suis bon prince.

(Il sort en prenant le menton à Zanetta.)

SCÈNE IV.

RODOLPHE, ZANETTA.

ZANETTA.

Ah! vous voilà, monsieur!... on a assez de peine à vous trouver... Je ne vous ai pas revu depuis votre belle promenade en mer.

RODOLPHE.

Et tu étais inquiète?

ZANETTA.

Du tout... j'ai su ici la première qu'il ne vous était rien arrivé.

RODOLPHE.

La première?... et comment?

ZANETTA.

Par quelqu'un qui était... qui était là grâce au ciel! près de vous... et qui m'a appris que vous étiez sauvé!... sans cela!...

RODOLPHE, souriant.

Sans cela!... qu'aurais-tu fait?

ZANETTA, tranquillement.

Tiens!... c'te demande... il n'y avait plus rien à faire! (Négligemment.) La mer est assez grande... il y a place pour tout le monde.

RODOLPHE.

Que dis tu?

ZANETTA.

C'est tout naturel... où vous restez, je reste... où vous allez... j'irai!

RODOLPHE.

Toi! Zanetta?

ZANETTA.

Ah!... ce que je dis là... vous n'en auriez jamais

rien su... si je vous en parle aujourd'hui, c'est parce que vous m'avez parlé le premier... parce que vous m'avez avoué ce matin que vous m'aimiez.

RODOLPHE.

Et cet amour-là ne t'a pas étonnée?

ZANETTA, tranquillement.

Mais non!... moi je vous aimais tant!... il se peut bien que ça se gagne!... et depuis deux ans...

RODOLPHE, surpris.

Deux ans?...

ZANETTA.

Dame!... vous savez bien... depuis la chaumière.

RODOLPHE, avec embarras.

Certainement... cette chaumière.

ZANETTA.

Quand je vous vis apporter... tout pâle... et sans connaissance... un grand coup de sabre... là, à la poitrine!... Ah! la vilaine chose que la guerre!

RODOLPHE.

Oui, oui... à la bataille de Bitonto! je crois me rappeler.

ZANETTA.

Pardine! un coup de sabre comme celui-là, ça ne s'oublie pas... j'étais aussi pâle que vous... Et mon père qui disait : « Est-elle bête, elle a peur d'un blessé. » Ce n'était pas de la peur que j'avais...

RODOLPHE.

Oui... près de mon lit... une jeune fille qui me soignait... qui tenait ma main!...

ZANETTA.

C'était moi... Vous m'avez donc vue?

RODOLPHE, vivement et lui serrant la main.

Mais certainement!...

ZANETTA.

Je ne le croyais pas... car le lendemain, quand votre père, le général, vint vous chercher... à peine aviez-vous repris connaissance... Mais il ne nous oublia pas... lui... Et cette place de concierge, ici... dans ce château.

RODOLPHE.

C'est mon père qui vous l'a fait obtenir... qui s'est chargé d'acquitter ma dette.

ZANETTA.

Juste! et le battement de cœur que j'ai eu la première fois que je vous ai aperçu dans les jardins, avec une foule de seigneurs... Ah! je n'en voyais qu'un seul!... mais je serais morte plutôt que de vous parler... Seulement, une fois... mais ça n'est pas bien... et je ne sais pas si je dois vous le dire...

RODOLPHE.

Dis toujours!

ZANETTA.

ROMANCE.

PREMIER COUPLET.

Dans ces magnifiques jardins,
Où je me tiens sans qu'on me voie,
Un jour s'échappa de vos mains,
Un riche et beau mouchoir de soie;
Je m'approchai, bien lentement...
Je le ramassai doucement,
    En tremblant...
Et tout ce qu'en mon trouble extrême,
J'éprouvai dans ce moment-là...
(Montrant le mouchoir qu'elle porte noué en écharpe autour de son cou.)
Demandez-lui : (bis (mieux que moi-même,
    Il vous le dira!

DEUXIÈME COUPLET.

C'était mai! et je sentais bien,
Qu'à ma place, une honnête fille
Eut dû vous rendre votre bien...

Je le cachai sous ma mantille !
Tous les jours je le regardais...
Lui parlais !...
Et tous les soirs, je lui disais
Mes secrets...
(Elle porte vivement le mouchoir à ses lèvres, sans que le comte la voie.)
Et tout ce qu'en mon trouble extrême,
J'ai pensé depuis ce jour-là...
(Détachant son mouchoir et le présentant au comte.)
Demandez-lui : (*bis*) mieux que moi-même
Il vous le dira !

RODOLPHE, prenant le mouchoir.

Merci, Zanetta ! merci !... je le garderai... comme souvenir... de votre amitié... d'une amitié qui me rend plus coupable que je ne croyais.

ZANETTA.

En quoi donc ?

RODOLPHE.

Mais si, par exemple, il m'était impossible de la reconnaître... en ce moment, du moins...

ZANETTA.

Ah ! je ne suis pas pressée... maintenant que vous m'aimez, j'ai de la patience... La sorcière dont je vous parlais ce matin et que j'ai consultée en lui montrant cette écharpe, m'a bien prédit que la personne de qui je la tenais m'aimerait et m'épouserait.

RODOLPHE, vivement

Par exemple !

ZANETTA.

C'est étonnant, n'est-ce pas ? Voilà déjà la moitié de la prédiction accomplie... le plus difficile... (Négligemment.) Pour le reste... quand vous le voudrez... (Geste de Rodolphe.) Non... j'ai voulu dire : quand vous le pourrez... peut-être jamais ! Qu'importe !... je vous attendrai toute ma vie, s'il le faut..

RODOLPHE, vivement et faisant un geste vers elle.

Zanetta!...

ZANETTA.

Qu'avez-vous donc?

RODOLPHE.

Je t'ai fait peur!...

ZANETTA.

Non... mais au geste que vous avez fait, j'ai cru que vous vouliez m'embrasser.

RODOLPHE.

Et cela ne te fâchait pas?

ZANETTA.

Du tout!... un fiancé...

(Rodolphe l'embrasse.)

SCÈNE V.

Les Précédens, MATHANASIUS.

MATHANASIUS.

Pardon, si je vous dérange encore....

ZANETTA.

Ah! mon Dieu! c'est comme un fait exprès... celui-là arrive toujours au bon moment.

MATHANASIUS.

Je viens de voir, par vos ordres, monsieur le comte, ce brave homme... ce marin... à qui vous devez la vie.

RODOLPHE.

Eh bien?...

MATHANASIUS.

Il était déjà sur pied... ce ne sera rien... et vous-même vous pourrez le remercier au palais, où il demeure.

RODOLPHE.

Comment?

MATHANASIUS.

C'est le concierge du château.

RODOLPHE, à Zanetta.

Ton père?...

ZANETTA.

Que j'aime encore plus depuis qu'il vous a sauvé...

RODOLPHE.

Et tu ne me le disais pas...

ZANETTA.

Tiens!... est-ce que vous parlez jamais des services que vous rendez?...

RODOLPHE, à part, avec colère.

Son père!... il est dit que ces gens-là m'accableront de bienfaits... et moi, par reconnaissance, j'ai été justement choisir sa fille pour la tromper, l'abuser indignement... Ah! si je l'avais su... Mais il en est temps encore... (Haut.) Zanetta! je m'acquitterai envers ton père... et dussé-je partager avec lui ma fortune...

ZANETTA.

Ah! ce n'est pas cela qu'il demande... il n'y tient pas!... et il y a autre chose qui, j'en suis sûre, lui ferait bien plus de plaisir...

RODOLPHE.

Parle, et je te le jure, par tout mon pouvoir, par tout mon crédit près du roi...

ZANETTA.

Voici ce que c'est : Mon père est un ancien soldat, qui a reçu trois blessures sur le champ de bataille... Ce n'est pas tout : l'année dernière encore, lorsque la princesse de Tarente fit ce voyage *incognito* dans la Calabre, il faisait partie de l'escorte qui repoussa si vaillamment les brigands... Aujourd'hui, en présence de M. le baron et des autres seigneurs qui étaient dans la chaloupe royale, il vous a sauvé la vie... à vous qui défendiez celle du roi... Et maintenant, Paolo Tomassi, soldat... voudrait, non de l'or, mais des titres de noblesse.

MATHANASIUS.

La noblesse, à lui?

RODOLPHE.

Et à qui donc la réservez-vous, si ce n'est aux nobles actions?... Zanetta, ton père sera noble, je le jure!... M. le baron et les autres seigneurs ne te refuseront pas une attestation par écrit, de ce qu'ils ont vu ce matin. Tu demanderas en même temps, à la princesse, un mot de sa main sur ce qui est arrivé en Calabre... Tu m'apporteras tout cela... aujourd'hui... le plus tôt possible; je présenterai la demande et les pièces à l'appui, au roi... à la chancellerie... et dès demain, ce sera une affaire terminée.

ZANETTA.

Ah! Monseigneur, quelle reconnaissance. (Regardant vers la porte du fond.) Voici le roi.

RODOLPHE, à Zanetta.

Va vite écrire ta pétition.

ZANETTA.

Ce ne sera pas long... et je reviens!

(Elle sort par la porte du fond après avoir fait une révérence au roi et à la princesse qui entrent.)

SCÈNE VI.

Les Précédens, LE ROI, *entrant en donnant la main à* LA PRINCESSE.

LE ROI, à demi-voix.

Oui, ma sœur... ce mariage est glorieux pour notre maison et utile à l'état... nous y donnons notre consentement.

LA PRINCESSE.

O ciel!

LE ROI.

Et nous comptons sur le vôtre... demain, vous partirez avec le baron!

MATHANASIUS, bas à la princesse.

En attendant le retour de Sa Majesté, je suis entré dans ce boudoir, où l'on m'avait précédé. (A demi-voix, en souriant.) Le comte en perd décidément l'esprit.

LA PRINCESSE, souriant.

En vérité?

MATHANASIUS.

Je l'ai trouvé ici, en tête-à-tête, avec cette jeune fille qu'il embrassait...

LA PRINCESSE, avec hauteur, se retournant vers Rodolphe, qui est à sa gauche.

Comment?

RODOLPHE, avec embarras.

Il l'a fallu... il nous regardait.

LA PRINCESSE.

N'importe! c'était de trop... (Rapidement.) Il faut que je vous parle aujourd'hui.

RODOLPHE, de même.

Et comment?

LA PRINCESSE.

Je vous le dirai...

LE ROI.

Venez, mon cher baron, j'ai une réponse à vous rendre.

MATHANASIUS.

Réponse que j'attends avec une grande impatience.

LA PRINCESSE, bas à Rodolphe, avec joie.

Ils s'en vont!...

LE ROI, à Rodolphe.

Ne nous quittez pas, Rodolphe; j'ai auparavant à vous donner, pour ce soir, des ordres importans... vous savez...

RODOLPHE.

Oui, Sire; mais...

LE ROI.

Venez, vous dis-je.

LA PRINCESSE, à part.

Allons, impossible de se voir!

(Le roi, Mathanasius et Rodolphe sortent.)

SCÈNE VII.

La PRINCESSE ; ZANETTA[1], *rentrant, un papier à la main.*

DUO.

LA PRINCESSE, à part, s'asseyant.

Contre l'hymen qu'ordonne un frère,
Et dont l'aspect me fait trembler,
Seule, en ces lieux, que puis-je faire?
Comment le voir et lui parler?

ZANETTA, s'approchant de la princesse, qui vient de s'asseoir.

La voilà seule!... et, pour mon père,
C'est le moment de lui parler!
Pourtant, je ne sais comment faire;
Malgré moi, je me sens trembler!

(S'avançant plus près de la princesse, qui a la tête appuyée sur sa main.)

Madame!...

LA PRINCESSE.

Que veux-tu?

ZANETTA.
Souvent, vous avez dit,
Qu'en Calabre, autrefois, lors de votre voyage...
Paolo Tomassi...

LA PRINCESSE.
S'est bravement conduit!

ZANETTA, timidement.
C'est mon père!

LA PRINCESSE, avec indifférence.
Vraiment!

ZANETTA.
Pour ce trait de courage,
Le comte Rodolphe...

LA PRINCESSE, vivement, et levant la tête.
Ah!

ZANETTA.
Voulait le présenter
Au roi... Mais il fallait d'abord le témoignage
De votre altesse...

LA PRINCESSE.
Ah! je dois attester...

ZANETTA, déployant sa pétition.
Oui, là... sur cet écrit, que je vais lui porter...

LA PRINCESSE, vivement.
A Rodolphe?...

ZANETTA.
Oui, vraiment!

LA PRINCESSE, de même.
A lui seul?

ZANETTA.
A l'instant.

LA PRINCESSE, à part.
O hasard prospère
Qui vient me servir!
Moyen téméraire,
Qui peut réussir!...
De ma messagère,
Empruntant le nom,
Par elle, j'espère,
Tromper le soupçon!

(Elle s'assied près de la table et se dispose à écrire.)

ZANETTA, lui indiquant le bas de la page.
C'est là, Madame... au bas!
LA PRINCESSE, s'arrêtant.
Eh! dis-moi, sais-tu lire?
ZANETTA.
J'écris aussi...
(Montrant le papier.)
Voyez plutôt; très couramment.
La langue du pays s'entend!
LA PRINCESSE, souriant.
Et l'espagnol? et l'allemand?
ZANETTA.
C'est différent!... mais j'espère m'instruire.
LA PRINCESSE, ayant achevé d'écrire, plie la pétition en quatre, et la tenant toujours à la main.)
Et tu pourras parler à Rodolphe?
ZANETTA,
Oui, vraiment?
LA PRINCESSE.
Il est avec le roi!
ZANETTA.
C'est égal, en sortant,
Chez lui, m'a-t-il dit, il m'attend!
LA PRINCESSE.
A lui seul?
ZANETTA.
Oui, vraiment!
ENSEMBLE.
A ton secours,
Quand j'ai recours.
Hasard heureux,
Comble mes vœux!
Ta main propice
Et protectrice
Veille toujours
Sur les amours!
ZANETTA, regardant le papier que vient de lui remettre la Princesse.
Ah! c'est bien écrit de sa main.
C'est drôle, je n'y puis rien lire,
C'est donc du grec ou du latin.
(Cherchant à lire.)
Mein lieber, ich muss Durchaus,
Sie diesen, abend sehen.
Eh! quoi, cela veut dire
De protéger mon père?...

LA PRINCESSE.

    Eh ! oui, vraiment !

ZANETTA.

Maïn lib... ich muss Durchaus.

LA PRINCESSE.

Maïn lib...

ZANETTA.

Ah ! c'est charmant !

ENSEMBLE.

ZANETTA, à la princesse.

Oui, ces mots écrits
De la main d'une altesse,
 Vont être remis
 A leur adresse !
(A part.)
  Billet
  Discret,
Qui sert ma tendresse,
 Et doit ici
Me rapprocher de lui.
O doux espoir ! heureux momens !
Il est un dieu pour les amans !
 Habile messagère,
 Ah ! je saurai me taire ;
  Je comprends
  Tout le sens
De ces mots importans,
Et je vais leste et vive,
Porter cette missive ;
  Talisman
  D'où dépend
Le bonheur qui m'attend.
 Oui, ces mots écrits, etc.

LA PRINCESSE.

Que ces mots écrits,
De la main d'une altesse,
 Soient par toi remis
 A leur adresse.
(A part.)
  Billet
  Discret,
Qui sert ma tendresse,
 Et doit ici
Me rapprocher de lui !
O doux espoir ! heureux momens !
Il est un dieu pour les amans !

ACTE II, SCÈNE VIII.

Habile messagère,
Il faut surtout se taire !
Tu comprends
Tout le sens
De ces mots importans.
A l'instant leste et vive,
Porte cette missive ;
Talisman
D'où dépend
Le bonheur qui m'attend!
Oui, ces mots écrits, etc.

LA PRINCESSE.
C'est dit, c'est convenu.

ZANETTA.
A Rodolphe, à lui-même !

LA PRINCESSE.
A lui-même !...

ZANETTA.
Je porte cet ordre suprême !

LA PRINCESSE.
A lui-même !...

ZANETTA.
Ne craignez rien... c'est entendu !
ENSEMBLE.

ZANETTA.
Oui, ces mots écrits
De la main, etc.

LA PRINCESSE.
Oui, ces mots écrits
De la main, etc.

(La princesse sort par le fond.)

SCÈNE VIII.

ZANETTA, *seule, puis* MATHANASIUS.

ZANETTA.

Voilà une aimable princesse !... Courons vite...
Ah ! voilà monsieur le baron, ce seigneur allemand...
si j'osais, pendant que j'y suis... lui demander aussi
une apostille... Mais je n'ose pas, il a l'air si occupé...
(Elle tourne timidement autour de Mathanasius, qui vient de s'avancer au bord du théâtre.)

MATHANASIUS, se frottant les mains.

Ma fortune est assurée, car grâce à moi, cette glorieuse alliance est enfin conclue... Je viens d'en expédier la nouvelle à ma cour, par un vaisseau fin voilier, qui s'éloigne du port à l'instant, et l'empereur, mon auguste maître, va me devoir une épouse jeune belle, et surtout vertueuse, je m'en vante... Ça m'a donné bien de la peine, mais aussi, je suis sûr de mon fait... (Se retournant et apercevant Zanetta qui a sa pétition à la main et n'ose l'aborder.) Qu'est-ce que c'est? qu'y a-t-il?...

ZANETTA.

C'est cette pétition en faveur de mon père... que vous avez promis de signer.

MATHANASIUS, gaiement.

Très volontiers, ma chère enfant... j'y suis tout disposé!

ZANETTA.

La princesse a déjà daigné y mettre, de sa main, une apostille.

MATHANASIUS.

Et je vais faire de même... trop heureux de placer mon nom à côté de celui de très noble, très haute, très vertueuse princesse. (Lisant.) Ah! mon Dieu!...

ZANETTA, à part.)

Qu'a-t-il donc?

MATHANASIUS.

Ces mots écrits de sa main, et en allemand! (A part.) « Mon ami... il faut absolument que je vous voie! » Au lieu d'aller au bal, dites-vous malade, et ce » soir, à dix heures... au pavillon de Diane... je vous attends. »

ZANETTA, à part.

Eh bien! il hésite...

MATHANASIUS.

Non, non. (A part.) « Je vous attends! au pavillon de Diane. » Ce n'est pas possible, et je ne puis croire que la princesse...

ZANETTA.

Vous en doutez?... c'est bien d'elle,.. c'est de sa main... elle l'a écrit tout à l'heure... ici, devant moi.

MATHANASIUS.

Celle que j'ai choisie pour impératrice. Ah! si mes dépêches n'étaient pas parties... mais comment rejoindre ce vaisseau, qui est déjà en pleine mer? Non, non; c'est ici qu'est le danger, et pour préserver maintenant mon empereur et son auguste tête...

ZANETTA.

Eh bien! Monsieur, écrivez donc.

MATHANASIUS, s'asseyant.

M'y voici. Je vais t'apostiller, te recommander. (A part.) Là, avant l'écriture de la princesse... il y a de la place. (Écrivant.) et une ligne seulement. (Après avoir écrit.) Tiens, mon enfant... tiens, porte tout cela à celui que l'on t'a dit, que l'on t'a désigné.

ZANETTA.

Je n'irai pas loin... le voici.

MATHANASIUS, à part, avec colère.

Rodolphe!... Quand je le disais ce matin...

SCÈNE IX.

Les précédens, RODOLPHE, LE ROI, DIONIGI, RUGGIERI, *et quelques* Courtisans.

ZANETTA, courant à Rodolphe.

Tout va à merveille... ma pétition... vous savez

bien... j'ai la signature de la princesse... Tenez, tenez... et la recommandation de M. le baron.

RODOLPHE.

C'est bien.

ZANETTA.

Lisez tout de suite, et surtout ne me faites pas languir, comme il arrive toujours avec vous autres, messieurs de la cour.

RODOLPHE, souriant.

Sois tranquille, mon enfant... sois tranquille...

(Zanetta sort.)

MATHANASIUS.

Monsieur le comte a l'air bien joyeux...

RODOLPHE, ouvrant la pétition.

Oui, jamais je ne me suis senti plus dispos et mieux portant.

LE ROI, qui causait bas avec les courtisans, s'avançant au bord du théâtre

Oui, Messieurs, je vous annoncerai, demain, solennellement et officiellement, une importante nouvelle, qui convient fort à M. le baron.

MATHANASIUS, à part, faisant la grimace.

Joliment.

RODOLPHE, qui vient de lire.

O ciel!... ce soir... à dix heures, feignez d'être malade!

MATHANASIUS, l'observant.

C'est bien pour lui.

LE ROI.

Nouvelle qui vous plaira, j'en suis sûr; car ce sont de nouveaux plaisirs qui nous arrivent... sans compter ceux d'aujourd'hui.

DIONIGI.

Le concert sera charmant.

ACTE II, SCÈNE IX.

RUGGIERI.

Et le bal délicieux !

LE ROI.

Quoique ma sœur ne puisse y paraître qu'un instant.

RUGGIERI ET DIONIGI.

En vérité !

LE ROI.

Elle sera obligée de se retirer de bonne heure.

MATHANASIUS, à part, avec colère.

C'est bien cela... tout s'accorde !

LE ROI, bas à Mathanasius.

A cause du départ de demain et des préparatifs nécessaires... Vous savez ?

MATHANASIUS, à part.

Oui, je ne sais que trop bien.

LE ROI.

Mais nous... nous y passerons gaiement toute la nuit... N'est-ce pas, Rodolphe ?... (Le regardant.) Ah ! mon Dieu ! qu'as-tu donc ?

RODOLPHE.

Rien, Sire ; je ne me sens pas bien... une douleur soudaine et rapide...

MATHANASIUS, à part.

A merveille !... cela commence. (Haut.) Vous qui, tout à l'heure encore, vous portiez si bien.

RODOLPHE.

Oui, c'est inattendu... un frisson... une chaleur intérieure... une fièvre qui n'a rien d'apparent.

LE ROI.

Eh mais ! voilà monsieur le baron !... un docteur

distingué... qui ne se trompe jamais. Il nous dira ce que c'est.

RODOLPHE, à part.

Ah! diable cela devient plus difficile.

MATHANASIUS, lui tâtant le pouls et secouant la tête.

Hum! hum!...

TOUS.

Eh bien! eh bien!...

MATHANASIUS.

C'est grave... très grave!...

RODOLPHE, ne pouvant retenir un éclat de rire.

En vérité!...

MATHANASIUS.

Vous riez!... et vous avez tort; ce n'est pas risible... Vous êtes dans un état qui peut devenir très dangereux.

RODOLPHE, à part.

Ah! l'excellent docteur!... c'est charmant!

MATHANASIUS.

Il y va de la vie... jeune homme!

LE ROI, vivement.

Serait-il possible?

RODOLPHE.

Il me seconde à merveille! (Feignant de souffrir.) Ah! je crains bien qu'il ne me soit impossible d'aller ce soir à ce concert, à ce bal!

MATHANASIUS.

Comme docteur, je le défends! Vous resterez ici, de peur d'aggraver le mal, qui n'est déjà que trop considérable : et si de simples mesures de précaution ne suffisent pas, j'ai, de plus, une ordonnance d'un effet immanquable, que je vais faire préparer... si vous voulez bien me le permettre.

ACTE II, SCÈNE IX.

LE ROI.

Comment donc!...

MATHANASIUS, faisant signe à son valet qui est resté au fond, et lui parlant à part.

Tchircosshire, il me faut trouver trois lazaronnis armés de leur escopette, trois bravis dont tu sois sûr.

TCHIRCOSSHIRE.

Ia.

MATHANASIUS.

Qu'avant dix heures du soir ils soient en embuscade dans le bosquet qui entoure le pavillon de Diane.

TCHIRCOSSHIRE.

Ia.

MATHANASIUS.

Et s'ils voient un homme vouloir escalader le balcon...

TCHIRCOSSHIRE.

Ia!

MATHANASIUS, faisant geste de tirer.

Cinquante ducats à chacun! cela rentrera dans les fonds secrets de l'ambassade.

TCHIRCOSSHIRE.

Ia!

(Il s'éloigne.)

RODOLPHE, pendant ce temps et bas au roi.

Je suis désolé, Sire de ce contre-temps... Vous qui comptiez sur moi pour retenir ce soir le docteur!

LE ROI, à demi-voix.

Je n'en ai plus besoin ; j'ai mieux que cela. Tu sauras tout demain matin.

RODOLPHE.

Bonne chance à Votre Majesté!

LE ROI, sortant.

Adieu, Rodolphe... adieu!

RUGGIERI, *s'apprêtant à le suivre.*

Adieu, mon cher. Je suis vraiment bien peiné; mais nous viendrons te tenir fidèle compagnie... nous viendrons tour à tour assidûment.

DIONIGI, *bas à Mathanasius.*

Ah ça! docteur, qu'est-ce qu'il a donc, décidément?

MATHANASIUS.

Quoi! vous ne l'avez pas deviné?... Cette maladie terrible... contagieuse... qui ne fait pas de grâce...

RUGGIERI, *s'éloignant de Rodolphe.*

O Ciel!... la maladetta!

MATHANASIUS.

Précisément... Je lui disais bien que, s'il n'y prenait garde, il y allait de sa vie.

DIONIGI, *s'éloignant de Rodolphe avec frayeur.*

Adieu, Rodolphe, adieu!

RUGGIERI, *de même.*

Adieu, mon cher, à bientôt!

DIONIGI.

Certainement, à bientôt!

RUGGIERI.

Adieu, adieu, au plaisir!

(Ils sortent tous.)

SCÈNE X.

RODOLPHE, *seul et riant.*

A merveille! l'effroi va se répandre, ainsi que la nouvelle... Ils s'éloignent rapidement, et j'entends derrière eux se fermer toutes les portes!... *(Après un moment de silence.)* A dix heures!... elle va m'attendre! Et, ce matin, elle m'a dit en me donnant ce bouquet,

ACTE II, SCÈNE IX.

ce ruban (Tirant lentement le bouquet de son sein.) : Quelque prière... quelque demande que vous m'adressiez... (Souriant.) C'est clair!... (Regardant la pendule.) Huit heures, à peine... Il y a loin encore, et, d'ici là, je crois que je puis être tranquille pour ma soirée; les visites ne m'importuneront pas, et personne ne se dérangera du bal pour venir ici s'exposer au terrible fléau. C'est une belle invention que la *maladetta!*... admirable épreuve pour connaître et apprécier ses véritables amis!... moi qui en ai tant d'ordinaire!... moi, qui en suis accablé!... (Regardant autour de lui.) Me voilà seul!... (Souriant.) C'est l'amitié réduite à sa plus simple expression! et je peux, sans peine, compter ceux qui m'aiment.

(Il se rassied dans son fauteuil.)

SCÈNE XI.

RODOLPHE, ZANETTA.

(Zanetta s'est avancée doucement au milieu de l'appartement. Elle jette un coup d'œil sur Rodolphe, qui est étendu dans le fauteuil, va tranquillement prendre une chaise et vient s'asseoir à côté de lui, sans rien dire. Après un instant de silence, Rodolphe lève la tête, la regarde et pousse un cri.)

RODOLPHE.

Ah!

ZANETTA, froidement.

Me voilà!...

RODOLPHE.

Toi, Zanetta!

ZANETTA, de même.

Oui, mon ami. Je ne faisais pas de bruit... j'ai cru que vous dormiez!

RODOLPHE, avec surprise et attendrissement.

Comment!... tu sais donc?...

ZANETTA.

Tous ces jeunes seigneurs, qui étaient ici, nous l'ont dit en s'en allant.

RODOLPHE, avec admiration.

Et tu viens!...

ZANETTA.

Tiens... cette surprise!... (D'un ton de reproche.) Eh bien! par exemple! est-ce que vous ne m'attendiez pas? Je suis votre fiancée... votre femme... c'est ici ma place, et m'y voilà!... (Négligemment.) Voyons, Monsieur, comment ça va-t-il?

RODOLPHE, hors de lui et accablé.

Je n'en sais rien... je ne peux te dire ce que j'éprouve.

ZANETTA.

Allons!... allons, du courage! ce ne sera rien! bien d'autres en sont revenus... Le docteur a-t-il ordonné quelque chose?... non!... tant mieux!... je m'y entends mieux que lui, et je ne vous quitterai pas!... c'est-à-dire jusqu'à ce soir... parce que mon père ne sait pas que je suis ici.

RODOLPHE.

En vérité!...

ZANETTA.

Il me croit retirée dans ma chambre... il croit que je dors!... dormir... ah! bien oui!... Pendant qu'il fait, comme concierge du château, sa ronde ordinaire dans les jardins, je me suis échappée, sans lui en parler... parce que, quoiqu'il ait confiance en vous... de me voir ainsi venir toute seule... ici, vous soigner... il n'aurait peut-être pas voulu!... (Avec fermeté.) Et moi, je voulais!...

RODOLPHE.

Que je te remercie!...

ZANETTA.

A condition que je m'en irai de bonne heure.

RODOLPHE.

Rassure-toi... je te renverrai avant dix heures.

ZANETTA.

Si tôt!... et pourquoi?...

RODOLPHE.

C'est convenable.

ZANETTA.

Vous croyez ?

RODOLPHE, rêvant.

Et puis à dix heures... il faudra...

ZANETTA.

Quoi donc?...

RODOLPHE.

Rien... rien!... une autre idée qui m'occupait... mais nous avons le temps d'ici là... (Regardant la pendule.) Une heure, au moins.

ZANETTA.

Eh bien! comment vous trouvez-vous?...

RODOLPHE, la regardant.

Ah! bien mieux... depuis que tu es là !

ZANETTA.

J'en étais sûre!... voilà pourquoi je suis venue. (Lui passant la main sur le front et sur les lèvres.) La peau est très bonne... encore un peu sèche... un peu brûlante... (Retirant vivement sa main que Rodolphe vient d'embrasser.) Ah çà ! Monsieur, voulez-vous être malade?... oui ou non?

RODOLPHE.

C'est ta faute, Zanetta ! tu es une garde-malade si séduisante, si dangereuse... (La repoussant de la main.) Tiens

Zanetta... laisse-moi... éloigne-toi.
ZANETTA.
Est-ce que ça va plus mal? est-ce que vous souffrez?...
RODOLPHE.
Oui, cela me fait mal... de parler.
ZANETTA.
Oh! alors, taisez-vous! je ne vous ferai plus causer... Voulez-vous que je vous lise quelque chose?
RODOLPHE.
Si tu veux!
ZANETTA.
Je ne lis pas trop bien!... à moins que vous n'aimiez mieux que je chante?...
RODOLPHE.
Tu chantes donc?
ZANETTA.
Pas trop mal!... nous autres Siciliennes, nous savons toutes chanter... et puis, si ça vous ennuie... si ça vous endort... ce sera toujours ça de gagné pour un malade.

(Rodolphe est assis dans un fauteuil sur l'avant-scène, et Zanetta est placée sur un tabouret près de lui.)

RÉCITATIF.

Écoutez donc sans peur!... je cesserai
Dès que je vous endormirai!

CANTABILE.

Sur les rivages de Catane,
Et sous les beaux mûriers en fleurs,
Était gentille paysanne
Aux brunes et fraîches couleurs!
Le rossignol chantait comme elle;
Chacun se disait : Qu'elle est belle!
Chacun lui faisait les yeux doux
(S'arrêtant et regardant Rodolphe.)
Dormez-vous, Monseigneur? dormez-vous?

ACTE II, SCÈNE XI.

RODOLPHE.

Je n'ai garde ! sais-tu que c'est fort bien chanter !
L'heure est encore loin : j'ai le temps d'écouter.

ZANETTA.

Mais du pays cette merveille
Tout à coup languit dans les pleurs ;
Et cette rose si vermeille
Perd son éclat et ses couleurs !
Plaisirs, amours, s'éloignent d'elle ;
De cette voix, jadis si belle,
Le rossignol n'est plus jaloux...
   (S'arrêtant.)
Dormez-vous, Monseigneur? dormez-vous?

RODOLPHE.

Impossible, ma chère !... en t'écoutant chanter.
   (Regardant la pendule.)
Plus d'un quart d'heure encor , j'ai le temps d'écouter.

CAVATINE.

Qu'avait-elle,
Cette belle?
Qui causait
Ce regret,
Ce chagrin
Si soudain?
Voulait-elle
Ou dentelle,
Ou brillant
Diamant?
Voulait-elle
Un amant?
Non, vraiment !...
Car elle en avait tant...
Et pourtant,
Quand on lui demandait
Les tourmens qu'elle avait,
Francesca se taisait,
Soupirait
Et pleurait.
Ah! ah! ah! ah!

Vous ne pouvez croire
Une telle histoire?
Le fait est prouvé,
Il est arrivé?
Aucun ne l'ignore,
Et moi, je sens là

Que peut-être encore
Il arrivera!
 Car j'ai su,
 J'ai connu
 Quel était
 Son secret!
 Elle aimait,
 Adorait...
 — Eh! qui donc?
 Un garçon
 Du canton?...
 — Mon Dieu! non.
 — Ce sergent
 Si vaillant?
 Ce Beppo
 Jeune et beau,
 Qui portait
 Un plumet
 Élégant?
 — Non, vraiment!
 Elle aimait
 En secret...
Le seigneur du pays,
Un séduisant marquis...
Et lui, ne voyait pas
La pauvre fille, hélas!
Qui pour lui languissait
Et pleurait...
 Ah! ah! ah! ah!
Vous ne pouvez croire
Une telle histoire?
Le fait est prouvé,
Il est arrivé!
Aucun ne l'ignore,
Et moi, je sens là
Que peut-être encore
Il arrivera!

(A Rodolphe qui se lève.) Ah! ce n'est pas tout encore!

RODOLPHE.

Tant mieux!

ZANETTA.

Vous allez voir comment ça finit, et comment elle fut payée de son amour, la pauvre fille!

Un jour le seigneur passe
Pour aller à la chasse;
Seigneurs l'accompagnaient,

ACTE II, SCÈNE XI.

Les cors retentissaient !
Sur son chemin, il vol
S'avancer un convoi;
Filles de nos campagnes
Portaient, d'un pas tremblant,
Une de leurs compagnes
Ceinte d'un voile blanc !...
— Ah ! dit-il, qu'elle est-elle ?
— C'est Francesca, la belle,
Qui n'a vécu qu'un jour...
Et qui mourut d'amour !...
— Vraiment, dit-il... la pauvre enfant !...
Mais à la chasse on nous attend...—
Le cor au loin retentissait...
Et le convoi passait !...
    Vous ne pouvez croire
    Une telle histoire ?
    Le fait est prouvé,
    Il est arrivé !
    Aucun ne l'ignore,
    Et moi, je sens là
    Que peut-être encore
    Il arrivera !

    RODOLPHE, très-ému.

Ta chanson est touchante !...

    ZANETTA.

        Et véritable, hélas !

    RODOLPHE.

Du moins, elle est charmante !
    (Lui prenant la main,)
        Et toi bien plus encore.

    ZANETTA, retirant sa main.

Y pensez-vous, Monsieur ? un malade !

    RODOLPHE.

        Non pas,
Je suis guéri !...

    ZANETTA, gaiement.
    Alors donc, je m'en vas !

    RODOLPHE, la retenant.

J'entends toujours ta voix et flexible et sonore !...

    ZANETTA, souriant.

Dormez, Monsieur, n'écoutez pas !

    RODOLPHE.

Je vois toujours ces traits et ses yeux que j'adore !

ZANETTA.
Dormez, et ne regardez pas!

DUO.

RODOLPHE, *la retenant.*
Eh quoi! vouloir sans cesse
    Partir!

ZANETTA.
Il faut que je vous laisse
    Dormir.

RODOLPHE.
Lorsqu'en mon cœur s'élève
    L'espoir!...

ZANETTA.
Bonne nuit et bon rêve!...
    Bonsoir!

RODOLPHE.
Un seul instant, ma chère,
    Encor!

ZANETTA.
Je vais près de mon père
    Qui dort!

RODOLPHE.
Quand mes sens sont par elle
    Charmés!...

ZANETTA.
A mes ordres fidèle,
    Dormez!

ENSEMBLE.

ZANETTA, *que Rodolphe retient.*
Ne restons pas ensemble,
Il est tard, il me semble!
Je tressaille et je tremble,
Et d'amour et d'effroi!
Rodolphe, ô toi que j'aime!
O toi, mon bien suprême,
De ma tendresse extrême
Sauve-moi! défends-moi!

RODOLPHE.
Restons encore ensemble,
L'heure est loin il me semble!
Près de moi son cœur tremble,
Et d'amour et d'effroi!...

ACTE II, SCÈNE XI.

Oui, je vois qu'elle m'aime,
Et la sagesse même,
En ce moment suprême,
Céderait comme moi!
(Dans ce moment, on entend sonner au loin l'horloge de la ville.)

RODOLPHE.

C'est dix heures... ô ciel! ah! revenons à nous!

ZANETTA, regardant la pendule.

Eh! non; c'en est bien onze!

RODOLPHE.

Onze heures! que dit-elle?

ZANETTA, lui montrant le cadran.

Voyez plutôt!
(Prête à partir.)
Bonsoir.

RODOLPHE, qui a été regarder le cadran.

Grand Dieu! mon rendez-vous!
Il n'est plus temps!... Quelle excuse?... laquelle!
On m'attendait!...
(Haut.)
Et moi, sans m'être méfié,
Près de toi j'ai tout oublié.

ZANETTA, s'approchant de Rodolphe, qui vient de se jeter dans un fauteuil.

Et moi de même; il faut que je vous quitte :
Il se fait tard, bien tard...
(Gaiement.)
Et vous êtes guéri!
Mon père doit avoir terminé sa visite;
Et tout serait perdu s'il me trouvait ici.
(Elle gagne la porte à droite, et prête à sortir lui envoie un baiser.)
Adieu donc! bonne nuit!...
(On entend en dehors fermer les verroux de la porte à droite, puis ceux de la porte à gauche.)
Ah! grand Dieu!

RODOLPHE.

Qu'avez-vous?

ZANETTA.

Mon père qui faisait sa ronde accoutumée,
De cette porte a tiré les verroux,
Et me voilà... près de vous enfermée!

RODOLPHE, gaiement.

Enfermés tous les deux par lui!
(A part.)

Du rendez-vous j'ai passé l'heure,
Et maintenant je vois qu'ici
(Haut.)
Il faut bien, Zanetta qu'avec toi, je demeure!
(Lui prenant la main.)
Eh quoi! tu trembles?

ZANETTA.

Oui!
Je ne puis dire, hélas! le trouble extrême
Dont tous mes sens sont agités;
Je crains la nuit, notre amour... et moi-même!
(Lui montrant la croisée du fond.)
Si vous m'aimez, Monsieur, partez!

RODOLPHE.

Moi, partir! quand jamais, à mes yeux enchantés,
Tu ne parus plus belle...

ZANETTA.

O trouble extrême!
Si vous m'aimez, partez! partez!

ENSEMBLE.

A sa voix, il me semble
Que j'hésite, et je tremble;
L'amour, qui nous rassemble,
Me défend malgré moi!

(Rodolphe serre Zanetta contre son cœur; elle glisse entre ses bras et tombe à ses pieds.)

RODOLPHE.

Pauvre fille! elle m'aime!
Je dois, ô trouble extrême,
Partir à l'instant même :
L'honneur m'en fait la loi.
Oui, que de l'honneur seul la voix soit écoutée!
Et pour être plus sûr de tenir mes sermens,
(S'approchant du balcon du fond, dont il ouvre la fenêtre.)
Adieu, je pars!
(Il s'élance dans les jardins et disparait.)

ZANETTA, seule, à genoux sur le devant du théâtre.

Et moi!... moi, qu'il a respectée,
Je l'aime plus encore!
(On entend dans les jardins plusieurs coups de feu; elle pousse un cri.)
Ah! qu'est-ce que j'entends?
(Elle court au balcon du fond, et y tombe évanouie.)

ACTE TROISIÈME.

Le théâtre représente un pavillon circulaire à l'italienne. Une coupole soutenue par des colonnes, qui de tous les côtés, donnent du jour et laissent apercevoir des jardins. — Au fond, un grand escalier de marbre, par lequel on descend dans le parc. — Deux portes latérales donnant dans d'autres appartemens. — Dans les entre-deux des croisées, des consoles en marbre sur lesquelles sont des vases de fleurs.

SCÈNE PREMIÈRE.

(Au lever du rideau, toutes les dames d'honneur de la princesse sont assises à travailler. La princesse entre lentement sur la ritournelle de l'air qui suit. Les dames se lèvent et la saluent avec respect, puis se rassoient sur un signe de la princesse.)

LA PRINCESSE.

RÉCITATIF.

Pendant toute la nuit, mon attente fut vaine !...
Dans mon mortel effroi, je compte les instans.
Il ne vient pas !... affront plus cruel que ma peine !...
Moi, fille de roi, je l'aime et je l'attends !...

AIR.

Dans l'âme délaissée,
Que l'amour a blessée,
La douce paix ne renaîtra jamais !
Cette mer irritée,
Que le vent soulevait,
Cesse d'être agitée,
Et le calme renaît
Mais dans l'âme offensée,
Que l'amour a blessée,
La douce paix ne renaîtra jamais !...

(La princesse va s'asseoir devant son métier à tapisserie.)

SCÈNE II.

LES PRÉCÉDENS ; MATHANASIUS, *montant par l'escalier du fond.*

UN PAGE, annonçant.

M. le baron Mathanasius de Warendorf.

MATHANASIUS, s'approchant de la princesse et la saluant.

Qui vient faire sa cour à Votre Altesse et s'informer de son auguste santé... Vous avez hier quitté le bal de bien bonne heure.

LA PRINCESSE.

Oui... j'étais indisposée...

MATHANASIUS, avec intention.

Je l'ai bien vu... Votre Altesse semblait absorbée, et contre son ordinaire, prêtait peu d'attention aux nouvelles que je lui racontais.

LA PRINCESSE.

Et que vous aviez peut-être composées exprès pour moi... Je vous en demande pardon, et j'espère que ce matin vous m'en dédommagerez... Qu'y a-t-il de neuf?... que dit-on à la cour?

MATHANASIUS.

Des choses fort extraordinaires... et qui pourront peut-être divertir ces dames.

LA PRINCESSE.

Je ne demande pas mieux.

MATHANASIUS.

C'est une aventure piquante, mystérieuse et tragique, arrivée cette nuit... une anecdocte secrète et inexplicable.

LA PRINCESSE.

Un mot seulement... Est-elle vraie?...

MATHANASIUS.

Authentique... elle a, du reste, fait déjà assez de bruit... et ces dames ont dû entendre hier, à minuit dans les jardins, plusieurs coups de feu...

LA PRINCESSE, avec distraction.

Oui... je crois me rappeler... j'étais déjà renfermée dans mon appartement.

MATHANASIUS.

C'était presque sous vos fenêtres... à deux pas...

LA PRINCESSE.

J'y ai fait peu d'attention, j'ai cru que c'était le signal d'un feu d'artifice...

MATHANASIUS.

C'était mieux que cela... (L'examinant.) Un homme, dit-on, descendant d'un balcon... ou essayant d'y monter... c'est ce dont on n'a pu s'assurer... La vérité est que c'était aux environs du pavillon de Diane...

LA PRINCESSE, à part, avec intention.

O Ciel!

MATHANASIUS.

Et des gens fidèles... que l'on ne connaît pas, que l'on n'a plus revus... mais que l'on suppose des gardiens du château ou des jardins...

LA PRINCESSE.

Eh bien! Monsieur...

MATHANASIUS.

Ont fait feu dans l'ombre...

LA PRINCESSE.

Mais c'est affreux!... Sans savoir qui ce pouvait être?

MATHANASIUS.

Un voleur... un malfaiteur... pas autre chose... ou pire encore, un conspirateur...

LA PRINCESSE.

Qui vous l'a dit?

MATHANASIUS.

Je le présume... malheureusement rien ne le prouve... car le coupable...

LA PRINCESSE, vivement.

N'a pas été atteint?...

MATHANASIUS.

Si vraiment... on a vu ce matin quelques gouttes de sang sur les marches de marbre du pavillon.

LA PRINCESSE, à part.

Ah! le malheureux... je ne lui en veux plus, je lui pardonne!

MATHANASIUS.

Et l'on prétend que le fugitif a été atteint au bras...

LA PRINCESSE, vivement.

Qu'en savez-vous?

MATHANASIUS.

On l'a dit... c'est une rumeur... un bruit... comme tous les bruits qui courent... et il s'en répand souvent de si singuliers... de si absurdes.

LA PRINCESSE.

Lesquels?

MATHANASIUS.

On prétend... mais c'est de la dernière invraisemblance, qu'un rendez-vous mystérieux... qu'un amant d'une de ces dames... (Brouhaha parmi les dames d'honneur.) Je vous ai dit que c'était absurde... Du reste, si quelqu'un de la cour est le héros de cette aventure nocturne, il sera facile de le reconnaître...

LA PRINCESSE, avec émotion.

Et comment?...

MATHANASIUS.

A la blessure qu'il a reçue... Le premier bras en écharpe que nous verrons paraître...

LA PRINCESSE.

O Ciel!...

MATHANASIUS.

A moins que prudemment ce chevalier malencontreux ne reste chez lui et ne s'abstienne de se montrer... ce qui voudra dire exactement la même chose...

LA PRINCESSE, à part.

Je suis perdue!...

UN PAGE, annonçant.

M. le comte Rodolphe de Montemar.

SCÈNE III.

Les Précédens, RODOLPHE.

(Rodolphe entre vivement, salue de loin et avec respect la princesse et les dames qui l'entourent.)

LA PRINCESSE, avec émotion.

C'est lui!...

(Tous les regards se tournent vers Rodolphe, qu'on examine curieusement. Rodolphe s'approche de Mathanasius et lui tend la main gauche que celui-ci secoue vivement.)

MATHANASIUS, à part, et regardant le bras de Rodolphe.

C'est étonnant...

RODOLPHE, traversant et s'approchant de la princesse.

Son Altesse se porte-t-elle bien?

LA PRINCESSE, avec émotion.

Et vous, monsieur le comte, on vous disait souffrant.

MATHANASIUS.

Oui... hier soir... cette attaque de fièvre si subite... nous avait tous effrayés.

RODOLPHE.

Tout cela s'est dissipé... et ce matin, il n'en reste aucune trace...

MATHANASIUS, vivement, en lui prenant la main droite qu'il secoue plus fortement que l'autre.

J'en suis enchanté... (A part.) Rien! pas blessé...

LA PRINCESSE, stupéfaite, à part.

Ah! je reprends ma colère...

MATHANASIUS.

Que sont-ils donc venus me raconter?...

LA PRINCESSE, à Rodolphe, lui montrant son métier à tapisserie.

Que pensez-vous de ce dessin, monsieur le comte?

RODOLPHE, s'approchant.

Délicieux!

LA PRINCESSE, à voix basse.

Je vous ai attendu hier.

RODOLPHE, de même et avec embarras.

Un obstacle terrible, imprévu... (Haut et ayant l'air d'examiner la tapisserie.) Ce bouquet me semble nuancé avec une délicatesse admirable...

LA PRINCESSE, à voix haute.

Vous trouvez?...

RODOLPHE, à voix basse.

Une affaire diplomatique, dont le roi m'avait chargé. (Haut.) Ces couleurs-là sont un peu sombres peut-être...

LA PRINCESSE, avec intention.

Oui... il faudrait éclaircir, si c'est possible... (Bas.) Le roi aurait-il des soupçons?...

RODOLPHE.

Je le crains... car retenu hier et renfermé par lui... (Au baron qui s'approche, et lui montrant l'ouvrage de la princesse.) N'est-ce pas, monsieur le baron... il y a là un peu de confusion?

LA PRINCESSE.

Un peu d'obscurité...

MATHANASIUS, examinant la broderie.

Oui... oui... je suis de l'avis de Votre Altesse, tout

cela me semble fort obscur... (A part.) Impossible d'y rien comprendre... et d'autant plus que j'ai vu de mes yeux... des taches de sang... Qui donc alors cela peut-il être?

LE PAGE, annonçant.

Le Roi, Messieurs!

(Tout le monde se lève.)

SCÈNE IV.

LES PRÉCÉDENS; LE ROI, *ayant le bras en écharpe.*

LA PRINCESSE, courant à lui.

Eh! mon Dieu!... qu'a donc Votre Majesté?...

LE ROI.

Rien, ma chère sœur... moins que rien... une égratignure... Hier, en sortant du bal, où il faisait une chaleur étouffante... j'ai voulu prendre l'air... dans les jardins...

LA PRINCESSE.

Et vous êtes tombé?

LE ROI.

Non... je me promenais... tranquillement... du côté de l'appartement de ces dames et du vôtre... le pavillon de Diane...

MATHANASIUS, à part.

Les maladroits!...

LE ROI, gaiement.

Lorsque tout à coup... j'ignore qui diable s'amuse à chasser dans mon parc à cette heure-là... plusieurs coups de feu partis d'un bosquet...

RODOLPHE ET LA PRINCESSE.

Blessé... blessé...

LE ROI.

Cela ne vaut pas la peine d'en parler... Mais si je peux découvrir les braconniers à qui je dois cette surprise... je les ferai pendre...

MATHANASIUS, à part, avec terreur.

Ah! mon Dieu!...

LE ROI.

Non pour moi... mais pour ces dames, que cela pouvait effrayer...

RODOLPHE, bas.

Quelle imprudence, Sire!...

LE ROI, de même.

Que veux-tu?... j'avais un rendez-vous de la baronne...

RODOLPHE, bas.

Et tenter de gravir ce balcon...

LE ROI, de même, en riant.

Du tout, je descendais...

SCÈNE V.

Les précédens; ZANETTA, *tenant une corbeille de fleurs.*

QUINTETTE.

LE ROI, à Rodolphe.

Mais, tiens! c'est Zanetta, c'est l'objet de ta flamme!
(A Zanetta.)
Que cherches-tu, ma belle? Est-ce lui?

ZANETTA.

Vraiment, non!
Je viens, par l'ordre de Madame,
De fleurs garnir ce pavillon.

ACTE III, SCÈNE V.

LA PRINCESSE, regardant Zanetta.

Des larmes dans tes yeux?

ZANETTA, les essuyant vivement.

Qui? moi?

LA PRINCESSE.

Je le vois bien!

RODOLPHE, vivement et se retenant.

Quoi! tu pleures?

ZANETTA.

Non, ce n'est rien!

(Se remettant à pleurer.)

COUPLETS.

PREMIER COUPLET.

Ah! ah! ah! ah! ah! ah! ah! ah!
Si je suis encor tout émue,
C'est que mon père m'a battue,
Et quand il bat, c'est de bon cœur!
Et pourquoi m'a-t-il chapitrée?
Pour avoir passé la soirée,
Hier, auprès de Monseigneur,

(Elle montre Rodolphe.)

LA PRINCESSE, à part.

Avec lui! la soirée!...

ZANETTA, continuant.

Et mon cher père que j'honore,
Et que j'ai toujours révéré,
M'a dit: Corbleu! je te battrai
Si jamais ça t'arrive encore!
Et j'ai grand'peur, car, d'après ça,
Il est bien sûr qu'il me battra!
Ah! ah! ah! ah! ah! ah! ah! ah!

DEUXIÈME COUPLET.

C'est malgré moi, je vous l'atteste,
Mais où l'on est, il faut qu'on reste,
Quand on se trouve emprisonné;
Il le serait encor, peut-être,
S'il n'eût sauté par la fenêtre,
Alors qu'onze heures ont sonné!

LA PRINCESSE, à part.

Onze heures!...

ZANETTA, continuant.

Et mon cher père que j'honore
Et que toujours j'ai révéré,

M'a dit : Corbleu ! je te tûrai
Si jamais tu l'aimes encore!...
Et j'ai grand'peur, car, d'après ça,
Il est bien sûr qu'il me tûra !
Ah ! ah ! ah ! ah ! ah ! ah ! ah ! ah !

ENSEMBLE.

LA PRINCESSE, à part.

L'on me trompe, l'on m'abuse !
C'est un mensonge, une ruse,
Que bientôt je connaîtrai,
Et qu'ici je déjoûrai ;
Je saurai tout... je le saurai !

MATHANASIUS, à part.

On nous trompe, on nous abuse !
Tout ceci n'est qu'une ruse,
Que bientôt je connaîtrai,
Et qu'ici je déjoûrai !
Je saurai tout... je le saurai !

ZANETTA.

Lorsque mon père m'accuse,
A ses yeux, jamais d'excuse ;
Il l'a dit !... il l'a juré !
Je te battrai ?... te battrai,
Je te battrai !... je te tûrai !

LE ROI, à part, regardant Mathanasius.

De son sang-froid je m'amuse ;
Grâce au ciel ! de notre ruse
Il n'aura rien pénétré ;
Notre amour est ignoré,
Oui, notre amour est ignoré !

RODOLPHE, à part, regardant la princesse.

Pour qu'à ses yeux je m'excuse,
Comment trouver quelque ruse ?
Un moyen désespéré...
Non, jamais, je ne pourrai !
Non, non, jamais ! je ne pourrai !

LE ROI, à la princesse qui voudrait interroger Zanetta.

Allons, venez, ma sœur ;
Vous savez bien qu'avec monsieur l'ambassadeur
Nous devons, ce matin, causer.

LA PRINCESSE, à Rodolphe.

Monsieur le comte.
Mon éventail, mes gants ?
(Bas à Rodolphe qui les lui présente.)
Que veut dire ce que j'apprends ?

RODOLPHE, à voix basse et avec embarras.
Rien de plus simple... et quand vous saurez tout...
LA PRINCESSE, à voix basse.
J'y compte !
(Voyant le roi qui s'approche et lui présente la main, elle dit à voix haute à Rodolphe qui fait quelques pas pour sortir.)
J'ai des ordres pour aujourd'hui
A vous donner !...
RODOLPHE, s'inclinant.
Je demeure !
LA PRINCESSE.
De chez le roi, quand tout à l'heure
Je sortirai, veuillez m'attendre ici !
MATHANASIUS, à part.
Ici !
ENSEMBLE.
LA PRINCESSE.
L'on me trompe, l'on m'abuse, etc.
LE ROI.
De son sang-froid je m'amuse, etc.
MATHANASIUS.
On nous trompe, on nous abuse, etc.
ZANETTA.
Lorsque mon père m'accuse, etc.
RODOLPHE.
Pour qu'à ses yeux je m'excuse, etc.
(Le roi, la princesse, Mathanasius, sortent par la porte à gauche, les dames d'honneur par le fond.)

SCÈNE VI.

RODOLPHE, *sur le devant de la scène ;* **ZANETTA**, *mettant des fleurs dans les vases du pavillon.*

RODOLPHE.

Des ordres !... des ordres !... et que lui dire ? comment me justifier ? tromper et mentir encore... rougir à ses yeux !... ah ! quelle honte !... quel esclavage !... mieux vaut tout lui avouer... mais c'est exposer à sa colère cette pauvre jeune fille, qui pour moi déjà n'a que trop souffert... et son père, ce brave soldat, qui la croit coupable!...

ZANETTA, avec un soupir de résignation.

C'est là le plus terrible... mais n'importe, c'est pour vous!...

RODOLPHE.

Zanetta!

ZANETTA.

Vous d'abord! vous toujours!

RODOLPHE.

Ah! je suis un indigne!... je suis un ingrat!... tant de générosité, tant de dévouement... pour moi qui combats et qui hésite encore... Ecoute, Zanetta, il faut que je te l'avoue... il faut que tu saches la vérité... (Avec passion.) Je t'aime!

ZANETTA, en riant.

Eh bien!... cette nouvelle!... je le sais bien, et depuis longtemps.

RODOLPHE, avec entraînement.

Non, tu ne sais pas ce que j'ai ressenti depuis hier... Jamais, jusqu'ici, je n'avais éprouvé d'attachement pareil... d'amour véritable... c'est ce qui fait que maintenant j'essaierais en vain de le cacher; malgré mes efforts, on le verra, on s'en apercevra.

ZANETTA.

Pardine! ce n'est pas un secret; tout le monde le sait!... et voilà pourquoi mon père veut me tuer... parce que je vous ai aimé... « Insensée! m'a-t-il dit, ne vois-tu pas que ce grand seigneur veut t'abuser

ACTE III, SCÈNE VI.

et te séduire? » (Geste de Rodolphe.) Soyez tranquille, je vous ai défendu!... Je lui ai dit qu'hier encore vous vouliez m'épouser... que c'est moi qui n'avais pas voulu à cause de votre famille, et du roi, et de la cour.

RODOLPHE, la regardant avec émotion.

Pauvre fille!

ZANETTA.

Mais ces vieux militaires, ça n'entend rien. « Et » s'il en est ainsi, a-t-il continué... porte-lui seu- » lement la promesse que je vais t'écrire... » et moi j'ai refusé! je n'ai pas besoin de promesse, votre parole vaut mieux encore!

RODOLPHE troublé.

Ah! Zanetta!

ZANETTA.

Mais alors il ne veut pas me laisser près de vous, et nous allons partir aujourd'hui, dans un instant... Il prépare la barque qui doit nous emmener.

RODOLPHE, avec agitation.

Partir!... tu as raison! c'est ce que je devrais faire!... Oui, je m'expliquerai... je quitterai la cour... je partirai avec toi.

ZANETTA, vivement.

Ça n'est pas possible, mon père ne voudra jamais... ou il vous parlera encore d'engagement et de promesse.

RODOLPHE, avec chaleur.

Ah! s'il ne tenait qu'à moi... si j'étais libre...

ZANETTA.

Quoi! vraiment!

RODOLPHE.

Je voudrais plus encore.

ZANETTA, avec joie.

Non, non, pas davantage... Ça suffit pour mon père.

RODOLPHE.

Mais écoute-moi, Zanetta, écoute-moi... Dieu! la princesse!...

ZANETTA.

Qu'importe?

RODOLPHE, troublé.

Devant elle, devant le roi, pas un mot, ou tout serait perdu.

ZANETTA.

Je n'en parlerai qu'à mon père... car maintenant nous pouvons partir tous les trois... et, dès que la barque sera prête, je viendrai vous le dire ici.

RODOLPHE, très-agité.

Non! qu'on ne te revoie plus.

ZANETTA.

Eh bien! alors, je chanterai au pied de ce pavillon... ce sera le signal.

RODOLPHE.

Tout ce qu'il te plaira... mais va-t'en! va-t'en vite.

(Il la pousse vivement vers le fond, et Zanetta sort.)

SCÈNE VII.

LA PRINCESSE; RODOLPHE, *au fond du théâtre.*

LA PRINCESSE, entrant avec agitation.

Oui... il n'y a que ce parti... il ne m'en reste pas

d'autre. (Apercevant Rodolphe qui redescend.) Ah! vous voilà, monsieur... Les instans sont précieux... et d'abord... ces explications que vous me devez...

RODOLPHE, avec embarras.

Je l'ai dit à Votre Altesse... une conférence secrète dont le roi m'avait chargé avec l'ambassadeur de France.

LA PRINCESSE.

Hier soir !

RODOLPHE.

Oui... madame.

LA PRINCESSE, avec ironie.

L'ambassadeur était parti hier matin.

RODOLPHE, à part.

O ciel ! (Haut et vivement.) Pour tout le monde, mais pas pour nous... et à l'issue de cette conférence, enfermé, comme je vous l'ai dit, prisonnier dans ce pavillon, je serais encore sous les verroux, sans la fille du concierge qui, hier soir, m'a enfin délivré.

LA PRINCESSE.

Comment cela?

RODOLPHE.

En m'ouvrant une persienne qui donnait sur les jardins, et par laquelle, pour vous rejoindre, je suis sorti, mais trop tard, d'une prison que je devais, je le crains bien, à la défiance du roi.

LA PRINCESSE, vivement.

Vous le croyez?

RODOLPHE, de même.

J'en suis sûr!... car lui, pendant ce temps, rôdait à ma place, et en sentinelle, sous votre balcon...

LA PRINCESSE.

Oui... oui... il avait des soupçons... et d'après ce mariage qu'ils ont résolu.

RODOLPHE.

Que dites-vous?

LA PRINCESSE.

Eh oui! monsieur... ce baron Mathanasius, qui nous épiait... est un envoyé de l'archiduc de Bavière; il venait demander ma main, que mon frère a accordée...

RODOLPHE.

Il serait vrai?

LA PRINCESSE.

Voilà, depuis hier, ce que je voulais vous dire... mais ne pouvant ni vous voir, ni m'entendre avec vous... il m'a fallu me confier à l'une de mes dames d'honneur, la comtesse Bianca, pour les préparatifs.

RODOLPHE.

Lesquels?

LA PRINCESSE, avec expression.

Vous me le demandez?

DUO.

A cet hymen pour me soustraire,
Je n'avais plus qu'un seul espoir!
Loin de la cour et de mon frère,
C'est de fuir avec vous, ce soir!
(A Rodolphe qui tressaille.)
Quoi! vous tremblez!

RODOLPHE.

Pour vous, Madame!
Sur les desseins par vous formés!
Lorsque le trône vous réclame!...

LA PRINCESSE, avec amour et exaltation.

Que m'importe!... si vous m'aimez!

ENSEMBLE.

LA PRINCESSE.

Oui, le sceptre et l'empire
Ne sont rien pour mon cœur !
Et l'amour qui m'inspire
Suffit à mon bonheur !

RODOLPHE, à part.

Que répondre?... que dire?
Infidèle et trompeur,
Le remords me déchire
Et vient briser mon cœur !

LA PRINCESSE.

Venez! partons!... voici l'instant!

(On entend dans la coulisse, à gauche, Zanetta chanter l'air qui sert de signal pour le départ.)

Tra la, la, la, la, la, la, la;

RODOLPHE, à part et avec trouble.

Grand Dieu ! c'est Zanetta !... c'est elle !

LA PRINCESSE.

Partons !

RODOLPHE, montrant la princesse.

Ici, l'honneur m'appelle.

(Montrant à gauche Zanetta.)

Et là... c'est l'amour qui m'attend!

LA PRINCESSE, au bord du théâtre et à demi-voix, pendant qu'en dehors on entend toujours à haute voix la chanson de Zanetta.

La route encor nous est ouverte!...

RODOLPHE, de même.

Pour moi je crains peu le danger,
Mais c'est courir à votre perte !

LA PRINCESSE, de même.

Non, l'amour doit nous protéger.

RODOLPHE, de même.

Ah ! pour vous, bravant le supplice,
Je puis accepter le trépas,
Mais non ce noble sacrifice,
Qu'hélas ! je ne mérite pas !

LA PRINCESSE, étonnée et le regardant avec jalousie.

Que dit-il?...

ZANETTA.

ENSEMBLE.

LA PRINCESSE, le regardant.
Quel trouble l'agite?
Il tremble... il hésite?
Moi-même, interdite,
Je me sens frémir!
Le doute me lasse!
Quel sort nous menace?
Ah! parlez, de grâce!
Dussé-je en mourir.

RODOLPHE.
Je tremble... j'hésite,
Le remords agite
Mon âme interdite...
Ah! que devenir?
Le sort qui m'enlace
Partout me menace!
Tout mon sang se glace,
Je me sens mourir.

ZANETTA, au dehors.
Tra la, la, la, la,
La, la, la, la, la, etc.

RODOLPHE, troublé.
Oui, Madame, ce nom et ce titre d'épouse...

LA PRINCESSE.
Dont vous êtes digne.

RODOLPHE, hésitant.
Oui, par mon dévoûment, mais..

LA PRINCESSE, avec une colère concentrée.
Rodolphe, écoutez-moi!... je ne suis pas jalouse,
Si jamais je l'étais...

ENSEMBLE.

LA PRINCESSE, le regardant
Quel trouble l'agite? etc.

RODOLPHE.
Je tremble, j'hésite, etc.

ZANETTA, au dehors.
Tra la, la, la, la, etc.

STRETTE DU MORCEAU.

LA PRINCESSE.
Parlez!... parlez!...

RODOLPHE.
Pitié pour un misérable !
LA PRINCESSE.
Non, non... que ses forfaits par moi soient châtiés.
RODOLPHE.
Grâce pour un coupable !
LA PRINCESSE, avec colère.
Mais, enfin, ce coupable,
Où donc est-il ?...
RODOLPHE, tombant à genoux.
A vos pieds !
Cet amour, qui pour nous d'abord ne fut qu'un jeu
Est maintenant plus fort que ma raison.

SCÈNE VIII.

Les Précédens, LE ROI, MATHANASIUS, ZANETTA.

(Le roi et Mathanasius entrent par le fond, et Zanetta par la porte à gauche. A leur vue Rodolphe se relève vivement, mais le roi l'a aperçu. Tout cela s'est exécuté sur les dernières mesures du morceau précédent.)

LE ROI.
Grand Dieu !
(A Mathanasius.)
Punissons qui nous a trahi !
ZANETTA, avec effroi.
Le punir... lui !
LE ROI, à sa sœur, montrant Mathanasius.
La comtesse Bianca, dont on paya le zèle,
Nous a de vos projets fait un rapport fidèle.
LA PRINCESSE, à part.
C'est fait de moi !...
RODOLPHE, à demi-voix, à la princesse.
Non, tant que je vivrai !
LE ROI.
Et ces apprêts de départ... cette fuite...
J'en saurai le motif !

ZANETTA.
Ah! je vous le dirai!
Ne punissez que moi... moi seule!

LE ROI.
Parle vite.

(Sévèrement.)
Et ne m'abuse pas!... ou sinon!...

ZANETTA, tremblante.
Oui, mon roi!

LE ROI.
Eh bien! ce départ qu'il médite?

ZANETTA.
C'était avec moi!

MATHANASIUS ET LE ROI.
Avec elle!...

ZANETTA.
Avec moi!

LE ROI, d'un air d'incrédulité.
Quoi! cet enlèvement, cette fuite!...

ZANETTA.
Avec moi!

LE ROI.
Et ce secret mariage?

ZANETTA.
Avec moi.

LE ROI.
Un mariage!... avec toi!...

ZANETTA, timidement.
Pas encor!... Mais du moins en voici la promesse,
Qu'il allait me signer!...
(Elle remet le papier au roi.)

LA PRINCESSE, avec colère.
O ciel!

RODOLPHE, vivement au roi, et lui montrant la princesse.
Oui, Son Altesse
Daignait nous protéger! et d'un cœur pénétré,
Je l'en remerciais... quand vous êtes entré!
(Le roi s'est rapproché de Mathanasius, à qui il a montré le papier.)

LE ROI.
Qu'en dites-vous?

MATHANASIUS, à voix basse.
                    Je n'ai rien à répondre !
Mais on nous trompe !
            LE ROI, de même.
                    Eh bien ! je saurai les confondre.
        (A voix haute et froidement.)
            A cet hymen je consens de grand cœur !
(En ce moment, entrent le chancelier et plusieurs seigneurs de la cour,
    qui se placent à gauche, et des dames d'honneur de la princesse, qui se
    placent à droite.)
            ZANETTA, sautant de joie.
Est-il possible !... Non c'est sans doute une erreur !
Moi, sans nom, sans naissance !...
            LE ROI.
                    Eh bien ! donc je te donne
Un nom, un titre, un rang !... Relève-toi, baronne !
Et nous signerons tous ! Moi, d'abord, puis ma sœur.
(Il fait signe au chancelier, qui est à la gauche du théâtre, de s'asseoir à
    table, et d'écrire le contrat.)
            LA PRINCESSE, bas à Rodolphe.
Jamais !
            RODOLPHE.
Au nom du ciel ! pour vous, pour votre honneur !
            LA PRINCESSE, à voix basse.
Plutôt nous perdre, vous et moi-même !
            RODOLPHE, à part.
                    O terreur !
(Le roi, après avoir donné les ordres au chancelier, qui écrit, passe à
    droite, entre Rodolphe et sa sœur.)
            ZANETTA, qui vient de causer avec Mathanasius.
Moi, baronne et comtesse !...
(Prenant les bouquets qui sont restés dans la corbeille sur la table.)
                    Adieu, mes fleurs chéries !
Pour la dernière fois je vous aurai cueillies !
Mais avant d'abdiquer, laissez-moi, grâce à vous,
M'acquitter des bienfaits qu'ici je dois à tous !
        (Présentant un premier bouquet à Mathanasius.)
            PREMIER COUPLET.
        A vous, Monseigneur
            L'ambassadeur,
        La jardinière
            Vous offrira
        Ce présent-là.

Pour vous, c'est bien peu ;
Mais mon seul vœu
Est de vous plaire.
Cette fleur-là
Vous le dira !
(Passant devant Rodolphe et s'adressant au roi.)

DEUXIÈME COUPLET.

Vous, mon roi, dont la puissance
M'a donné rang et naissance,
Et mieux encor, le droit heureux
(Montrant Rodolphe.)
De le chérir à tous les yeux.
Quand chacun blâmait
Et proscrivait
Mon mariage,
Cette main-là
Nous protégea !
A vous, dès ce jour,
Et mon amour,
Et mon hommage...
(Tenant un bouquet qu'elle va lui offrir.)
Cette fleur-là
Vous le dira !

(En ce moment, le chancelier fait signe au roi que tout est prêt ; le roi quitte Zanetta et passe près de la table à gauche.)

ZANETTA, qui s'est approchée de la princesse, lui offre son dernier bouquet.

Vous, fille de roi,
Daignez de moi
Prendre ce gage.

RODOLPHE, saisissant ce bouquet et lui donnant à la place le bouquet de fleurs artificielles qu'il vient de tirer de son sein. — A demi-voix.

Non pas !... mais celui-ci.

ZANETTA, étonnée et troublée, présente le bouquet à la princesse, en regardant toujours Rodolphe.

Daignez... recevoir... les fleurs... que voici !

LA PRINCESSE, apercevant et reconnaissant le bouquet du premier acte, qu'elle a donné à Rodolphe.

O Ciel !... je me perdais !... et pour lui !...

LE ROI, qui, après avoir signé à la table à gauche, passe à droite près de sa sœur.

Qu'as-tu donc ?...

ACTE III, SCÈNE VIII.

LA PRINCESSE, avec émotion.

Rien!... rien!...

(Le roi lui fait signe d'aller signer. La princesse traverse le théâtre, s'approche de la table à gauche, hésite un instant, puis signe vivement, et dit avec ironie à Rodolphe et à Zanetta.)

Noble hymen! hymen auguste!...
Qui nous semble digne et juste,
Nous l'approuvons de grand cœur.
(Se retournant vers Mathanasius.)
Partons!... monsieur l'ambassadeur!...
Partons!

ENSEMBLE.

LE ROI, à Mathanasius, lui montrant sa sœur.

Emmenez l'épouse chérie,
Pour votre Roi, par vous choisie!

LA PRINCESSE.

Oui, ma fierté, par lui trahie,
A retrouvé son énergie.

MATHANASIUS, tenant la main de la princesse, et se frappant le front.

C'est une aventure inouïe,
Qui confond ma diplomatie!

RODOLPHE, à la princesse.

A vous le sceptre qu'on envie!
(A part, regardant Zanetta.)
A moi!... le bonheur de la vie!...

ZANETTA, à la princesse.

A vous le sceptre qu'on envie!
(A part, regardant Rodolphe.)
A moi!... le bonheur de la vie!...

CHŒUR.

C'est une faveur inouïe!
Le roi lui-même les marie!

(Mathanasius a présenté respectueusement sa main à la princesse, qui s'éloigne en jetant sur Rodolphe et Zanetta un regard de dédain. Les seigneurs et dames de la cour se sont rangés en haie pour les laisser passer. Le roi, en signe de réconciliation, tend la main à sa sœur, tandis que Rodolphe serre tendrement Zanetta contre son cœur. — La toile tombe.)

FIN DU TOME VINGT-QUATRIÈME.

TABLE

DES PIÈCES CONTENUES DANS CE VOLUME.

—

Le Domino noir.	1
Les Treize.	145
Polichinelle.	199
La Reine d'un Jour.	257
Zanetta.	357

FIN DE LA TABLE.

MEULAN. — Imprimerie de A. HIARD.

www.ingramcontent.com/pod-product-compliance
Lightning Source LLC
Chambersburg PA
CBHW060222230426
43664CB00011B/1517